DROEMER

Von Raphael M. Bonelli ist bereits erschienen:
Selber schuld! Ein Wegweiser aus seelischen Sackgassen

Über den Autor:
Raphael M. Bonelli, Jahrgang 1968, ist Neurowissenschaftler an der Sigmund-Freud-Universität in Wien sowie Psychiater und Psychotherapeut mit eigener Praxis. 2013 erschien von ihm bei Pattloch das Buch »Selber schuld! Ein Wegweiser aus seelischen Sackgassen«.

Raphael M. Bonelli

PERFEKTIONISMUS

Wenn das Soll zum Muss wird

DROEMER

Besuchen Sie uns im Internet:
www.droemer.de

MIX
Papier | Fördert gute Waldnutzung
FSC® C014496
FSC www.fsc.org

Vollständige Taschenbuchausgabe Oktober 2019
Droemer Taschenbuch

Ein Imprint der Verlagsgruppe
Droemer Knaur GmbH & Co. KG
Maria-Luiko-Straße 54, 80636 München

Redaktion: Margit Bachfischer und Michael Schönberger
Covergestaltung: ZERO Werbeagentur, München
Coverabbildungen: 123rf / alphaspirit;
FinePic®, München (Shutterstock)
Satz: Adobe InDesign im Verlag
Druck und Bindung: GGP Media GmbH, Pößneck
ISBN 978-3-426-30145-6

Kontaktadresse nach EU-Produktsicherheitsverordnung:
produktsicherheit@droemer-knaur.de

8 10 9 7

Gewidmet
meiner Frau
Victoria

Weil sie meine Imperfektionstoleranz
zur Perfektion getrieben hat

Inhalt

Einleitung
Nietzsches Spießer

Viele Kinder haben heute das Glück, sich zu kleinen Wolfgang Amadeus Mozarts, Boris Beckers oder Steve Jobs entwickeln zu dürfen. Bei Mädchen können die Zielvorgaben auch Julia Roberts, Steffi Graf oder Heidi Klum heißen. Von Geburt an werden sie von einem Kurs zum anderen gekarrt. Werden gefördert, trainiert und gestylt. Zeit für so etwas Unnützes wie Spielen und Freundschaften bleibt da natürlich kaum noch. Wozu auch? Zeit ist Geld. Solch beglückte Kinder sind selbstverständlich alle hochbegabt – zumindest nach der Einschätzung ihrer Helikoptereltern.

Heute trifft man auf der Straße Deutschsprachige, die mit ihren Säuglingen ein holpriges Englisch sprechen. Das ist sicher gut gemeint, damit die Kleinen Startvorteile im unerbittlichen Lebenskampf haben: die »Poleposition« in der globalisierten Leistungsgesellschaft sozusagen. Es kommt auch sicher besonders glaubwürdig an, wenn man dem eigenen Kind in einer Fremdsprache sagt, wie gern man es hat. Aber das ist ja auch alles gar nicht mehr so wichtig. Zwischenmenschliche Beziehungen wurden früher ohnehin maßlos überschätzt. Was wirklich zählt, ist Leistung! Endlich sind die gesellschaftlichen Spielregeln gerecht und transparent: Wir sind, was wir leisten. Leistung ist Selbstverwirklichung. Ist das nicht schön?

Die Verabsolutierung der Leistung bleibt nicht folgenlos. Sie kann zu einer zwanghaften Fehlhaltung führen: zum Perfektionismus. Deswegen untersucht ihn die psychologische Forschung zunehmend. Leider sind ihre Erkenntnisse einerseits oft in eine unverständliche akademische Geheimsprache gepresst, die seltsam blutleer und lebensfern bleibt. Andererseits wird der Begriff in populärer Ratgeberliteratur und im gesellschaftlichen Diskurs so verwässert, dass die Ratschläge zur Abhilfe schlussendlich wie eine Binsenweisheit anmuten. Der deutsche Psychotherapeut Nils Spitzer nennt den Perfektionismus gar einen »schillernden Grenzbegriff zwischen Wissenschaft und Pop-Psychologie«. Obwohl viele psychische Krankheiten in klinischen Studien einen statistischen Zusammenhang mit dem Perfektionismus zeigen, besonders Burn-out, Essstörungen, Depressionen und die Zwangsstörungen, gibt es nach wie vor keinen Konsens, was Perfektionismus überhaupt bedeutet.

Perfektionismus: Laster oder Tugend?

Perfektionismus ist modern. Die wohl prominentesten Perfektionismus-Forscher unserer Tage, die kanadischen Psychologen Gordon L. Flett und Paul L. Hewitt, scheuen nicht davor zurück, ihn als »in der westlichen Welt endemisch« zu bezeichnen. Das bedeutet das permanent gehäufte Auftreten einer Krankheit in einer Region oder Population. Perfektionismus prägt den Zeitgeist, liegt unseren Wertvorstellungen zugrunde, dominiert unsere Köpfe. Fast niemand kann sich ihm ganz entziehen.

Einerseits sind sich alle einig, dass Perfektionismus nicht wirklich super ist, andererseits steht er heute auf der Liste der »attraktiven Laster« sehr weit oben. Gleich nach »Mein größter Fehler ist, dass ich zu gutmütig bin und mir zu viel gefallen lasse« kommt die selbstkritische Beichte »Ich habe einen Hang zum Perfektionismus«. Denn diese Schwäche finden wir verzeihlich, wenn nicht sogar ehrenhaft. Das lässt sich auch bei dem um sich greifenden Psycho-Phänomen »Burn-out« gut beobachten: Viele Patienten bestellen sich heutzutage beim Psychiater diese Modediagnose, weil damit sichergestellt ist, dass sie ausgesprochen fleißige Zeitgenossen sind. Ein ähnliches Phänomen tritt bei der Selbstbeschreibung »Perfektionismus« auf: Bei diesem Begriff schwingt ein Nimbus von Ernsthaftigkeit, Ordentlichkeit, Fleiß und Verlässlichkeit mit, so dass man einen solchen Defekt gerne unumwunden zugibt.

In einer Zeit, in der keiner mehr sagen kann, was wahre Perfektion – also Vollkommenheit – eigentlich bedeutet, streben wir sie doch scheinbar alle an. Natürlich ist es sinnvoll und erstrebenswert, Perfektes zu wollen, vor allem Perfektes leisten zu wollen. Der Mechaniker soll das Auto fehlerlos reparieren, der Installateur den Wasserrohrbruch perfekt abdichten und der Chirurg möglichst ohne Kunstfehler operieren. Von Lehrern und Beamten erwarten wir zu Recht, dass sie mehr tun als ihre Pflicht. Wer sich nicht um fehlerfreies Arbeiten bemüht, wird im Beruf schwerlich Wertschätzung erwarten dürfen. Der streitlustige Philosoph Peter Sloterdijk erklärt das Streben nach Selbstverbesserung bis zur Vervollkommnung zum menschlichen Wesenskern. Das ist nicht neu, das hat schon Aristoteles gewusst: Es geht darum, die Natur zur Entfaltung zu bringen.

Perfektionismus ist aber etwas völlig anderes als das Streben nach Perfektion. Ein Perfektionist strebt Perfektion nicht an, weil er sich an der Vollkommenheit erfreut, sondern weil es ihm um die damit verbundene Unangreifbarkeit geht. Perfektionismus ist ein Vermeidungsverhalten: Wer perfekt arbeitet, kann weder getadelt noch kann ihm gekündigt werden. Der Perfektionist will nicht in erster Linie die Natur zur Entfaltung bringen, sondern giert nach Sicherheit.

Die Sehnsucht nach Perfektion tut dem Menschen gut; durch Angst motiviert, verliert sie aber das richtige Maß. Nehmen wir etwa den großen deutschen Philosophen Friedrich Nietzsche: Seine Angst vor Durchschnittlichkeit und Normalität brachte er in abfälligen Urteilen wie *»Menschen ohne Sehnsucht«* oder *»finale Spießer«* deutlich zum Ausdruck. Es sei die Aufgabe des Menschen, einen Typus hervorzubringen, der höher entwickelt ist als er selbst. Dieser *»Übermensch«* habe – so Nietzsche – einen Überschuss an Lebenskraft und Willen zur Macht, was ihn zu besonderer Selbstbeherrschung und Selbstentfaltung befähigt.

Die Maske der Unantastbarkeit

Der Perfektionist ist ein Kind einer leistungsfixierten Zeit: In ihm baut sich ein innerer Druck aus Unzufriedenheit, Selbstverachtung und Verbitterung auf. Unter diesem leidet er und diesen gibt er auch an seine Umgebung weiter. Das Bessere ist für ihn der Feind des Guten: Nichts ist so gut, als dass es nicht noch besser sein könnte.

So entwickelt sich der Perfektionist wider Willen zum Nörgler, notorischen Pessimisten und humorlosen Querulanten. Er weist ein Schwarz-Weiß-Denken auf, eine Alles-oder-nichts-Mentalität: Entweder ist alles perfekt, oder es taugt nichts.

Ein Wesensmerkmal des Perfektionismus ist das krankhaft überzogene Leistungsdenken, bei dem nur zählt, wer Tadelloses, Bewundernswertes und Außergewöhnliches vorzuweisen hat. Häufig ist Perfektionismus von einer irrationalen Angst vor Ablehnung begleitet, der Angst, nicht gut genug zu sein, den Ansprüchen nicht zu genügen, und von einer ängstlichen Besorgtheit um den eigenen Ruf. Der Perfektionist ist ein unsicherer Mensch. Er sehnt sich unbewusst nach einer bombensicheren Unantastbarkeit. Er hält sich ständig einen inneren Spiegel vor und überlegt, wie er vor sich und anderen dasteht, was er von sich halten darf. Perfektion ist bei ihm nur Mittel zum Zweck: eine Fassade, die er aufrichtet, eine Maske, hinter der er sich versteckt.

Damit bringt sich der Perfektionist in eine Sisyphos-Situation, die oft im Burn-out endet: Er läuft einem unerreichbaren Ziel nach, denn man kann unmöglich allen gefallen. Dem Perfektionismus liegt eine unfreie, neurotische Angst vor der eigenen Fehlerhaftigkeit zugrunde, die die Seele erstarren lässt wie die Maus vor der Schlange. Oft wird er in dieser Erstarrung von anderen als rigide, halsstarrig, besserwisserisch und mitunter sogar als intolerant wahrgenommen. Von seiner Umgebung bekommt der Perfektionist häufig das Feedback, er sei überkritisch, mische sich ungefragt in das Leben anderer ein und versuche, ihnen das eigene »Ideal« überzustülpen.

Die Auflösung dieses bedrohlich-zwanghaften Zustands erfolgt schrittweise. An erster Stelle steht die Entlarvung des Perfektionismus als irrationales Bauchgefühl, als »inneres Dogma«. Durch das Bewusstmachen und Analysieren des Kopfes kommt es im nächsten Schritt zur Entmachtung des eigenen Leistungsdenkens – auch wenn es dem Zeitgeist vielleicht widerspricht. Dann erfolgt das bewusste Annehmen der eigenen Unvollkommenheit mit dem Herzen. »Imperfektionstoleranz« ist die Selbstannahme im Bewusstsein der eigenen Fehlerhaftigkeit, Mittelmäßigkeit und Gewöhnlichkeit.

Nur mit einer realistischen Selbsteinschätzung kann man gesunde Zielvorgaben formulieren und sich maskenlos in der Gesellschaft bewegen. So gelangt man zu einer inneren Freiheit, die das Gegenstück zum Perfektionismus ist. »Imperfektionstoleranz« befreit von Ichsucht, Kontrollzwang, Anspruch auf Fehlerlosigkeit, Verbitterung und Fremdbeschuldigung. Innere Freiheit verleiht deshalb Unbeschwertheit und natürliche Autorität, sie macht flexibel und unabhängig.

Dieses Buch wurde geschrieben, um verstanden zu werden. Es versucht, in verständlicher Sprache die eigene Therapieerfahrung mit dem heutigen Stand der psychologischen Forschung, mit dem gesunden Menschenverstand und auch mit humanistischen Weisheiten aus unserer Kulturgeschichte in Einklang zu bringen.

Das Ganze wird so dargeboten, dass man mitunter schmunzeln kann und es dadurch hoffentlich leichter bekömmlich wird. Humor hilft am effektivsten, das Eis des Perfektionismus zum Schmelzen zu bringen. Schon

Paul Watzlawick hat den »tierischen Ernst von psychologischen Abhandlungen« gern augenzwinkernd auf die Schippe genommen.

Alle 77 erzählten Patientengeschichten sind echt, aber selbstverständlich aus Gründen des Personenschutzes biographisch bis zur vollkommenen Anonymisierung verändert. Im dritten Teil kommen schließlich auch Betroffene selbst zu Wort und berichten über ihre Therapieerfahrungen. Anhand lebendiger Geschichten kann man die Theorie oft besser erfassen und leichter im eigenen Leben wiederfinden.

Teil I
Hinter der Maske

Kapitel 1

Wie Perfektionisten ticken

In dem humorvollen Dokumentarfilm »Die lustige Welt der Tiere« von Jamie Uys aus dem Jahr 1974 sieht man, wie ein Ureinwohner irgendwo in Afrika einen Pavian fängt: Der Mann bohrt mühsam und demonstrativ ein Loch in einen Termitenbau, wenn er sich von dem neugierigen Affen beobachtet weiß, und streut Wildmelonensamen in den Hohlraum. Der Pavian greift hinein, packt eine Faustvoll Samen – aber leider ist seine Faust nun zum Herausziehen zu groß. Wenn er nur so vernünftig wäre, die Samen fallen zu lassen, könnte er seine Hand herausziehen und wäre frei. Aber das bringt er nicht zustande, kann dadurch nicht vor dem Häscher fliehen und wird so überwältigt. Der Film wurde übrigens völlig zu Recht mit dem Golden Globe als beste Dokumentation des Jahres ausgezeichnet.

Immer häufiger finden wir heute Menschen, die gleich dem Tier in das falsche Loch greifen und nicht mehr loslassen können. Sie ringen wie Sisyphos mit einem Felsblock, der ihnen viel zu groß ist. Doch im Gegensatz zum griechischen Helden machen sie sich das Leben selbst unnötig schwer. Sie können aus irgendeinem Grund nicht davon lassen und halten so freiwillig an einer Unmöglichkeit fest. Der unüberwindliche Felsblock des Perfektionisten ist der Selbstanspruch auf Fehlerlosigkeit, das Festhalten seiner Wildmelonensamen ist die Panik davor, eine Fehlleistung zu begehen.

FALL 1-1: Die Braut, die sich nicht traut

Der Psychiater bekommt eine E-Mail von der 23-jährigen Krankenschwester Lore H. mit folgendem Text: »Also, es ist so, dass ich eineinhalb Jahre verlobt bin mit einem sehr netten Arzt und ich mich bis jetzt nicht zur Hochzeit durchringen konnte. Eigentlich gibt es keine Gründe gegen eine Heirat. Ich hab ihn wirklich sehr, sehr gern und auch Angst, ihn zu verlieren. Doch meine Emotionen spielen verrückt, sobald es konkret wird.

Kurz nach unserer Verlobung hatte ich eine Panikattacke. Ich konnte nicht schlafen, nichts essen, Traurigkeit, Gedankenkreisen, hatte Ängste zu sterben bzw. Angst davor, dass jemand mir Nahestehender sterben könnte, Angst, meine Beziehung beenden zu müssen. Es war sehr schwer für mich, in dieser Zeit meiner Arbeit nachzugehen. Ich hatte den Eindruck, ich sei nicht fähig, das Leben zu leben, lebte in innerem Unfrieden, hatte das Gefühl von Sinnlosigkeit. Die darauffolgende Zeit war geprägt durch eine emotionale Berg-und-Tal-Fahrt. Prinzipiell kannte ich bis zu diesem Zeitpunkt solche emotionalen Konflikte nicht. Das war für mich sehr schwer zu ertragen, doch suchte ich mir noch keine ärztliche Hilfe. Ich dachte, Yoga würde mir weiterhelfen, doch das Konzentrieren auf mich hat alles nur viel schlimmer gemacht.

Zudem bemerkte ich, sobald Stresssituationen und Herausforderungen auf mich zukamen, kamen auch die Ängste, Sorgen etc. wieder. Ich habe dann mit einer Freundin gesprochen, die unter einem Überlastungssyndrom litt. Sie hatte ähnliche Symptome wie ich. Nach dem Gespräch mit ihr entschloss ich mich, professionelle Hilfe zu suchen. Ich ging zum Arzt, der mir eine Psychotherapeutin vermittelte. Mit der sprach ich darüber, womit ich meine Zeit verbringe. Es stellte sich heraus, dass ich 65

Stunden in der Woche arbeite und mir kaum Zeit für mich bzw. die Beziehung zu meinem Freund nehme. Die Therapie half mir weiter, doch immer noch ist es so, dass mich, sobald ich und mein Verlobter das konkrete Datum für die Hochzeit festlegen wollen, eine Angst überfällt, die sogar Panikattacken in mir auslöst. Grundsätzlich tue ich mir mit Entscheidungen sehr schwer. Vor dem Entschluss für die neue Station hatte ich Zweifel, Sorgen und Ängste. Doch jetzt, wo ich dort arbeite, passt es im Großen und Ganzen.

Ich habe Angst vor dieser Entscheidung, zu heiraten. Doch ich möchte mich wirklich dafür entscheiden. Aber meine Emotionen lähmen mich. Sobald ich beginne, diesbezüglich zu grübeln, kommen negative Emotionen hoch, die mir das Leben schwermachen. Rationale Gründe gegen die Heirat gibt es keine. Unsere Beziehung verläuft sehr gut. Daher verstehe ich auch nicht, warum meine Emotionen verrücktspielen. Ich merke, dass ich will, aber doch nicht kann. Fühle mich ohnmächtig. Zudem haben mein Verlobter und ich bemerkt, dass am Ende meines Zyklus meine Stimmung emotional negativer ist.«

Jeder Mensch trägt in sich zwei Grundsehnsüchte, die oft schwer miteinander zu vereinbaren sind: die nach Freiheit und die nach Sicherheit. Sicherheit ist etwas Feines, und jeder hat sie gerne – Perfektionisten haben sie aber etwas zu gerne. Denn je sicherer, desto weniger kann man über die eigenen Fehler stolpern oder gar daran scheitern. Deswegen muss man sich in der perfektionistischen Gesellschaft heute gegen und für alles und jedes versichern lassen: Unfall, Diebstahl, Gebäude, Auto, Tiere, Leben, Hausrat, Rente, Haftpflicht, Hagel,

Kredit, Rechtsschutz – und damit sind dann alle Gefahren beseitigt, und wir fühlen uns wohl.

Lore H. will es – als Kind ihrer Zeit – eben auch ganz genau wissen, hundertprozentig. Aber die perfektionistische Angst lässt sie erstarren, ihre Lebensräder blockieren, der Wagen steht still, nichts geht mehr. Man braucht wenig Phantasie, um sich vorzustellen, dass nicht jeder Perfektionist diese Schwelle überspringen kann. Oft wartet der Perfektionist so lange, bis der Partner die Hochzeit absagt: Perfektionismus kann das Leben hemmen, es verklemmen und an seiner Entfaltung hindern. Oft bewirkt die Panik sogar, dass das eigene Lebensziel verfehlt wird – in diesem Fall die Ehe.

In der psychologischen Forschung gibt es viele Definitionen des Perfektionismus. Eine gängige, wenn auch ein wenig komplizierte Version ist die der Psychologen Joachim Stöber und Kathleen Otto von der Martin-Luther-Universität Halle-Wittenberg aus dem Jahr 2006: *»Im Allgemeinen wird Perfektionismus als Persönlichkeitsstil gesehen, der sich durch Streben nach Fehlerlosigkeit und das Setzen von exzessiv hohen Zielen auszeichnet, kombiniert mit Tendenzen überkritischer Bewertung der eigenen Handlungen.«*[*]

Als psychodynamische Definition hat sich die der Verhaltenstherapeutinnen Sabine Wilhelm und Gail S. Stakete von der Boston University aus demselben Jahr etabliert. Sie meinen, dass Perfektionismus als die Überzeugung definiert werden könnte, dass es (a) für alles

* Das Original in englischer Sprache klingt da schon etwas flüssiger: »Perfectionism is commonly conceived of as a personality style characterized by striving for flawlessness and setting of excessively high standards for performance accompanied by tendencies for overly critical evaluations of one's behavior.«

eine perfekte Lösung gibt und dass es (b) möglich sowie (c) erstrebenswert ist, eine Sache (d) perfekt (d.h. fehlerfrei) zu machen, und (e) dass selbst kleine Fehler sehr ernste Konsequenzen haben werden.

Erste Einblicke in das Uhrwerk

Perfektionisten ticken im Inneren nach dem gleichen Schema. Sosehr sich auch der eine vom anderen äußerlich unterscheiden mag, so sehr haben sie eines gemeinsam: Sie stolpern letztlich über die eigenen Beine, über das Missverständnis ihrer selbst. Es passiert ihnen oft genau das, was sie ängstlich abwehren wollen. Perfektionisten sind innerlich unsicher – und dadurch unfrei und getrieben. Ihre innere Unfreiheit agieren sie oftmals nach außen aus und beengen damit ihre Umgebung. Sie sind Gefangene, eingekerkert in sich selbst. Ihr Problem ist der menschliche Fehler: Denn genau der ist in ihrem Selbstanspruch definitiv nicht vorgesehen, er wird in dem starren Korsett des perfektionistischen Denkens zu einer massiven Störung des Systems und in der Folge zu einer persönlichen Bedrohung. Die normale fehlerhafte Menschlichkeit wird geleugnet und verdrängt, das fehlerlose Funktionieren zur Notwendigkeit. Das Ideal wird zum Imperativ.

Perfektionismus reduziert den Menschen auf seine (fehlerlose) Funktion, auf seine (tadellose) Leistung. Das ist problematisch, denn damit prägt eine Psychopathologie ein neues, weithin akzeptiertes Menschenbild: Der Mensch wird im perfektionistischen Denkmodell unausgesprochen und vielleicht auch unbewusst zur Maschine und seine Psyche zum Apparat. In der Gesellschaft haben in letzter Zeit ganz in diesem engen Denkschema die quantitativen Wissenschaften (Mathematik, Soziologie, Demoskopie etc.) deutlich mehr an Autorität gewonnen als die Geisteswissenschaften (Theologie, Philosophie usw.). Perfektionisten ticken alle sehr ähnlich: Das Bild des bloßen Tickens eines Uhrwerks ist stimmig, weil die Freiheit verloren geht – und die Menschlichkeit, denn Kreativität, Spontaneität und Flexibilität verkümmern. Doch der Mensch ist keine Maschine, kein seelenloser Roboter. Wir haben kein Uhrwerk in uns, das uns fehlerlos antreiben muss.

Interessanterweise hat gerade der Altmeister der Psychotherapie, Sigmund Freud, gerne vom »psychischen Apparat« gesprochen, um die Seelenlandschaft des Menschen zu erklären. Freud war als Mensch des 19. Jahrhunderts begeistert von den Naturwissenschaften und ein wenig blind für die Begrenztheit ihrer Methoden. Neidvoll schielte er auf Physik und Chemie, in denen alles so herrlich klar und berechenbar erschien. Er sah seine Aufgabe darin, dieselbe Berechenbarkeit in der menschlichen Psyche zu etablieren. Er postulierte ein rein materiell-physisches System, in dem zwischen den mechanischen Teilen »Ich«, »Es« und »Über-Ich« nur noch »verdrängt«, »sublimiert«, »gespalten«, »verschoben«, »projiziert«, »isoliert« und »fixiert« wird – lauter Begriffe, die er aus der Physik entlehnte. Die »Meta-Physik« hingegen lehnte Freud zur Gänze ab.

Dieses Freudsche Konstrukt des »psychischen Apparats« ist doppelt bemerkenswert: Erstens ist der Mensch bei Freud vollständig determiniert und seinen inneren physikalischen Vorgängen ausgeliefert. Die von Freud erfundene Kreatur ist so unfrei, nicht spontan und unlebendig wie der klassische Perfektionist. Und zweitens dürfte Freuds Motivation, den Menschen auf eine mechanische Konstruktion zu reduzieren, ironischerweise selbst eine perfektionistische sein. Denn Perfektionismus degradiert die unberechenbare Buntheit des wirklichen Lebens zu einem engen, berechenbaren, künstlichen Regelwerk, das dem Menschen nicht mehr entspricht. Ein Organismus wird zum Uhrwerk reduziert.

Einen zentralen Punkt perfektionistischen Strebens bilden die Schönheit und die körperliche Makellosigkeit – das ist mehr als das Fehlen körperlicher Mängel. Manches lässt sich ja verbessern, aber irgendwann stößt man an Grenzen.

FALL 1-2: Der Mann mit dem kleinen Dingsbums

Der 22-jährige Medizinstudent Achmed F. kommt zum Psychiater: »Ich kann mich nicht so annehmen, wie ich bin.« Auf die Frage, was genau er an sich nicht annehmen könne, antwortet er: »Ich habe Angst, dass ich verletzt werde.« Wie schon sein Großvater und sein Vater hätte auch er Komplexe, das ziehe sich so durch die Generationen. Aber sein jahrelanger Komplex sei schon etwas sehr Spezielles. Seine Eltern kämen aus Ägypten, die Familie sei eigentlich erst in Europa richtig gläubig geworden. Sein Migrationshintergrund würde ihm aber keine Schwierigkeiten machen. Er sei in Österreich ein exzellenter Schüler gewesen, und auch im Studium tue er sich leicht: »Ich bin auch super integriert.« Er sei gläubiger Moslem und habe jetzt erstmals eine Freundin, und die sei eine Österreicherin und Christin. »Ich bin auch religiös, wie meine Eltern, habe aber bei meinem Problem auch zu Gott nicht viel Vertrauen.«

Dann rückt er raus mit der Sprache: »Mein Penis … ist

vielleicht zu klein. Meine Freundin erwartet sicher bald Sex von mir, Österreicherinnen sind so, und wenn sie meinen Penis sieht und anfängt zu lachen, dann werde ich das mein Leben lang nicht verwinden ... Und wenn ich nicht gut bin im Bett ..., das wäre eine Katastrophe!« Mit niemandem habe er bisher darüber sprechen können, seine Freunde würden ihn sicherlich auslachen, wenn sie das wüssten, ihn vielleicht sogar aus dem Freundeskreis verstoßen. Er habe im Internet Pornos angeschaut, um herauszufinden, ob sein Penis normal sei – und das Ergebnis hätte ihn geschockt: »Die hatten alle ein viel größeres Ding als ich!«

Perfektionisten vergleichen sich gerne mit anderen. Und stürzen dann in schwere Krisen, wenn der Vergleich zu ihren Ungunsten ausgeht. Achmed F. sieht sich in seiner Liebesbeziehung in einem Wettbewerb, in einer Konkurrenzveranstaltung. Nur der Beste, Größte, Schönste ist gut genug, bei Mittelmaß droht eine Blamage. Dabei kann sich der Perfektionist – wie Herr F. – schon in quälenden Phantasien verirren, die sein Problem noch künstlich verstärken.

Es ist durchaus verständlich, dass sich Achmed F. für seine vermeintlichen körperlichen Unzulänglichkeiten schämt und darüber mit niemandem sprechen konnte. Doch genau dieses Schweigen ist der Grund, warum das Gespenst in seinem Inneren so groß werden konnte. Die erste Partnerschaft lässt die Anforderungen an sich selbst ins Exorbitante wachsen, was den jungen Mann endgültig in die Krise treibt. Starke Zweifel an der eigenen Körperlichkeit sind während der Pubertät recht häufig. Sie verschwinden aber normalerweise mit der

Zeit. Unter ungünstigen Umständen – etwa wenn man aus Angst vor Blamage seine Probleme für sich behält – halten sie sich aber bis in das Erwachsenenalter hinein und können sich zu einer Krankheit auswachsen: zur sogenannten »körperdysmorphen Störung«.

Der psychische Apparat des Perfektionisten

Im Gegensatz zur gesunden Psyche weist der Perfektionist wirklich eine innere Unfreiheit und eine Kausalität auf, die an einen physikalischen Mechanismus erinnern. Was diesen »Psychoapparat« antreibt, ist die panische Angst vor der eigenen Fehlerhaftigkeit. Vor allem, wenn diese Fehler für andere sichtbar sind. Perfektion ist bei ihm Mittel zum Zweck: seine Masche, seine Fassade, seine Maske, hinter der er sich versteckt. Das ist wohl das größte Zahnrad der Maschine: die Angst. Eine Angst, bei der man keinen Boden mehr unter den Füßen hat, die der Realität nicht mehr ins Auge blicken kann, die schreckliche Ausmaße phantasiert und nicht mehr den Mut aufbringt zum Realitätscheck. Eine Angst, die so immer mehr ins Irrationale abgleitet, immer weniger formulierbar und damit immer weniger vernünftig widerlegbar ist. Die Zähne dieses Rades hemmen das Fortkommen, verklemmen den Menschen und verhindern das Leben in all seiner Fülle, die lebendige Menschlichkeit geht verloren. Alfred Adler spricht vom »Lebensirrtum«.

In der Tiefe der perfektionistischen Brust findet sich ein ganzes Zahnradgetriebe: die unbewusste, nicht ausformulierte Angstphantasie vor Liebesentzug bei Fehlleistung. Das ist der psychodynamische Background der

Angst vor Fehlern. Das Rad des Liebesverlusts dreht wiederum am Rad der Angst vor sozialer Ausgrenzung – »Keiner mag mich mehr«. Die totale Ausgrenzung – in unserem Uhrwerk funktioniert ja alles nach dem Alles-oder-nichts-Prinzip – ist definitiv die Hölle auf Erden: ein weiteres Zahnrad. Damit stellt der Fehler – jetzt sind wir ganz im Inneren des Uhrwerks – eine existenzielle Bedrohung dar und muss unter allen Umständen vermieden werden. Dieses Rad der Bedrohung bewegt wiederum fünf Zahnstangen, die aus dem Psychoapparat des Perfektionisten herausragen und weithin sichtbar sind: Verbissenheit, Besserwisserei, Beratungsresistenz, Humorlosigkeit und Übergriffigkeit, die allesamt vom Bedrohungsrad in schwindelnde Höhen hinaufreguliert werden und Beziehungen erschweren. Damit passiert genau das, was der Perfektionist eigentlich vermeiden möchte.

Spannend ist dabei, dass das enorm große, zentrale Zahnrad – die Angst um sich selbst – vom Perfektionisten in der Regel gar nicht bewusst wahrgenommen werden kann. Es ist die Angst, nicht zu genügen, nicht geliebt zu werden, nicht zu gefallen, abgelehnt zu werden. Angst, keine Existenzberechtigung zu haben, wenn man nicht pausenlos Tadelloses, Bewundernswertes und Außergewöhnliches leistet. Die Angst verdichtet sich zum irrationalen inneren Dogma, das handlungswirksam wird. Das innere Dogma ist nicht verbalisierbar und damit auch nicht auflösbar. Es lautet: Liebe muss durch Leistung verdient werden.

Erstaunlich ist, dass so ein riesiges Zahnrad – groß wie das Riesenrad im Wiener Prater – einfach unter den Tisch fallen kann! Aber es handelt sich bei diesem großen Zahnrad eben um eine verdrängte Emotion, die uner-

hätte sich von ihm immer Bestleistungen ausbedungen. Wenn er eine gute Note nach Hause brachte, so hätte sie das immer in der ganzen Verwandtschaft herumposaunt. Die schlechten Noten nahm sie als persönlichen Affront. Da sie selbst Lehrerin sei, habe sie seinen Schulerfolg penibel überwacht. Sie sei nach seiner Einschätzung Perfektionistin, das zeige sich auch deutlich in ihrem Haushalt. Zwei Wochen vor einem Besuch würde sie zu putzen anfangen. Sie überlege lange und rede dann laut mit sich selbst, was sie kochen solle – denn das Essen müsse perfekt sein.

Seine Mutter habe jeden seiner Misserfolge stets als persönliche Niederlage erlebt. Dann kämen Vorwürfe: Du hättest dich vor der Prüfung eben nicht mit dem oder jenem treffen dürfen, hättest keinen Alkohol trinken sollen und Ähnliches mehr. Sie habe ihren Sohn ständig mit den Söhnen ihrer Bekannten verglichen, »die das Studium richtig ernst meinen und das Wochenende durchlernen«. Nur einmal sei sie wirklich mit ihm zufrieden gewesen: als er ihr seine Absicht ankündigte, ein Zweitstudium zu beginnen – nachdem er es ein Jahr zuvor noch kategorisch abgelehnt hatte.

Friedrich P.s Selbsteinschätzung der Situation: »Anfangs standen Schwäche und Bosheit im Vordergrund, später konnte ich nicht mehr anders.« Und: »Die Unlustvermeidung ist vorherrschend in mir. Durch meine Lügen konnte der Perfektionismus meiner Mutter nicht von der Realität in die Schranken gewiesen werden, so war dieser schrankenlos. Noch heute empfinde ich eine große emotionale Abhängigkeit von meiner Mutter – das Abnabeln hat nicht funktioniert.«

Da für Perfektionisten das Gute nie gut genug ist, erhöht Dorothea P. den Erwartungsdruck auf ihren willensschwachen Sohn immer weiter. Die Ansprüche werden bald unerreichbar, und erste Anzeichen des überspannten Bogens werden von ihr aggressiv abgewehrt. Frau P. kämpft unbewusst um ihre eigene Integrität: Ein mittelmäßiger Sohn bedeutet eine gescheiterte Mutter! Dieses Fallbeispiel macht markant deutlich, dass es in dieser Familienkonstellation nicht Täter und Opfer gibt, nicht Schuldige und Unschuldige, sondern nur noch zwei Getriebene und Unfreie, die nicht mehr agieren, sondern nur noch reagieren. Für beide hat sich der Handlungsspielraum so weit verengt, dass nur noch die Katastrophe Erleichterung schaffen kann. Für diese passt auch der griechische Begriff »Katharsis«, der – nach der Definition in der Tragödie bei Aristoteles – die Reinigung von aufgestauten Affekten bezeichnet. Das Durchleben von Schrecken und Schauder bewirkt eine Läuterung der Seele und ermöglicht einen Neuanfang. Hier stimmt das tradierte Wort: »Die Wahrheit macht frei.« Erschütternd, zu sehen, dass Frau P. die jahrelange Tragödie nicht wahrhaben wollte – weil »nicht sein kann, was nicht sein darf«.

Das SOLL-IST-MUSS-Schema

Perfektion stellt ein unerreichbares, aber sinnvolles Ziel dar. Wer keine hohen Ziele hat, keine hohen Ideale, keine »hohen persönlichen Standards«, ist genau der bemitleidenswerte Spießer, den Nietzsche so verabscheut. Perfektion ist notwendig: Die Vollkommenheit anzustreben ist sinnvoll. Um das Mögliche zu erreichen, muss man das Unmögliche anvisieren. Die alten Seefahrer haben auf ihren Wegen immer den Polarstern angepeilt. Von keinem wurde berichtet, dass er ihn erreicht hätte, aber wahrscheinlich hat das auch keiner erwartet.

In mancher Ratgeberliteratur zum Thema Perfektionismus wird das Kriterium der Unerreichbarkeit herangezogen, um die Übertriebenheit hoher Ansprüche einzuschätzen. Es gilt nach dieser Auffassung als neurotisch, sich etwas Unerreichbares vorzunehmen. Dieses Konzept ist kurzsichtig, denn es beinhaltet die Gefahr, den Menschen auf kleinbürgerliche Ziele und billige Durchschnittlichkeit zu reduzieren. Viele Entdecker und Erfinder wurden vor ihrer Entdeckung beziehungsweise Erfindung als Utopisten abgetan. Mitunter zeigt sich erst nach dem Tod eines Menschen die Genialität oder Größe seiner Vision.

Sprechen wir statt vom Kriterium der Unerreichbarkeit lieber vom SOLL-IST-MUSS-Schema. Das IST steht hier für die Realität des Betroffenen im Hier und Jetzt. Das IST ungeschminkt erkennen zu wollen, bedarf mitunter einigen Mutes. Zum Beispiel: »Ich sage oft nicht die Wahrheit.« Das SOLL repräsentiert das Ziel: Dort, wo man im Moment noch nicht ist, aber hinwill, weil man selbst es für gut und erstrebenswert erkennt. Sein eigenes SOLL wählt man frei – und ist selbst dafür verantwortlich. Es kann nicht vom Psychotherapeuten vorgegeben oder bestimmt werden. Um im Beispiel zu bleiben: »Auf mich muss Verlass sein – ich sollte stets die Wahrheit sagen.« Das SOLL ist also das Ideal, das über dem IST als Orientierungspunkt schwebt. Zwischen den beiden besteht ein mehr oder weniger großer Abstand, eine natürliche Spannung, mit der der Mensch auf dreierlei Arten umgehen kann:

1. Ein psychisch gesunder Mensch erträgt die SOLL-IST-Diskrepanz als eine natürliche, befruchtende und lebendige Spannung. Er weiß ohnehin, dass er noch nicht perfekt ist, dass nicht alles rundläuft in seinem Leben, dass es noch Baustellen gibt, dass er noch kein makelloser Heiliger oder ruhmreicher Held ist. Aber er kann damit gut leben. Er bemüht sich mit einer ruhigen Gelassenheit, sich in die Richtung des SOLL zu bewegen, sich zu bessern, sich zu ändern. Er entscheidet sich etwa, dass er fleißig, hilfsbereit und tolerant sein, sich gesund ernähren und ein wenig Sport treiben will. Er bemüht sich auch nach Kräften, aber ohne Verbissenheit. Das SOLL hat die sinnvolle Funktion, ein Wachstum des IST-Zustands zu bewirken und damit das Potenzial des IST zu realisieren. Allerdings ist das nur möglich, wenn es sich über dem IST befindet. Wer hoch hinauswill, braucht ein hohes SOLL. Je höher das SOLL, desto mehr kann das IST daran wachsen. Normen, die sich eine Gesellschaft selber gibt, gehen von einem unerreichbaren Ideal aus, haben aber den Sinn, den Menschen in eine bessere und verträglichere Richtung zu lenken.
2. Der »finale Spießer« – frei nach Nietzsche – hingegen hat aufgegeben. Für ihn hängen die Trauben einfach zu hoch. Er lässt sich gehen und unterlässt alle weiteren Schritte auf das SOLL hin, das mit der Zeit immer mehr verblasst. So wird er zu einem »pragmatischen« Menschen ohne Ideale. Er entscheidet sich, dass er sich nicht um Dinge wie Fleiß, Hilfsbereitschaft oder Toleranz bemühen »kann«, ernährt sich mit Fastfood und fährt schon zur nächsten Hausecke mit dem Auto. Er bemüht sich um nichts mehr, sein Leben passiert ihm, »Idealismus« ist für ihn der Wahn

der Jugend. Wer sein SOLL auf das IST nivelliert, wer also stets mit dem zufrieden ist, was ihm ohne jede Anstrengung in die Hände fällt oder in den Mund wächst, der wird im Laufe der Zeit mit immer weniger zufrieden sein müssen. Denn das IST sinkt ohne eine Ausrichtung am SOLL immer weiter ab: faul – stinkfaul – zu faul zum Stinken.

3. Der Perfektionist wiederum hält die an sich sehr fruchtbare SOLL-IST-Spannung absolut nicht aus. Unter keinen Umständen! Die Spannung zerreißt ihn, er muss sie sofort beenden, koste es, was es wolle. So muss das SOLL sofort zum IST werden, und damit mutiert es zu einem starren und unerbittlichen MUSS: ein innerer kategorischer Imperativ, der keinerlei Abweichung duldet. So wird das Leben unlustig, verbissen und unerträglich schwer. Der Perfektionist missversteht die Unerreichbarkeit eines hohen Ideals als ständigen Vorwurf, noch nicht ideal zu sein. Wenn das SOLL zum MUSS wird, blockiert dieser Anspruch die Freiheit zur Weiterentwicklung und wird zum Zwang, das Unmögliche zu erreichen. Dieses MUSS ist die Quadratur des Kreises und macht dem Menschen ungesunden Stress – das wird in der Psychologie »Disstress« genannt. Eine reizvolle Herausforderung (das SOLL) nennt man im Gegensatz dazu »Eustress« – »guten« Stress.

Es ist nicht richtig, dass zu hohe Ansprüche an sich selbst krank machen. Nicht ein »zu hohes« SOLL ist das Problem des Perfektionisten als vielmehr ein Nichtaushalten der SOLL-IST-Spannung. Der Perfektionist leidet darunter, dass er – mit dem Bild der genannten Seeleute gesprochen – noch nicht am Polarstern ist. Die

Spannung zwischen dem SOLL und dem IST ist für ihn unerträglich, weil sie als fürchterlicher und vernichtender Vorwurf erlebt wird, dem er nichts entgegenzusetzen hat.

Weil im perfektionistischen Denken das lebendige SOLL zum starren und unbarmherzigen MUSS wird, hat der Perfektionist zwei Möglichkeiten, die Spannung abzubauen. Beide Varianten sind unpraktisch und belasten seine Beziehungsfähigkeit:

a. Entweder er verdrängt die persönliche Diskrepanz zwischen dem IST und dem MUSS aus seinem Bewusstsein – das wäre die klassische Fehlerverdrängung –, daraus resultieren Besserwisserei, Beratungsresistenz und Halsstarrigkeit. Denn wer vor seinen Fehlern den Kopf in den Sand steckt, erwartet keinesfalls, dass ihn jemand anderer auf ebendiese freundlich aufmerksam macht.
b. Oder der Perfektionist reduziert das MUSS auf sein subjektives IST herunter, indem er dessen Wert und Ansprüche aggressiv abwertet. (»Der Staat ist ungerecht, deswegen kann ich ruhig Steuern sparen.«) Eine allergische Reaktion auf die allgemeine Normengebung (wie eben die Steuergesetzgebung) ist die Folge, weil damit die Selbstgerechtigkeit des Perfektionisten in Frage gestellt wird. Jedes für ihn schwer erfüllbare SOLL wird also subjektiv als Bedrohung erlebt, als »Drohbotschaft«. Doch die menschliche Gesellschaft braucht ein allgemeines Regelwerk für ihr Zusammenleben. Normengebung ist auch ein Prozess der Zivilisierung und Kultivierung des Menschen: Ohne sie gälte in der Gesellschaft das darwinistische »Recht« des Stärkeren, und das wäre wirklich traurig.

Hingegen schafft der Perfektionist – ironischerweise – jede Menge an neuem MUSS, das einzuhalten ihm schwerfällt oder nicht, das er aber auf jeden Fall unerbittlich von seiner Umgebung einfordert. Das fehlende Binnen-I etwa wird so für manchen zur moralischen Tragödie, während der eigene Ehebruch nicht so schwer wiegt und doch von den hinterwäldlerischen Spießern bitte nicht so undifferenziert verurteilt werden möge.

Perfektionistischer Idealismus

Perfektionisten sind ideale Menschen oder, besser gesagt, sie glauben, es sein zu müssen. Religiöse Perfektionisten möchten in dieser Denkart gerne Engel sein: Fehler-, makel- und leiblos möchten sie am liebsten dahinschweben und kopfschüttelnd dem wilden Treiben der Normalsterblichen zuschauen. Wenn ein religiöser Perfektionist mit seiner leiblichen Realität konfrontiert wird, dann kann Folgendes passieren:

FALL 1-4: Die bedrohliche Unausweichlichkeit
Der 25-jährige Priesteramtskandidat Oskar L. kommt zum Psychiater. Er leide an Anfechtungen bezüglich des sechsten Gebotes, also der Keuschheit. Es baue sich ein sexueller Gedanke auf, und je mehr er ihn unterdrücken wolle, desto stärker werde dieser. Es sei beschämend, dass ihm, Oskar L., so etwas mit seiner spirituellen Reife passiere, wo er doch so knapp vor der Priesterweihe stehe. Er habe Angst, dass etwas passieren könnte, dass er etwas tun könnte, was er gar nicht wolle. »Bei der Sexualität will ich nahezu ein Perfektionist sein.« Das

Ganze komme aber so wellenartig, das mache ihn ganz ratlos.

Auch erlebte Oskar L. sich aufdrängende Vorstellungen, er könne etwas sehen – auf der Straße, im Fernsehen, in der Zeitung usw. –, wo dann Masturbation »unausweichlich« sei. Zudem habe er Angst, homosexuell, bisexuell, pädophil oder sonst irgendwas »Abnormes« zu sein.

Der Perfektionist produziert viele seiner Probleme selbst. Oskar L. macht Erfahrungen, die für jeden Mann – für jeden Menschen! – völlig normal sind. Aber für ihn bricht eine Welt zusammen, denn seine sexuellen Phantasien sind ja der leibhaftige Beweis, dass er kein Engel ist, keine unbefleckte Empfängnis. Gelassenes Wahrnehmen der Bauchgefühle – ohne notwendigerweise mit dem Herzen zuzustimmen – wäre ein sehr viel effektiverer Weg hinaus aus der Enge gewesen. Aber wenn Enge mit Enge beantwortet wird, dann entsteht der Skrupel: neurotische Schuldgefühle, Zwangsgedanken, bei denen eine Fehleinschätzung der eigenen Schuld vorliegt. Der religiöse Neurotiker verwechselt gerne Versuchung mit Sünde, und die Botschaft »Niemand kommt unversucht ins Himmelreich« verhallt bei ihm ungehört. Die Tatsache, in Versuchung zu geraten, ist für ihn schon ein fürchterliches Scheitern und ein Zeichen seiner Verderbtheit.

Angst davor, irgendetwas Bestimmtes zu sein, ist aber schon fast ein Beweis dafür, dass man genau das eben nicht ist. Die junge Mutter, die plötzlich die Panik überfällt, sie könnte ihrem Kind etwas antun, würde genau das niemals machen. Aber der Gedanke wirkt für sie so bedrohlich, dass sie ihn mit aller Gewalt wegzudrängen versucht. Genau dieses krampfhafte Wegdrängen – »Denken Sie ja nicht an einen rosaroten Elefanten!« – macht die Vorstellung erst mächtig und omnipräsent. Oskar L. ist über seinen unrealistischen Selbstanspruch gestolpert.

Perfektionisten wollen, dass alles um sie herum funktioniert. Der eigene Körper (Fall 1-2), die eigene Zukunft (Fall 1-1). Das Auto, das Haus, die Klimaanlage, die Kinder (Fall 1-3) usw. müssen makellos sein. Je näher an der eigenen Person, desto wichtiger ist das problemlose Funktionieren, wenn es sich um einen ichbezogenen Perfektionisten handelt. Was schon sehr nahegeht, ist die eigene Sexualität und damit die moralische Integrität eines Oskar L. (Fall 1-4). Was aber noch näher geht, ist das eigene Denken, wie der nächste Fall zeigt.

Viele Perfektionisten – und ausschließlich diese – bereiten die erste Therapiestunde beim Psychiater so vor, dass sie ihm seitenlange E-Mails über sich selbst schicken, die er dann vorab zu lesen und vorzubereiten hat. In die Stunde kommen sie dann mit der Frage: »… und was hab ich jetzt?«

Diese E-Mails sind, bei entsprechender Länge, auch schon ohne den Inhalt zu kennen, ein deutlicher diagnostischer Hinweis auf Perfektionismus. Alfred M. beginnt, sein eigenes Denken zu beobachten und zu kontrollieren, und es beängstigt ihn, dass er nicht jeden Gedanken genau einordnen kann. Je mehr er kontrolliert, desto schlimmer wird die innere Anarchie. Dann beginnt er, im Internet Diagnosen zu suchen, die er schließlich in seine Selbstbeobachtungen einbaut:

FALL 1-5: Gedanken wie ein junger Hund

Der 27-jährige Philosophiestudent Alfred M. übermittelt dem Psychiater vor der ersten Sitzung per E-Mail folgende Informationen:

»Ich glaube, meine Behandlung wäre zielführender, wenn ich Ihnen meine Probleme schriftlich übermittle, und Sie stellen mir dazu Fragen. Denn ich bin nicht immer in der Lage, klare Gedanken zu fassen. Ich habe meine Gedanken nicht unter Kontrolle. Ständig analysiert mein Verstand alles, und ich habe keine Ruhe. Aufgrund dessen, dass er ständig denkt, denke ich nichts anderes mehr als Gedanken. Ich kann keinen klaren Gedanken fassen und tue mir schwer, etwas zu machen. Ich schaue keine Nachrichten und lese keine Zeitungen mehr, denn ich muss darauf achten, dass mein Verstand nicht viel Nahrung bekommt. Ich lebe zurückgezogen, isoliert, auch muss ich darauf achten, mit wem ich mich treffe und was ich mit Personen rede. Wenn mein Verstand erst mal Tempo aufgenommen hat, ist es die Hölle, die nicht zu stoppen ist. Alkohol hilft, damit es aufhört. Leider vertrage ich den aber nicht.

In meinem Verstand sind kommentierende dialogisierende Stimmen, die, wenn sie mal ein Thema haben, nicht mehr aufhören. Die Gedanken sind immer negativer Art. Ich kann mir schlecht Namen merken, Zahlen dafür recht gut. Überhaupt habe ich ein schlechtes Gedächtnis, und es fällt mir schwer, etwas zu lernen, mich zu konzentrieren. Stellen Sie sich vor, Sie sitzen in einem wunderbaren Restaurant, haben sehr gut gegessen, gehen raus in den hauseigenen Garten, rauchen eine Zigarette und genießen Ihren Kaffee. Alles ist wunderbar, die Natur, das Plätschern des kleinen Teichs, das Einzige, was nicht passt, ist des Nachbarn Kreissäge. Die läuft immer und lässt Ihnen keine Ruhe. So geht es mir mit meinen Gedanken. Ich bin an den wundervollsten Plätzen, habe alles, was ich brauche, und noch mehr. Aber leider kann ich mein Leben nicht genießen, kann nicht glücklich sein, weil da ständig dieser Lärm in meinem Kopf ist. Durch mein weitläufiges Denken erscheint mir alles sinnlos zu sein.

Außerdem habe ich Probleme mit zwischenmenschlichen Beziehungen. Wenn ich in der Nähe von mir unbekannten Personen bin, fängt mein Verstand zu rechnen an, nimmt an Tempo zu, und das äußert sich in Nervosität und irrationalem Verhalten. Mein Verstand funktioniert nicht für mich, sondern gegen mich. In meinem Kopf ist es sehr laut, deswegen fällt es mir schwer, etwas zu lernen. Weil da so ein Durcheinander ist. Manchmal gelingt es mir, durch Meditation oder starke körperliche Anstrengung mein Denken zum Stillstand zu bringen. Dann ist nur Dunkelheit da, und ich kann mich dort umschauen. Die Kehrseite dessen ist, dass ich einige Zeit später einen nach mir benannten Mind Blow Back habe. Das heißt, ich kann mitten in der Nacht aufwachen und habe so ein starkes Gedankendrängen, dass es fast nicht zum Aushalten ist, fast schon an Wahnsinn grenzt. Deswegen ist es für mich schwierig mit der Meditation. Ich glaube, was mir fehlt, ist ein gutes Bild von mir selbst. Wenn man gesagt bekommt in der Kindheit, dass man zu nichts taugt, oder sogar das Gegenteil davon, dann glaubt man es selbst irgendwann. Eigentlich gibt es für mich keinen Grund, deprimiert oder unglücklich zu sein. Ich bin gesund, habe Geld, muss im Moment nicht arbeiten, und dennoch bin ich psychologisch nicht in der Lage, frei von Unglück zu sein.

Das habe ich bereits ausprobiert, um mein Problem zu lösen: Psychotherapie, Hypnose, verschiedene Religionen, Alkohol, laute Musik, schnelles Autofahren, Medita-

tion, Autogenes Training, Tiefenentspannung. Das hilft mir gut: Anstrengender Sport und Motorradfahren helfen, damit der Verstand Ruhe gibt, Lieblings-TV-Serien schauen beruhigt meinen Verstand. Ich muss immer etwas im Hintergrund laufen haben (TV, Musik), wenn ich was mache. Verantwortung ist für mich eine große Belastung. Ich kann sie übernehmen. Doch meine Gedanken lassen mich immer wieder zweifeln, ob ich alles richtig mache. Ich habe große übertriebene Vorstellungen. Ich bin ein Perfektionist, und meine Gedanken lassen mir keine Ruhe, ehe ich nicht alles Mögliche getan habe, um diese zu erfüllen.
Ich habe beruflich erfolgreiche und ausgeglichene Menschen beobachtet (z.B. Piloten, Anwälte, Ärzte usw.). Das, was grundsätzlich diese Personen von einem 08/15-Angestellten unterscheidet, ist, dass bei den Erfolgreichen, wenn sie etwas studieren, ihr Verstand ruhig ist, Klarheit herrscht in ihrem Verstand, sie nehmen das Gelesene oder Übermittelte auf, ohne dass ihr Verstand ständig von irgendwelchen Assoziationen abgelenkt wird. Und je nachdem, wie intelligent jemand ist, begreift er etwas und nutzt es. Ich brauche, um etwas wirklich zu lernen, viermal länger, da ich meinen Verstand nicht kontrollieren kann und er mit mir hingeht, wohin er will. Das ist bei mir sehr stark der Fall. Wenn ich etwas lese, mich konzentrieren will, um etwas zu verstehen oder um es mir zu merken, beginnt mein Verstand sich zu verhalten wie ein untrainierter junger Hund. Er ist mal hier, mal da. Das, was gerade interessant erscheint, wird untersucht. Er geht aber nicht in die Tiefe, denn er möchte sich nicht anstrengen. Und so verbringe ich mein Leben, mal an dem interessiert und mal an dem, aber nie etwas zu Ende bringend. Weil sich mein Verstand immer fortbewegt.

Ursachen für mein Verhalten: schwaches Selbstwertgefühl von Kindheit an, ständiger Streit im Elternhaus (auch Alkohol), dadurch die Gedankenmuster. In der Kindheit immer niedergemacht worden, weil ich aussehe wie ein Ausländer, Identifikationsprobleme können durch langen Marihuana-Konsum verstärkt worden sein. Wegen meines schwachen Selbstwertgefühls habe ich mich in der Kindheit nie gewehrt, und das schwache Selbstwertgefühl wurde verstärkt. Deswegen Flucht in die Filme, wo ich mir oft starke Charaktere ausgesucht habe, in die ich mich hineinversetzt habe, um mit meiner Umwelt besser klarzukommen.
Chaotische Gedanken entstanden durch meine Faulheit zu lernen. Ich habe mein Hündchen in der Zeit, wo es am besten gewesen wäre, verabsäumt zu erziehen (disziplinieren). Deswegen fällt es mir heute schwer, etwas Neues zu lernen oder auch nur zurechtzukommen in der Gesellschaft, da ich so ein schlechtes Elternhaus hatte. Die Gedanken sind chaotisch und vollgestopft mit den Sachen, die ich in der Kindheit mitgekriegt habe.
Was sagen Sie zu all dem, was ich Ihnen bereits erzählt habe? Können Sie eine Diagnose abgeben? Ich möchte wissen, ob das, was mich belastet, etwas ist, oder ob ich mich da in etwas hineinsteigere.«

Alfred K. hat nach seiner Selbsteinschätzung seine »Gedanken nicht unter Kontrolle«. Das ist schon der Schlüsselsatz, und man kann aus dem Schreiben erahnen, wie viel Angst ihm das macht, dass die Gedanken wie ein junger Hund sind: »Es beginnt mein Verstand sich zu verhalten wie ein untrainierter junger Hund. Er ist mal hier, mal da. Das, was gerade interessant erscheint, wird untersucht. Er geht aber nicht in die Tiefe, denn er möchte sich nicht anstrengen.« Das ist ein diagnostisches Warnzeichen. Werden die Gedanken als fremd und eingegeben erlebt, liegt die Diagnose einer schizophrenen Psychose nahe. Der junge Mann stellte im abklärenden Gespräch aber klar, dass er die Gedanken immer als seine eigenen empfindet.

Noch dramatischer klingt für einen Psychiater der Satz: »In meinem Verstand sind kommentierende dialogisierende Stimmen.« Denn »kommentierende oder dialogisierende Stimmen« ist kein Sprachgebrauch, den man auf der Straße hört, sondern entspringt der Fachsprache der Psychiatrie. Damit werden Stimmen von nicht anwesenden Personen bezeichnet, die der Kranke hört (und nur er), die über den Patienten und seine momentanen Handlungen Kommentare abgeben. Es sprechen also zwei nicht vorhandene Personen über den Betreffenden (zum Beispiel: »Jetzt geht er gerade zu seinem Nachbarn und schaut ziemlich fertig aus«). Der Patient hat auf das Gespräch der Stimmen keinen Einfluss. Im ICD-10, der Diagnoseauflistung der Weltgesundheitsorganisation WHO der psychischen Krankheiten, wird das als eines der Kernsymptome des »schizophrenen Formenkreises« genannt, also der Schizophrenie. Der berühmte Psychiater Kurt Schneider hat 1938 erstmals die dialogisierenden und kommentierenden Stimmen sowie auch das Gedankenlautwerden als »Symptome ersten Ranges« (oder »Erstrangsymptome«) der Schizophrenie beschrieben. Sie können sich also vorstellen, dass der Psychiater diese Zeilen mit wachsender Besorgnis las, allerdings im Beisein des Patienten, ihn immer wieder um Erläuterung bittend (der hier abgedruckte Auszug ist etwa ein Viertel des Gesamtwerks der Selbstbeschreibung). Erleichterung trat ein, als der Patient schilderte, dass er sich stundenlang Dialoge von ihm mit anderen Personen ausmale, dabei sei er stets selbst einer der Dialogpartner, und er wisse auch immer, dass das im Moment eine Phantasie sei und keine Realität. Das verstehe der Patient eben unter »kommentierende dialogisierende Stimmen«, das habe er irgendwo gelesen, er wisse nicht mehr wo, und als auf sich zutreffend erachtet.

Mit dem Begriff »Gedankendrängen« hat der Patient ein weiteres gutes Wort aus der trüben Suppe der Psychiatrie gefischt. Gedankendrängen gilt in der Fachwelt als eine »formale Denkstörung«, bei der der Betroffene sich dem Druck vieler verschiedener Einfälle oder Gedanken ausgeliefert fühlt. Es geht ihm in kurzer Reihenfolge eine Vielzahl von Gedanken durch den Kopf, teilweise auch mehrere Gedanken gleichzeitig. Oft sind die Gedanken sprunghaft, die Themen werden schnell gewechselt und der Betroffene kann schwer bei einem Gedankengang bleiben. Das Phänomen ist an keine spezifische psychiatrische Diagnose gebunden, insbesondere nicht an die Schizophrenie, kommt aber häufig bei Manie vor. Gedankendrängen kann aber auch bei Gesunden auftreten, insbesondere unter Einfluss von stimulierenden Substanzen wie Cannabis oder Amphetaminen.

Ein guter diagnostischer Hinweis ist der Satz: »Alkohol hilft, damit es aufhört.« Alkohol nimmt vor allem die Angst! Die »Kreissäge« im Kopf zeigt auch schon sehr viel Erwartungsangst, wie etwa ein Mensch mit einem Tinnitus diesen sehr viel lauter hört, wenn er sich auf ihn konzentriert oder die Rede auf das Thema kommt. Ein diagnostischer Schlüsselsatz ist dann: »Verantwortung ist für mich eine große Belastung. Ich kann sie übernehmen. Doch meine Gedanken lassen mich immer wieder zweifeln, ob ich alles richtig mache. Ich habe große übertriebene Vorstellungen. Ich bin ein Perfektionist, und meine Gedanken lassen mir keine Ruhe, ehe ich nicht alles Mögliche getan habe, um diese zu erfüllen.« Alfred K. denkt zu viel über das richtige, perfekte Denken nach, wie ein Tausendfüßler, der gefragt wird, wie er das macht, dass er nicht stolpert: In der Selbstbeobachtung beginnt er plötzlich zu stolpern. Herr K. ist gefangen in seiner Selbstbeobachtung, die erst die Symptome produziert.

Die perfekte Vergangenheit

Nachdem wir schon die perfekte Zukunft, den perfekten Körper, den perfekten Sohn, die perfekte moralische Integrität und die perfekten Gedanken betrachtet haben, wenden wir uns nun noch der perfekten Vergangenheit zu und der lückenlosen Aufklärung derselben – wie es zum Beispiel für Präsidentschaftskandidaten in den USA verpflichtend ist.

FALL 1-6: Das unverzeihliche Kindheitstrauma

Herr Manfred L., ein 27-jähriger Mathematikstudent, kommt zum Psychiater. Er möchte aus aktuellem Anlass ein traumatisches Erlebnis aus seiner Jugend aufarbeiten. Mit 14 Jahren habe er mit einem gleichaltrigen und einem 13-jährigen männlichen Freund zusammen masturbiert, übrigens ohne dass sich die Jugendlichen dabei gegenseitig berührt hätten. »Das kann ich mir nie verzeihen.« Er habe sich danach unrein gefühlt, sei böse auf die

Mitschüler gewesen, habe den Kontakt zu ihnen abgebrochen und schlecht von ihnen geredet. Er habe in der Folge das Masturbieren angewidert eingestellt, die ganze Sache verdrängt und sich »wichtigeren Themen« zugewendet.
Er habe aber jetzt eine 21-jährige Kindergärtnerin kennengelernt, in die er sich verliebt habe. Die sei so rein, so sauber, so ... im Gegensatz zu ihm mit seiner perversen Vergangenheit. Er fühle sich ihr gegenüber schmutzig und wertlos. Er wisse gar nicht, wie er ihr das Ereignis beibringen solle. Denn natürlich muss man solch ein Vergehen dem potenziellen Partner beichten. Er müsse Tabula rasa machen, sonst wäre das ja eine Art Betrug und er komme sich vor wie ein Heiratsschwindler. Nein, verheimlichen komme da gar nicht in Frage. Sie habe das Recht, alles zu wissen, bevor sie sich auf ihn einlasse. Aber wie ...?

Manfred L. leidet an seiner Vergangenheit. Man kann sich gut in das Unwohlsein des Mannes hineinfühlen, denn fast jeder Mensch erinnert sich an Ereignisse und Handlungen in seiner Vergangenheit, die er lieber ungeschehen machen würde. Die Pubertät ist sicher bei den wenigsten ein makelloses Ruhmesblatt. Das ist aber auch ein Stück weit die Funktion der Pubertät – ein Herantasten an den Menschen, der man sein will. Und ein Erkennen der Dinge, die man nie mehr wieder tun will.

Aber dann findet sich bei Herrn L. noch eine starre Regel, die ihm das Leben schwermacht – und auch seiner Umgebung: Alles, aber auch wirklich alles aus der Vergangenheit muss rückhaltlos dem potenziellen Partner »gebeichtet« werden. Und am besten sofort. Damit das eine perfekte Partnerschaft wird. Aber das ist Perfektionismus pur: fernab der Realität Prinzipien aufzustellen, die unbedingt eingehalten werden müssen. Mit Sicherheit hat die junge Dame andere Interessen, als sich seine pubertäre Unterhosengeschichte anzuhören, das gesteht sich sogar Manfred L. ein. Und falls sie sich ernsthaft für ihn interessiert – das wissen wir noch gar nicht –, hat sie mit Sicherheit andere Kriterien für die Prüfung eines möglichen Partners als seine kindlichen Fehltritte. In der Therapie kommt heraus, dass es Herrn L. beim Thema »Beichte« gar nicht so sehr um das holde, reine Wesen seiner Freundin geht als um seine eigene Gewissensberuhigung. Damit kann er leichter einen persönlichen Weg finden, offen auf sie zuzugehen.

Perfektionismus und psychische Störungen

Die Perfektionismus-Forschung boomt derzeit. Die Studien über seine Auswirkungen auf die psychische Gesundheit haben sich in den letzten Jahrzehnten verdreifacht. Dabei wird der statistische Zusammenhang zwischen perfektionistischem Denken, Handeln und Fühlen und psychischen Krankheiten untersucht. Der heutige Stand der Wissenschaft lässt noch keine abschließenden Aussagen zu, aber ein unscharfes Bild lässt sich bereits erahnen. Nur als Überblick, und um ein grobes Bild von den aktuellen Forschungsthemen zu bekommen, wird hier die Statistik der sogenannten »PubMed«-Publikationen aufgelistet. PubMed ist eine englischsprachige textbasierte Meta-Datenbank mit medizinischen Studien bezogen auf den gesamten Bereich der Biomedizin der nationalen medizinischen Bibliothek der USA. Sie gibt einen sehr genauen Überblick darüber, welche Studien wo von wem veröffentlicht worden sind, und zeigt damit recht genau an, in welche Richtung sich die Forschung weiterentwickelt.

Es wurden also in der Datenbank der PubMed für das Jahr 2013 sechs Studien über den Zusammenhang zwischen Perfektionismus und Essstörungen gefunden, drei Studien über den mit Depression sowie zwei Studien über den mit Zwangsstörungen. Jeweils eine Studie wurde in diesem Jahr publiziert über den Zusammenhang zwischen Perfektionismus und Burn-out, Sozialphobie, chronischem Erschöpfungssyndrom (Chronic Fatigue Syndrome, CFS), Grübelzwang bei posttraumatischer Belastungsstörung, Suizidgedanken, Angst, chronischem Schmerz und Stress. Für Spezialisten: Berücksichtigt sind bei dieser Schnellsuche nur die Studien, die das Wort »perfectionism« im Titel tragen. Die Forschungsthemen der Jahre davor waren übrigens ganz ähnlich aufgeteilt, so dass man zusammenfassen kann, dass besonders die Essstörungen, Depressionen und die Zwangsstörungen einen inneren Zusammenhang mit perfektionistischem Denken aufweisen.

Doch wieso besteht überhaupt ein Zusammenhang zwischen perfektionistischem Denken einerseits und handfesten psychischen Krankheiten andererseits? Da verdichten sich in der Zwischenzeit die Hinweise in der psychologischen Forschung, dass Stress das »missing link« ist. Perfektionisten sind ja zweifellos gestresster, etwa durch tägliche Ärgernisse oder den Leistungsdruck durch ihre überhohen Erwartungen. Den Stress machen sie sich sicher selbst – aber das ändert ja nichts am Stress. Und dieser ständige hohe Adrenalinspiegel im Blut, dieses ständige Gejagtsein und Unter-Anspannung-Stehen, womit sich Perfektionisten durch das Leben quälen, dieser Mangel an Auszeit und Unfähigkeit zur Entspannung – das macht sie psychisch labiler.

Perfektionisten weisen laut den eingangs erwähnten Psychologen Hewitt und Flett außerdem einen »fehlangepassten Bewältigungsstil« auf. Das bedeutet, dass sie (die Perfektionisten nämlich) mit Problemen falsch umgehen und dadurch den Stress nur noch vergrößern. Manche leiden unter einem Grübelzwang, wobei sie sich eher auf die subjektive Belastung als auf die Lösung derselben konzentrieren. Der Perfektionist hat es außerdem schwerer, eigenes Versagen zu akzeptieren, und zeigt heftige negative Reaktionen, wenn etwas schiefgeht.

Was den Stress der Perfektionisten weiter fördert, ist zudem die Tendenz, sich und andere beständig zu bewerten oder den Fokus auf das zu legen, was nicht funktioniert. Sie haben die Neigung, Versagen oder Belastungen bereits zu erwarten und dann emotional darauf so zu reagieren, als sei das Erwartete bereits eingetroffen. Eine der berühmtesten und humorvollsten Geschichten der Psychotherapie ist die von Paul Watzlawick über den Mann, der ein Bild aufhängen und sich dafür vom Nachbarn einen Hammer ausborgen will. *»Doch dann kommen ihm Zweifel: Was, wenn der Nachbar mir den Hammer nicht leihen will? Gestern schon grüßte er mich so flüchtig. Vielleicht hat er was gegen mich?«* Das schaukelt sich im Kopf des Bildaufhängers so weit hoch, bis er zum Nachbarn stürmt und ihn anschreit: *»Behalten Sie Ihren Hammer, Sie Rüpel!«*

Kapitel 2
Das umstrittene Perfektionsstreben

Aber ist die Sehnsucht des Perfektionisten nach Fehlerlosigkeit wirklich krankhaft? Oder umgekehrt, macht ihn sein Vollkommenheitsstreben kaputt? Ist das Perfektionsstreben völlig verkehrt oder gar gesundheitsschädlich? Ist der menschliche Drang nach Exzellenz eine Anmaßung? Sollte es nicht eher unser Ziel sein, uns mit der Mittelmäßigkeit zufriedenzugeben?

Die Psychologin und Buchautorin Cornelia Mack bringt den Pareto-Effekt ins Spiel, um das Perfektionsstreben zu pathologisieren: Dieser besagt, dass 80 Prozent der Ergebnisse in 20 Prozent der Gesamtzeit eines Projektes erreicht werden. Die verbleibenden 20 Prozent der Ergebnisse benötigen 80 Prozent der Gesamtzeit und verursachen die meiste Arbeit. Daher sei es eigentlich produktiver, zwei Sachen zu 80 Prozent zu erledigen als eine Sache zu 100 Prozent. Na ja, diese Methode sollte man wohl nicht flächendeckend anwenden: Frau Mack ist zu wünschen, dass ihr Automechaniker, Installateur und Onkologe nicht nach diesem Prinzip arbeiten.

Exzellenz – na und?

Ohne viel nachzudenken, begeistert es uns, wenn Anne-Sophie Mutter zur Geige greift, die Gruberová ihre Stimme erhebt, Stefan Zweig seine Erzählungen meisterlich zu Papier bringt, Hanna-Barbara Gerl-Falkovitz ihre klugen Gedanken in wahrer Sprachkunst entfaltet, Pablo Picasso unübertroffen den Pinsel führt, Michelangelo aus Marmorblöcken Wunderwerke schafft und die Wiener Philharmoniker mit ihrem Neujahrskonzert Fernsehzuschauer auf der ganzen Welt verzaubern. Und es ist – auf einer ganz anderen Ebene – ganz toll und faszinierend, wie Lionel Messi die Gegner schwindlig dribbelt, Hermann Maier den Skihang runterzischt und Sebastian Vettel jahrelang die Konkurrenz düpierte.

Das alles ist nicht krank, sondern macht die Anziehung der Brillanz, der Exzellenz, der Perfektion aus. Das ist der »Himmel auf Erden«, die aristotelische Entfaltung der Natur. Das ist Vollkommenheit! Wir würden uns sicherlich viel weniger freuen oder sogar desinteressiert abwenden, wären diese Akteure beim Erlernen ihrer erstaunlichen Fähigkeiten mit weniger als dem Absoluten zufrieden gewesen, wären sie in der Mittelmäßigkeit steckengeblieben. Sind wir alle deshalb schon Perfektionisten? Ist das schon der negative Einfluss der ach so krank machenden Leistungsgesellschaft, die uns die Köpfe verdreht hat?

Warum hat sich die TV-Sendung »Wetten, dass ...« über 30 Jahre bis ins Jahr 2014 gehalten? Weil wir miterleben wollen, was andere Großartiges und Unglaubliches zustande bringen. Weil wir staunen und bewundern wollen. Höchstleistungen, Exzellenz, Brillanz und Perfektion sind attraktiv: Sie ziehen an. Umgekehrt kann man sicherlich behaupten, dass Perfektion auch für den Ausführenden beglückend ist. Es ist völlig normal und kein Symptom einer überzüchteten Kultur oder des Unterganges des Abendlandes, wenn der Mensch Perfektion anstrebt. Die Sixtinische Kapelle hat

Künstler, Auftraggeber und schon seit 500 Jahren die Besucher begeistert und in Staunen versetzt.

Hohe Ziele? Großartig! Keine falsche Demut! Mittelmäßigkeit kann doch bitte kein Maßstab sein! Sogar die mittelalterliche Philosophie bestärkt uns darin. In ihr gab es die Tugend der »magnanimitas«, ins Deutsche eher holprig als »Hochgemutheit« übersetzt. Sie ist *»das Sichspannen des Geistes auf die großen Dinge; wer sich das Große zumutet und sich seiner würdig macht, der ist hochgemut«,* sagt Josef Pieper, Philosoph und Experte für Aristoteles und Thomas von Aquin. Nein, wir sprechen weder vom Narzissmus noch von eitlem Hochmut, sondern von einer Tugend, die noch dazu – laut alter Philosophie – mit der Demut verschwistert ist. Der Hochgemute ist wählerisch, denn er lässt sich vom Kleinen und Nebensächlichen nicht aus der Reserve locken und beeindrucken, sondern nur vom Großen, das ihm gemäß ist. Dem kleingeistigen Spießer fehlt genau diese Nase, dieses Gespür, diese »magnanimitas«: Von ihm ist aufgrund seiner inneren Enge und ängstlichen Angepasstheit nicht viel zu erwarten.

Überraschenderweise blockiert sich der Perfektionist in der Regel selbst und kann sich aus Angst vor dem Scheitern nicht zur »magnanimitas« aufschwingen. Deswegen schlittert der ängstlich-perfektionistische Neurotiker immer weiter in die Kleinlichkeit des Groschen- und Erbsenzählers, während die großen Dinge an ihm vorüberziehen.

Die »magnanimitas« will vor allem – und in erster Linie – das Ehrbare, und durchaus auch (doch erst in zweiter Linie) die Ehre, die damit verbunden ist. Auch das ist noch keine psychiatrische Diagnose. Thomas von Aquin stellt fest: *»Der Hochgemute spannt sich auf das, was der* *höchsten Ehre wert ist.«* Und: *»Wenn einer auf solche Weise die Ehre verachtete, dass er sich nicht darum sorgte, zu tun, was Ehre verdient, so wäre das zu tadeln.«* Ehre ist nicht unbedingt Applaus. Der Hochgemute verbiegt sich nicht, passt sich nicht der Mittelmäßigkeit an, zieht sogar ein Leben in Armut einer Prostitution seines Talentes vor, wenn das die Alternative sein sollte. Die Kunstgeschichte kennt einige Genies, die beim spießigen Establishment angeeckt sind. Sie sind trotzdem unbeirrt ihren Weg weitergegangen, wenn auch unter Schwierigkeiten – und konnten sich so nur ganz langsam oder wie van Gogh post mortem durchsetzen. Durch Verachtung und Entehrung vonseiten des mächtigen Spießertums wird der Hochgemute nicht gebrochen, eher verachtet er die Entehrung als seiner unwürdig.

Der Perfektionist hingegen bleibt beim »Was denken die anderen?« hängen. Die Frage »Wie komme ich an?« lässt ihn nie ganz los. Er kann sich nicht selbstlos und bedingungslos der Sache hingeben, »koste es, was es wolle«. Im Grunde geht es ihm gar nicht um die Perfektion an sich – sie ist für ihn nur Mittel zum Zweck. Ganz anders die »magnanimitas«: *»Niemals vermöchte der Hochgemute einen anderen Menschen so hoch zu schätzen, dass er um seinetwillen etwas Ungeziemendes täte«*, beschreibt Pieper diese großen Seelen. *»Unerschrockene Aufrichtigkeit ist das Kenn-Mal der Hochgemutheit; nichts ist ihr so fremd wie dies: aus Furcht zu verschweigen, was wahr ist. Schmeichelworte und Verstellung, die beide aus einem kleinen Herzen ihren Ursprung nehmen, meidet der Hochgemute ganz und gar. Der Hochgemute klagt nicht; denn sein Herz lässt sich nicht besiegen von irgendeinem äußeren Übel. Hochgemutheit schließt in sich eine unbeugsame Festigkeit des Hoffens,* *eine geradezu herausfordernde Zuversicht und die gänzliche Ruhe eines furchtlosen Herzens. Der Hochgemute unterwirft sich nicht der Verwirrung des Gemütes, nicht irgendeinem Menschen, nicht dem Schicksal – nur Gott.«*

Der preußische General Johann Friedrich Adolf von der Marwitz verweigerte in diesem Geiste während des Siebenjährigen Krieges die befohlene Plünderung des eroberten sächsischen Schlosses Hubertusburg. Er antwortete seinem König Friedrich II.: *»Das würde sich allenfalls für den Offizier eines Freibataillons schicken, nicht aber für einen preußischen General!«* und ersuchte um Abschied aus der Armee. Auf seinen Grabstein ließ sein Neffe folgende Worte setzen: *»Sah Friedrichs Heldenzeit und kämpfte mit ihm in all seinen Kriegen. Wählte Ungnade, wo Gehorsam nicht Ehre brachte.«*

Gut gemachte Arbeit

»Der Mensch wird zur Arbeit geboren wie der Vogel zum Flug« ist eine alte jüdische Weisheit, die Martin Luther gerne und oft wiederholt hat. Tatsächlich tut es dem Menschen gut, zu arbeiten – und es fühlt sich auch gut an, exzellente Arbeit abzuliefern. Der Mensch ist vernetzt mit seinen Mitmenschen – ein Zoon politikon, ein Gesellschaftstier. Keiner bleibt gern allein, und jeder ist auf den anderen angewiesen. Unsere menschliche Gesellschaft funktioniert nur, wenn wir alle einen Beitrag leisten, und es wäre echt hervorragend, wenn dieser Beitrag nicht von groben Fehlern durchzogen wäre. Gut getane Arbeit ist sinnvoll und tut in erster Linie dem Arbeiter selber gut, denn es ist sein Betrag zur Gesellschaft. Insofern der Mensch seine Arbeit als Dienst an

der Gesellschaft versteht – oder dem sogar eine transzendente Bedeutung abgewinnen kann –, kann er aus seiner Isolation ausbrechen, die nur für den egozentrischen Verdienst alleine arbeitet.

FALL 2-1: Die lächerliche Prüfung

Der Student Joseph P. lernt wochenlang für seine Prüfung auf Teufel komm raus. Dann absolviert er erfolgreich das Examen. Für ein paar Minuten überkommt ihn eine kurze Freude über sein exzellentes Abschneiden – dann gleich das Gefühl der Ernüchterung: »Na ja, das war eigentlich ja gar nix, nicht der Rede wert, die wirklich guten Studenten haben die Prüfung schon lang ...« Joseph P. kann sich über keinen Erfolg freuen. Das zehrt an seiner Lebenszufriedenheit, und er weiß nicht, wie er da rauskommen soll.

Joseph P. ist ein guter und ehrgeiziger Student mit hohen Zielen. Das ist noch keine Krankheit. Sinn der Therapie kann nicht sein, dass er weniger lernt, sondern dass er sich darüber freuen kann, dass er das für ihn Bestmögliche herausgeholt hat. Dass er sich so darauf vorbereitet, seinen gesellschaftlichen Beitrag zu leisten. Es ist nicht schlecht, dass er sich an den Besten seines Jahrganges orientiert. Schlecht – im Sinne von ungeschickt, unpraktisch – ist, dass er sich im Vergleich zerfleischt. Der sachlich Denkende leistet den Beitrag für die Gesellschaft, der ihm eben möglich ist – und hadert nicht damit, dass ein anderer die Aufgabe vielleicht besser gemacht hätte.

Das Wort perfekt leitet sich vom lateinischen Wort

»perfectus« ab und bedeutet das Fertiggemachte, das Vollendete. Es setzt sich aus zwei lateinischen Worten zusammen: per = hindurch, durch und durch, völlig, und facere = machen. Es bezeichnet ursprünglich einen vollendeten, abgeschlossenen Vorgang. Damit ist »perfekte« Arbeit leisten zu wollen kein psychopathologisches Problem. Das Problem des Joseph P. ist vielmehr, dass er sich im Vergleich quält, weil andere besser sind. »Treibe mit deinen Talenten Handel, vergeude sie nicht« ist eine in die Form eines Sprichworts gebrachte alte menschliche Weisheit. Das bedeutet auch, dass es durch die Verschiedenheit der Talente auch unterschiedliche Zielvorgaben geben muss. Nicht jeder kann ein Genie sein, aber jeder kann gut gemachte Arbeit leisten. Das ist nicht das Privileg von neurotischen Perfektionisten. Nicht jeder gewissenhafte Berufstätige bekommt in diesem Buch gleich eine Diagnose angepasst, auch wenn der Autor Psychiater ist.

Perfektion ist mitunter sogar mitreißend und kann auch Mittelmäßige zur Höchstform motivieren. Im köstlichen und humorvollen Film »Das Konzert« sammelt ein ehemaliger Dirigent des Bolschoi-Theaters sein heruntergekommenes Orchester wieder ein, um nach vielen Jahren wieder ein (erschwindeltes) Konzert zu geben – in Paris, der Stadt, in der seine Tochter lebt. Die ist eine Geigenvirtuosin, die von seiner Vaterschaft nichts weiß. Nach vielen lustigen und sehr menschlichen Verwicklungen spielt das Orchester mit dem Geigenstar – aber äußerst mittelmäßig, wenn nicht gar grottenschlecht. Die Mitglieder nehmen die Aufführung nicht ganz ernst, kommen nicht zu den Proben und zu spät zur Aufführung. Doch dann ertönt bei der Premiere die Geige der Ivanova, durch das Orchester geht ein

Ruck, alte Erinnerungen kommen auf, und in der berührendsten Orchesterszene der Filmgeschichte wächst das Ensemble weit über sich hinaus und liefert exzellente Musik. Großartige Kunst. Tschaikowsky in Perfektion. Das Publikum tobt, Vater und Tochter fallen sich um den Hals. Sie erkennt ihn …, und wer da nicht weint, muss zum Psychiater. Perfektion ist ansteckend, motiviert im günstigen Fall zur Höchstleistung. Das alles hat noch nichts – aber auch gar nichts – mit der Unfreiheit eines Perfektionisten zu tun.

Was Löwen mit psychologischen Tests gemeinsam haben

Unter »Big Five« haben Großwildjäger die fünf gefährlichsten Tiere der Jagd aufgelistet: Löwe, Leopard, Elefant, Nashorn und Büffel. In der Psychologie allerdings versteht man darunter das – weniger gefährliche – Standardmodell der Persönlichkeitsforschung, das im 20. Jahrundert eingeführt wurde. Es wurde innerhalb der zurückliegenden 20 Jahre in über 3000 wissenschaftlichen Studien verwendet. Die fünf Großen sind folgende Eigenschaften, die man bei jedem Menschen vorfindet und nach denen man ihn in die passende Schublade einordnen kann: Extraversion, Neurotizismus, Offenheit für Erfahrungen, Verträglichkeit und Gewissenhaftigkeit.

Der erste Faktor, »Extraversion vs. Introversion«, ist der bekannteste und älteste der großen fünf Persönlichkeitsfaktoren. Er beschreibt die beiden Pole der Interaktion mit der Umwelt: Introversion bezeichnet eine nach innen, Extraversion eine nach außen gewandte Haltung.

Extravertierte Menschen sind gesellig, aktiv, gesprächig, personenorientiert, herzlich, optimistisch und heiter. Introvertierte Leute sind zurückhaltender bei sozialen Interaktionen, gerne allein und unabhängig. Perfektionistisches Denken kann in beiden verwurzelt sein und hat dann unterschiedliche Auswirkungen.

Der zweite, übrigens recht unpopuläre Faktor »Neurotizismus« bezeichnet die emotionale Labilität. Menschen mit hohen Neurotizismus-Werten erleben häufiger Ängstlichkeit, Reizbarkeit, Depressivität, Unsicherheit und Verlegenheit, Impulsivität und Verletzlichkeit. Sie tendieren zu mehr Gesundheitssorgen, neigen zu unrealistischen Ideen und tun sich schwer, auf Stresssituationen angemessen zu reagieren. Niedrige Werte in der Neurotizismus-Skala bedeuten emotionale Stabilität, Zufriedenheit oder Ichstärke: Diese Menschen sind eher ruhig, zufrieden, stabil, entspannt und sicher. Perfektionisten sind definitiv emotional labil und weisen hier – aufgrund ihrer Ichhaftigkeit – sehr hohe Werte auf.

Mit dem dritten Faktor, »Offenheit für Erfahrungen«, werden Neugierde und Interesse an Neuem beschrieben. Offene Menschen sind wissbegierig, intellektuell, phantasievoll, experimentierfreudig und künstlerisch interessiert. Leute mit niedrigen Offenheitswerten ziehen Bekanntes und Bewährtes dem Neuen vor. Perfektionisten gehören eher hierzu.

Beim sympathischen vierten Faktor, der »Verträglichkeit«, bringen Personen mit hohen Werten ihrem Nächsten Verständnis, Wohlwollen und Mitgefühl entgegen. Sie sind bemüht, ihren Mitmenschen zu helfen, und überzeugt, dass diese sich ebenso hilfsbereit verhalten werden. Sie neigen zu zwischenmenschlichem Vertrauen, zur Kooperation und zur Nachgiebigkeit. Leute mit niedrigen Verträglichkeitswerten hingegen sind antagonistisch, egozentrisch und misstrauisch gegenüber den Absichten anderer Menschen. Sie verhalten sich eher kompetitiv als kooperativ – das bedeutet, sie sehen im Nächsten eher einen Gegner als einen Partner. Perfektionisten neigen zu einer niedrigen Verträglichkeit.

Interessant für unsere Zwecke ist aber hauptsächlich die »Gewissenhaftigkeit«, der fünfte Faktor, weil sie äußerliche Ähnlichkeit mit dem Perfektionismus aufweist und deswegen sorgfältig davon abgegrenzt werden muss.

Wozu brauchen wir Gewissenhaftigkeit?

Die Gewissenhaftigkeit beschreibt den Grad an Selbstkontrolle, Genauigkeit und Zielstrebigkeit, die einer Person eigen ist. »Gewissenhafte« Menschen planen gut, handeln effektiv, organisiert, sorgfältig, verantwortlich, zuverlässig und überlegt. Menschen mit niedrigen Werten für Gewissenhaftigkeit handeln hingegen schlampig, spontan und ungenau.

In der Psychologie unterscheidet man sechs Untereigenschaften der Gewissenhaftigkeit: Kompetenz, Ordnungsliebe, Pflichtbewusstsein, Leistungsstreben, Selbstdisziplin und Besonnenheit. Die meisten Persönlichkeitsforscher vertreten heute die Ansicht, dass Gewissenhaftigkeit gleichzeitig das Produkt einer motivierenden und einer disziplinierenden psychischen Kraft ist. Motivierend, weil solche Menschen sich ganz auf eine Arbeit konzentrieren können, und disziplinierend, weil sie lockende Ablenkungen asketisch abblocken können. Die Frage, woher die »motivierende und disziplinierende psychische Kraft« kommt und wie man sie erwirbt, wird in der Big-Five-Psychologie leider nicht gestellt, hierzu gibt es neuere, dynamischere Konzepte.

Die Haltung, die mit »Gewissenhaftigkeit« beschrieben wird, riecht allerdings kräftig nach den in Verruf geratenen sogenannten »preußischen Tugenden«: Fleiß, Treue, Gehorsam, Disziplin, Pflichtbewusstsein, Pünktlichkeit, Zuverlässigkeit, Ordnungsliebe, Höflichkeit und Sauberkeit. Diese Haltungen wurden ja von der 68er-Generation heftig unter Beschuss genommen. Damals wurden sie, etwa von Oskar Lafontaine, als Sekundärtugenden abgewertet – *»mit denen man auch ein KZ führen könne«* –, die »nur« zur praktischen Bewältigung des Alltags und zum harmonischen Zusammenleben in der Gesellschaft beitragen. Die »Primärtugenden« hingegen machen angeblich den perfekten Menschen aus: Hilfsbereitschaft, Nächstenliebe, Solidarität, Respekt vor den anderen, Toleranz und Geduld. Erst die Forschungen der Positiven Psychologie haben diese ideologische Polarisierung überwunden und auf Aristoteles zurückverwiesen.

FALL 2-2: Nur nicht wie der Vater sein!

Der 35-jährige Siegfried S. kommt wegen permanenter Beziehungsschwierigkeiten in die Therapie. Er wollte ein Leben lang auf keinen Fall so sein wie sein »superkonservativer, jähzorniger, bornierter Macho-Vater«: Deswegen übt er sich in Respekt und Zurückhaltung und will ja nicht in ein »eroberndes männliches Rollenklischee« fallen. Und das schon früh: »In der Tanzschule haben sich ein Schulfreund und ich in dasselbe Mädchen verliebt. Ich

wollte ihr die Entscheidung lassen, sie zu nichts zwingen, mich nicht ›männlich‹ aufdrängen, und habe deswegen kein Signal gesendet.« Das Mädchen entschied sich schließlich für den anderen, der den Minnesang offensichtlich besser beherrschte. Daraufhin zog sich Siegfried S. verletzt zurück, weil sie den anderen erhört hatte – als Tanzpartner, wohlgemerkt. Nach kurzem Schweigen fügt Herr S. an: »Eigentlich hat das Mädchen sogar vorher einmal einen Annäherungsversuch mir gegenüber gewagt – aus Rücksicht vor meinem Kumpel und aus Angst vor Versagen bin ich dem damals ausgewichen ... Ich habe lange damit gehadert. Im Grunde sind bis heute alle meine Beziehungen an meiner fehlenden Männlichkeit gescheitert.«

Siegfried S. erlebt seinen Vater als unsympathischen Wüterich und steuert stark gegen diese Tendenzen in ihm selbst. »Primärtugenden« wie Respekt vor den Frauen und Toleranz stehen bei ihm ganz oben auf der Skala – doch leider etwas unausgewogen und ungeordnet. Herr S. will sich als Kontrast zum Vater neu erfinden, doch überspannt er den Bogen.

Die psychologische Forschung hat erhoben, dass Menschen mit hohen Werten in der Gewissenhaftigkeit beruflich erfolgreicher sind und weniger zu schädlichem Suchtverhalten neigen. Gewissenhafte bringen laut Studien auch stabilere und glücklichere Ehen zustande, und angeblich leben sie sogar länger, wie kürzlich eine großangelegte Studie herausgefunden haben will.

Der weltbekannte Psychologe Martin Seligman, Begründer der Positiven Psychologie, hat ein spannendes Experiment durchgeführt. Sein Forschungsteam untersuchte hundert 14-jährige Schüler am Anfang des Schuljahres, die bei Testbeginn für die Teilnahme einen Dollar bekamen – oder zwei, wenn sie bereit waren, noch etwas auf die Entlohnung zu warten. Damit hatten die Forscher sofort zwei Schülergruppen: eine mit hoher und die andere mit niedriger Selbstkontrolle. Am Ende des Schuljahres zeigte sich, dass die Zwei-Dollar-Gruppe wesentlich bessere Noten hatte als die Ein-Dollar-Gruppe, unabhängig vom IQ. Das bedeutet, dass Selbstkontrolle mehr zum Schulerfolg beiträgt als Intelligenz. Logisch, irgendwie: besser langfristiges Glück als kurzfristige Befriedigung.

Eine Vielzahl von Studien zeigt, dass sowohl Berufserfolg als auch persönliches Einkommen von allen »Big Five«-Persönlichkeitsmerkmalen am engsten mit der Gewissenhaftigkeit zusammenhängen. Viel mehr jedenfalls als mit Extraversion, Neurotizismus, Offenheit für Erfahrungen oder Verträglichkeit. Die Studien sprechen eine eindeutige Sprache: Gewissenhafte werden von ihren Ausbildern besser bewertet, haben einen objektiv besseren Output am Arbeitsplatz, zeigen ein besseres Teamverhalten, weisen höhere Leistungen und bessere Führungsqualitäten auf. Sie sind motivierter bei der Zielsetzung, blicken umsichtiger voraus und gehen durchdachter und effizienter vor. In welchem Beruf auch immer: Überall haben in den wissenschaftlichen Studien der letzten 40 Jahre die Gewissenhaften die Nase vorne. Auch die Chefs sind zufrieden: Gewissenhafte gehen pro Jahr im Schnitt zwei Tage weniger in den Krankenstand als ihre Kollegen.

Gewissenhaftigkeit stabilisiert Partnerschaften: In den Paarstudien beklagten sich Frauen über das Fremdgehen ihrer wenig gewissenhaften Männer, während sich Männer über die emotionale Kälte und den Alkoholkonsum ihrer wenig gewissenhaften Frauen mokierten. Frauen von gewissenhaften Männern hingegen lobten diese als zuverlässig, intelligent und fesch – vielleicht, weil sie sich sorgfältiger pflegen? Gewissenhafte Frauen, die in entsprechenden Studien untersucht wurden, hatten 30 Jahre nach der Erstuntersuchung mehr Kinder, waren länger verheiratet, weniger häufig geschieden und glücklicher in ihrer Partnerschaft als Frauen der Kontrollgruppe. Dieselbe Datenanalyse brachte aber auch einen spannenden Zusammenhang zum Vorschein: Frauen in stabilen Ehen wurden mit der Zeit gewissenhafter. Dieser kleine Sachverhalt deutet eine neue Dimension an: Das könnte nämlich bedeuten, dass das konstante, verlässliche Leben auch die Psyche prägen kann. Und dass Gewissenhaftigkeit somit erwerbbar wäre, anerzogen durch Selbstprägung.

Gewissenhaftigkeit ist also ein Ausdruck der Lebenstüchtigkeit und führt zu größerem Handlungsspielraum. Perfektionismus dagegen »schießt sich ins eigene Knie«, verengt den Handlungsspielraum und reduziert die persönliche Freiheit. Spannend ist die Studie eines kanadisch-norwegischen Forscherteams, bei der 500 Ärzte und Krankenschwestern zu ihrer Einstellung zur Arbeit befragt wurden. Wenn die Gewissenhaftigkeit sehr hoch ist und gleichzeitig auch der Neurotizismus, dann fühlen sich die Menschen von der Arbeit getrieben und neigen zum Workaholismus. Dieser Befund könnte ein aussagekräftiges Indiz für Perfektionismus sein: Neurotizismus liegt als Grundstruktur vor, die der Gewissenhaftigkeit auf den ersten Blick ähnlich ist.

Manche Autoren postulieren, Perfektionismus werde erst dort zum Problem, wo nicht mehr zwischen lobenswerter Veredelung und einer törichten Anmaßung unterschieden wird. Deshalb wird er häufig nicht als etwas Schlechtes, sondern eher als ein Zuviel des Guten gesehen und ist im Alltag eine recht gern eingestandene Schwäche (»Manchmal bin ich einfach zu perfektionistisch«). Diese Einschätzung widerspricht der Logik: Perfektionismus ist der krankhafte, der neurotische Umgang mit dem eigenen Perfektionsstreben. Also kann es keinen positiven, ja gesunden Perfektionismus geben: Das wäre ein Widerspruch in sich, wie ein weißer Rappe oder ein friedlicher Krieg. Perfektionismus strebt auf eine kranke, neurotische Weise nach der Perfektion – ganz im Gegensatz zur Gewissenhaftigkeit. Sie ist das gesunde, hilfreiche, erfolgreiche und positive Streben nach Erfüllung, das jeder Mensch zur Weiterentwicklung und jede Gesellschaft zum Fortschritt braucht. Perfektionismus ist die neurotische Karikatur, die Pervertierung der Gewissenhaftigkeit.

Wir haben gesehen: Perfektion ist in sich gut und wünschenswert. Dem Perfektionisten geht es aber in seinem Perfektionsstreben gar nicht in erster Linie um sie, sondern um die Absicherung seiner Unantastbarkeit. Man kann eben etwas von innen heraus, aus innerer Überzeugung tun – das ist nach Gordon Allport, einem der größten Psychologen des letzten Jahrhunderts und Mitbegründer der Big Five, die intrinsische Motivation. Man kann aber auch die Vorstellungen und Wünsche anderer übernehmen, um ihnen zu gefallen – das ist die extrinsische Motivation. Man kann in die Kirche gehen, weil man an Gott glaubt oder weil man daraus Profit schlägt, etwa in Form von Ansehen, Kontaktpflege und Karrierechancen. Intrinsisches Perfektionsstreben wäre nach dieser Unterscheidung die Gewissenhaftigkeit, extrinsisches Perfektionsstreben der Perfektionismus. Interessant ist auch folgendes Detail des Konzeptes: Zwischen intrinsisch und extrinsisch liegt ein Kontinuum, kein Entweder-oder, analog dazu verhält es sich zwischen dem gesunden und dem ungesunden Perfektionsstreben.

Nicht jeder, der dichtet, ist ein Goethe

Es macht zutiefst zufrieden, Außerordentliches, Fertiges, Vollendetes zu schaffen. Jedenfalls dann, wenn es uns gegeben ist, wenn wir das Talent dazu bekommen haben. Denn nicht jeder ist in jedem Bereich talentiert. Der Perfektionist erwürgt interessanterweise die Intuition oft durch zu viel Gewolltes – im Gegensatz zum Genie. Genies sehen mehr – Michelangelo »sah« zum Beispiel schon die fertige Statue im Marmorblock –, der Perfektionist will so viel, dass er nicht mehr offen ist für die Inspiration.

FALL 2-3: Liebesgeschichten

Die 22-jährige Cordula M., hochintelligente Studentin der Kunstakademie, klagt über Konzentrationsstörungen. Nach einiger Analyse kommt heraus, dass sie eigentlich ständig Tagträumen nachhängt, die ihr die Konzentration auf das Tagesgeschäft verunmöglichen. Dieser Grübelzwang hat sie selbst immer als Hauptperson zum Inhalt. Während sie mit ihrer realen Körperfigur hadert, ist sie in ihrer Traumwelt immer ein Topmodel mit den Maßen 90–60–90. Dann wird sie auch von Freddy, einem real existierenden »karrieregeilen« Gleichaltrigen, der in Süd-

deutschland an einer Eliteuniversität studiert, beachtet und angebaggert. Stundenlang malt sich Cordula M. dann aus, was dann so alles zwischen ihr und Freddy passiert … In der Analyse des Tagtraumes kommt heraus: »Ich halte Männer, die zu mir nett und charmant sind, im realen Leben nicht aus. Ein Kompliment freut mich einerseits unheimlich, andererseits lehne ich es schroff ab, weil es total unglaubwürdig kommt, wenn jemand mir eines macht. Das kann ich nicht annehmen, kann ich nicht glauben. Und wenn ich es glauben kann, dann muss das sofort verschwinden, sonst verliebe ich mich, und dann stellt sich heraus, dass er mich doch nicht mag. Und wenn er mich wirklich mag, dann kann er nicht ganz dicht sein, dann ist er jedenfalls nicht gut genug, sonst würde er ja nicht etwas von so einer Pummeligen wie mir wollen.« Während sie darüber sinniert, schüttelt sie immer mehr den Kopf über sich selbst und ihre sinnlosen Haltungen.

Cordula M. hat ein Ideal, das sie nicht erreicht: 90–60–90. Dieses »Talent« ist ihr nicht gegeben. Um der tristen Realität auszuweichen, flüchtet sie sich in eine Traumwelt, statt sich mit der Wirklichkeit zu versöhnen. Der Komiker Woody Allen sagt als legendärer Stadtneurotiker Alvy Singer: »Ich würde niemals einem Club beitreten, der Leute wie mich als Mitglied aufnimmt« – dieser berühmte Satz ist ein ständiger Lacherfolg in den Kinosälen der Welt. Ohne das Zitat zu kennen, macht Cordula M. es ihm im »real life« nach – was keinen Lacherfolg, sondern soziale Isolation zur Folge hat. Was Cordula M. vergisst: Die 90–60–90 sind kein Garant für Glück, und auch ohne diese Maße ist ein geglücktes Leben möglich.

Exzellenz ist die Verwirklichung eines Talentes, das man unverdient geschenkt bekommen hat. Aristoteles würde sagen: Exzellenz ist ein Akt, der aus einer realen Potenz hervorkommt. Doch dieser Akt (die Verwirklichung) wird durch die Größe der Potenz (den angelegten Möglichkeiten) begrenzt. Bei wem das Tennistalent mittelmäßig angelegt ist, bei dem kann kein Boris Becker herauskommen, auch wenn man noch so viel übt und die Eltern ein Vermögen in teure Tennistrainer investieren. Man sagt humorvoll, Genie ist zehn Prozent Inspiration und 90 Prozent Transpiration, um den Wert der Anstrengung herauszustreichen. Aber diese zehn Prozent können auch nicht durch noch so viele Bemühungen wettgemacht werden. Perfektionistische Helikoptereltern scheinen in ihrem Überehrgeiz dieses Prinzip nicht wahrnehmen zu wollen.

Bekanntlich gab es nur einen Wolfgang Amadeus Mozart, und auch Gustav Klimt und Johann Wolfgang von Goethe sind keine Dutzendware. Die realistische Selbsteinschätzung und Bodenhaftung, wofür es bei einem selbst – oder beim eigenen Nachwuchs – reicht, bewahrt vor schrecklichem persönlichem Scheitern. Das sind die schmerzhaften Niederlagen des Perfektionisten. Nicht jeder ist ein herausragendes Genie – sonst wäre es keiner, weil eben niemand mehr herausragen würde. Das SOLL wird beim Perfektionisten zum MUSS, das ist sein Problem! Man kann sich ja beim Üben auf der Geige schon mal an Anne-Sophie Mutter orientieren, aber wenn das Spielen erst Spaß macht, wenn man ihr Niveau hat, dann lebt man ein recht freudloses Leben.

Die »Anonymen Alkoholiker« verwenden das weltbekannte Gelassenheitsgebet, das wahrscheinlich auf Franz von Assisi zurückgeht: *»Gott gebe mir die Gelas-*

senheit, Dinge hinzunehmen, die ich nicht ändern kann, den Mut, Dinge zu ändern, die ich ändern kann, und die Weisheit, das eine vom anderen zu unterscheiden.« Hohe Ideale sind für die menschliche Entwicklung unerlässlich, aber wenn sie im Perfektionisten zum MUSS werden, werden sie toxisch. Franz M. fehlt diese Gelassenheit noch:

FALL 2-4: Die schmutzige Vergangenheit

Der 22-jährige Medizinstudent Franz M. kommt zum Psychiater. Er hadert mit seiner Vergangenheit und fühlt sich schmutzig und befleckt. Obwohl er schon im Alter von zehn Jahren wusste, dass er Arzt werden wolle, habe er trotzdem nicht auf sich geachtet und sich mit »Schrecklichkeiten« verunreinigt. Welche Dinge das sind, habe er noch gar nie in den Mund genommen, aber dieser Schmutz komme ihm in den letzten Monaten immer öfter hoch, so dass er sogar überlege, das Studium »aus ethischen Gründen« zu beenden. So jemand wie er könne eigentlich gar nicht Arzt sein. Wenn er mit solch einer Bürde den ärztlichen Dienst antreten würde, wäre das ein klassischer Fehlstart. Ja, er sei schon überzeugt, dass diese Jugendsünden keine Auswirkungen auf seine ärztliche Tätigkeit haben werden, zumindest wisse er das vom Kopf her. Aber das Gefühl schreie weiter: »Unverzeihlich!«

Nach längerem Schweigen kann Franz M. dann seine Vergangenheit darstellen. Verzweifelt und im Flüsterton berichtet er, dass er im Alter von 13 Jahren, als die Pubertät anfing, plötzlich die Unterwäsche seiner älteren Schwestern und seiner Mutter anziehend bis aufreizend fand. Verwirrend und attraktiv zugleich, stellten sie eine stän-

dige Versuchung für ihn dar, insbesondere wenn er im Badezimmer alleine war. So habe er begonnen, darüber zu masturbieren. Einmal habe er sogar die Unterwäsche seiner Mutter angezogen – bis er erschrocken wahrnahm, was er gerade tat. Davon habe er sich nach ein, zwei Jahren losgerissen und ab dem 15. Lebensjahr ein völlig normales Interesse für das weibliche Geschlecht entwickelt. Aber er könne sich dieses schreckliche und peinliche Fehlverhalten niemals verzeihen. Noch heute betrete er ungern das Badezimmer in seinem Elternhaus. Gequält fragte er: »Herr Doktor, nach allem, was Sie jetzt von mir wissen – bin ich pervers? Bin ich eine Gefahr für meine Patienten? Muss ich das Studium beenden?«

Franz M. hat eine recht spezielle Vorstellung von der Makellosigkeit der Halbgötter in Weiß. In seiner Phantasie muss deren Vergangenheit blütenweiß sein und durchleuchtbar wie die der Spitzenpolitiker im puritanischen Amerika. Es ist nachvollziehbar, dass seine pubertären Erlebnisse für ihn im Nachhinein beschämend sind, doch sind seine Sexmolch-Phantasien als Gefahr für seine Patienten wohl etwas überzogen.

Es ist – wie gesagt – toll, wenn Anne-Sophie Mutter zur Geige greift, Lionel Messi das runde Leder behandelt oder Sebastian Vettel der Konkurrenz davonfährt. Weniger prickelnd dürfte es hingegen sein, wenn Sebastian Vettel herumgeigt, Anne-Sophie Mutter die Ski anschnallt oder Messi malt. Dennoch darf Boris Becker natürlich unter der Dusche singen, wenn ihn das entspannt, und eine weltberühmte Geigerin soll in ihrer Freizeit ruhig Fußball spielen.

Niemand kann auf jedem Gebiet Weltklasse sein, sondern wird in den meisten Bereichen mittelmäßig bleiben – solange er nicht voraussetzt, dass alles grandios ist, was er tut. Wenn ein abgehalfterter Skistar, zutiefst von seiner unerschütterlichen »excellentia« überzeugt (die er einst auch mit Brettern unter den Füßen hatte), zum Barden wird, kann das Publikum nur noch um Erbarmen wimmern. »Schuster, bleib bei deinen Leisten!«, würden wir ihnen gerne zurufen, wenn auf anderen Gebieten Erfolgreiche ihre Prominenz ausnutzen, um die Welt mit Mittelmäßigem zu beglücken.

Exzellenz ist die Beschreibung einer außerordentlichen Fähigkeit – nicht die Auszeichnung einer Person oder ihre moralische Beurteilung. Pablo Picasso war zweifellos einer der größten Künstler des 20. Jahrhunderts. Wie er allerdings Frauen behandelte, finden nicht nur eingefleischte Feministinnen weniger erfreulich.

Die Mutter von Erna P. hat auch sehr bestimmte Vorstellungen von der Exzellenz, die ihre Tochter abrufen soll:

FALL 2-5: Die emanzipierte Mutter

Erna P., 31, erzählt: »Meistens bin ich nach Kontakt mit Mama geladen. Ich empfinde immer eine innere Anspannung, wenn ich von ihr weggehe. Deswegen versuche ich tunlichst, ihr aus dem Weg zu gehen. Sie verbreitet ein unheimlich schlechtes Gewissen. Ich habe im Umgang mit ihr immer Angst, etwas Falsches zu sagen oder etwas falsch zu machen. Sie ruft mich nach wie vor täglich ein- bis dreimal an und wird aggressiv und extrem vorwürfig, wenn ich nicht sofort ans Telefon gehe.

Mein Vater wurde von ihr immer in den Hintergrund gedrängt. Er war zwar elf Jahre älter, aber sie sagt immer

abschätzig von ihm, dass sie ihn erziehen musste: Tischmanieren und so. Sie macht ihn öffentlich lächerlich, weil er als großer Intellektueller zwei linke Hände hat, während sie handwerklich recht geschickt ist. Aber wenn man sein Wissen oder seine Intelligenz preist, wird sie kratzbürstig und sagt: ›Ah ja, und ich bin die Dumme, aber ohne mich hättet ihr das alles nicht …‹ Mama war in der Erziehung streng, Papa gütig. Er war für sie aber böse, weil er nie mit uns Kindern geschimpft hat. Papa war für mich nie Ansprech- oder Autoritätsperson: Er war einfach ein Mitbewohner.

Im zweiten Jahr habe ich gesagt, dass ich nicht mehr Medizin studieren will. Mama meinte, dass das jetzt nicht mehr geht. Aufhören darf man nur im ersten Jahr. Was würden da ihre Freunde sagen? Und was ich überhaupt stattdessen studieren wolle? Nein, Lehrerin zu werden komme überhaupt nicht in Frage – ich müsse was Gescheites machen. Und als Schülerin hätte ich immer über die Lehrer geschimpft. Dabei ist sie selbst Lehrerin. Als ich beschloss, das Studium wegen meiner bevorstehenden Heirat an den Nagel zu hängen, protestierte sie und sagte, um ihrem Wunsch mehr Gewicht zu verleihen: ›Alle im Ort fragen mich: Aber das Studium macht sie schon fertig?‹

Sie hat panische Angst vor Kritik. Überall hört sie einen Vorwurf heraus, auch wenn nirgends einer ist. Wenn wir wegfahren, kontrolliert sie immer noch den Herd – manchmal muss der Papa nochmals die Haustür aufsperren. Kürzlich, als wir alle schon im Auto warteten und völlig kommentarlos und gleichgültig ihre Verspätung hinnahmen, sagte sie, ins Auto einsteigend: ›Hättet ihr den Herd kontrolliert, würden wir schon fahren, alles muss ich machen.‹

Nachdem ich mir sicher bin, dass Franz der Richtige für mich ist und er um meine Hand angehalten hat, werde ich ihn heiraten. Ich bin ja auch nicht mehr die Jüngste, und ich will noch einige Kinder. Meine Mutter reagierte ganz aggressiv: ›40 Jahre Frauenemanzipation sind an dir vorübergegangen! Man heiratet überhaupt nicht, bevor man nicht selbständig für sich sorgen kann.‹ Dass ich mich in Zukunft hauptberuflich um meine Kinder kümmern will, ist ihr ein Greuel.«

Die angestrebte Perfektion ist beim Perfektionisten oft weniger durch die Freude an Vollkommenheit motiviert als vielmehr durch die damit verbundene Unangreifbarkeit: Wer perfekt arbeitet, kann weder getadelt noch kann ihm gekündigt werden. Bei Mama P. zeigt sich das recht deutlich, wenn sie die Exzellenz ihrer Tochter fordert, damit diese eine absolute Unabhängigkeit bewahren kann. Im Vordergrund der Mutter stehen das Tun, die Aktion, die Resultate, die Nützlichkeit und implizit das Konkurrenzdenken – Perfektion ist bei ihr Mittel zum Zweck, nicht für sich selbst gewollt, als die natürliche Vollendung der Dinge.

Kapitel 3
Die Wurzeln des Perfektionismus: Das Ich im Bauch

Der Perfektionist ist ein liebenswerter Mensch, der nicht daran glauben kann, liebenswert zu sein. Und das ist eine Qual. Er ist überzeugt, dass er sich die Liebe verdienen muss oder dass er zumindest sicherer ist, wenn er etwas vorzuweisen hat: Je höher seine Leistung, desto größer und sicherer die Liebe. Hier geht es nicht nur um die partnerschaftliche Liebe, sondern um ein generelles Angenommensein vonseiten aller. Der Perfektionist fühlt sich – wenn er ganz ehrlich zu sich ist – im Grund nicht wirklich zugehörig und muss diese gefühlte Ausgrenzung mit Mühe, Anstrengung und Leistung bekämpfen. Umso mehr überrascht es ihn, wenn er mit unverdienter Zuneigung konfrontiert wird, wie es der kleine Walter R. erlebt hat:

FALL 3-1: Der erste Liebesbrief

Der 27-jährige Walter R. erzählt aus seiner Kindheit: Im Alter von neun Jahren habe er in der Grundschule einen Liebesbrief von einer Mitschülerin erhalten. Er erinnert sich noch gut daran, dass er zu dem Mädchen ging und sie aufforderte, ihm genau mitzuteilen, warum sie gerade ihn so möge. Und wie sehr sie ihn möge, das solle sie doch bitte noch viel ausführlicher in Worte kleiden als in diesem Brief. Seine Gier nach Bestätigung sei unersättlich gewesen, sinniert er heute kopfschüttelnd, immer wieder sei er fast zwanghaft in sie gedrungen. Er hätte es

aus diesem inneren Drang nach Bestätigung vollständig unterlassen, in irgendeiner Weise dem verstörten Mädchen eine nette Geste zu zeigen. Nachvollziehbarerweise war seine Verehrerin schnell ernüchtert, und ihre Begeisterung schwand dahin. Herr R. ist bis heute ohne Partnerin und leidet sehr darunter.

Der neunjährige Walter ist ungewöhnlich begierig, die harmlosen Liebesbekundungen des Mädchens in sich einzusaugen, so dass er sehr schnell alles vermasselt. Er kann nicht glauben, dass er ohne Höchstleistung zu so einer Auszeichnung kommt. Es fühlt sich für ihn an wie ein Lottosechser – für den er kein Los gekauft hat. Dass er in erster Linie die Begründung der weiblichen Emotionen erkunden will, hat wahrscheinlich den Grund, dass er erwartet, für etwas – eine Leistung – gelobt zu werden. Man kann vermuten, dass diese Grundhaltung, wenn auch mit weniger Plumpheit vorgetragen, die Beziehungen dieses Mannes bis heute erschwert.

Wenn wir in die Tiefe der perfektionistischen Seele graben, bis an ihre psychopathologischen Wurzeln, dann stoßen wir – wie eingangs erwähnt – immer auf die Angst.

Die wiederum hat zwei Gesichter: die Ichhaftigkeit und den Zwang. Beide sind eng miteinander verwandt. Die Ichhaftigkeit ist eine übertriebene Angst um sich selbst, der Zwang ist die Folge einer Angst, ein Ritual, das die Angst bannen soll – aber nicht kann.

Eine deutsche Entdeckung

Der Berliner Psychiater Fritz Künkel war ein prominenter Schüler des Wiener Psychotherapeuten Alfred Adler, des Begründers der zweiten Wiener Schule der Psychotherapie. Adler wiederum zählt zu den bekanntesten Schülern und Weggefährten Sigmund Freuds. Freud versteht den Menschen dualistisch, unfrei eingeklemmt zwischen dem Lebenstrieb »Eros« und dem Todestrieb »Thanatos«. Auch Adler sieht zwei Seelen in der Brust des Menschen, wenn auch schon mit deutlich mehr Handlungsspielraum: Bei ihm ist das Seelenleben aufgespannt zwischen dem Gemeinschaftsgefühl auf der einen und dem Minderwertigkeitsgefühl und Geltungsstreben auf der anderen Seite.

Von Freud zu Adler zeigt sich damit ein Quantensprung an persönlicher Freiheit: Adler gesteht dem Menschen durchaus zu, sich für das Gemeinschaftsgefühl und gegen sein drängendes Geltungsstreben entscheiden zu können, während der arme Mensch bei Freud seinen Seelenkräften noch hilflos ausgeliefert ist und seine Handlungen eine Folge des gerade stärkeren Impulses sind. Die Unfreiheit bei Freud war übrigens auch dem späten Freud-Schüler Viktor Frankl ein Dorn in Auge. Er entdeckte den menschlichen Geist für die Psychotherapie, »von der Tiefenpsychologie zur Höhenpsychologie«. Mit der postulierten Freiheit hängt auch die menschliche Verantwortung zusammen, die wahrzunehmen Frankl einforderte. Frankl, der selbst ein Opfer der NS-Diktatur war und Jahre in einem KZ verbrachte, betonte oft, er kenne nur zwei »Rassen« von Menschen: »die Anständigen und die Unanständigen«.

Damit führte er die Kategorien von Gut und Böse wieder in die Psychologie ein.

Fritz Künkel übernimmt das dualistische Denkschema seiner beiden Lehrer Freud und Adler, wobei er eher Gefallen am Freiheitskonzept Adlers findet. Auch er sieht den Menschen nicht völlig determiniert und beschreibt die psychischen Vorgänge als Antagonismus zwischen Sachlichkeit und Ichhaftigkeit. Das Verhältnis zwischen den beiden Seelenfaktoren stellt sich für den Berliner Individualpsychologen folgendermaßen dar: Je geringer die Sachlichkeit in einem Menschen, desto mehr Ichhaftigkeit findet man in ihm. Künkels Konzept der Ichhaftigkeit ist mit Adlers Minderwertigkeitsgefühl und Geltungsstreben durchaus verwandt, steigt aber noch eine Stufe tiefer in die menschliche Seele hinein.

FALL 3-2: Die Frau, die es nicht lassen kann

Frau Monika W., eine 51-jährige Unternehmerin, kommt mit ihrem Mann zum Psychiater. Es ist anfangs nicht ganz klar, ob sie eine Einzel- oder eine Paartherapie wünscht. Sie leide unter »Essstörungen, Schlafstörungen und vor allem unter sehr viel Druck«, wirkt in ihrem Ausdruck aber sehr lebendig und sympathisch. Außerdem hätten sie – dabei wendet sie sich kurz zu ihrem Mann – Schwierigkeiten in der Kommunikation. Das Ehepaar würde Skier produzieren, eine Skischule und neuerdings zwei Skihütten betreiben: Ihr Imperium sei in den letzten Jahren stark gewachsen. Der Sohn sei Skirennläufer, auch nicht mehr ganz unbekannt, das bringe zusätzliche Kundschaft. Frau W. klagt: »Alles geht mir nahe, ich kann mich nicht wehren.« Und: »Ich bekommen den ganzen Tag keinen Termin bei meinem Mann.« Der sitzt in der Therapie-

stunde recht gelassen daneben und hört zu. Persönliche Gespräche zwischen dem Ehepaar hätten zu 99 Prozent den Betrieb und zu einem Prozent die Kinder zum Thema. Das erlebe sie als Verarmung. Dem stimmt er zu. Der Auftrag an den Therapeuten sei, die eheliche Kommunikation zu stärken. Zankapfel seien vor allem die beiden Skihütten, bei denen sie sich für alles zuständig und zu wenig unterstützt fühle.
Als Beispiel für die mangelnde eheliche Kommunikation erzählt sie, dass sie ihrem Mann auf einem Ball gesagt habe: »Andere Männer tanzen besser!«, um ihn zu motivieren, mit ihr einen Tanzkurs zu besuchen. Reagiert habe er aber stattdessen aggressiv: »Dann gehen wir halt nicht mehr auf einen Ball.« Das habe sie enttäuscht. »Ich mache das, weil ich seine Zuwendung will. Er ist so ruhig und gutmütig, da muss man lauter auftreten.« Der Mann stellt klar: »Auf dem Ball ist mir ihr ständiges Kritisieren auf die Nerven gegangen. Das war nicht nur ein Kommentar, das ging die ganze Zeit während des gesamten Balles so, dass ich nicht tanzen kann.« Sie wecke ihn manchmal um zwei Uhr in der Nacht auf, nur um ihm zu sagen, welche Dekoration sie sich für eine der Skihütten wünscht oder dass sie unbedingt einen Handwerker für eine Handreiche im Haus brauche. »Sie soll ihre Anliegen ganz normal und ruhig vortragen, nicht mitten in der Nacht und dabei gleich hysterisch werden.« Frau W. kommentiert: »Ja, aber untertags komm ich ja nicht an meinen Mann heran.«
In der Ehe wünschen sich beide mehr Zeit miteinander. Frau W.: »Das wäre schön! Gemeinsam fortfahren, gut essen gehen. Ich wünsche mir mehr Nähe von ihm: dass wir zu zweit sind, entspannt. Ohne Kundschaft, ohne Freunde. Ich möchte mich zu ihm kuscheln. Er soll sich auf mich

konzentrieren.« Nach expliziter Befragung durch den Arzt ist das Paar überrascht: Beide wünschen sich deutlich mehr Sexualität. Das rote Tuch sei für sie die Zeitung, hinter der er sich verstecke. Er: »Das ist meine Antwort auf ihre ständigen Vorwürfe und Aufträge.«
Am Ende der ersten Stunde wird vereinbart, dass betriebliche Wünsche der Frau an den Mann von ihr ausschließlich per E-Mail übermittelt werden, damit mehr Zeit für die Beziehung bleibt. Und außerdem zeigt sich in der sachlichen Analyse, dass es betrieblich überhaupt kein Problem ist, wenn sich Frau W. ganz von der Verwaltung der Skihütten zurückzieht: »Ich muss es aushalten, dass die Dekoration nicht perfekt ist.« Sie werde sich anderen betrieblichen Aufgaben zuwenden: »Ich kann was anderes machen, was ich viel lieber mache und auch viel besser kann.« Finanziell sei es überhaupt kein Problem, wenn beide kürzertreten und mehr Zeit zusammen verbringen würden, Geld würden sie in der Zwischenzeit genug verdienen.
In der zweiten Stunde, eine Woche später, zeigt sich, dass sich wenig geändert hat und beispielsweise das Abschiednehmen von den Skihütten gar nicht so einfach ist. »Ich versteh das nicht, ich will ja gar nicht, es belastet mich, aber trotzdem denke ich dauernd über die Inneneinrichtung nach.« Nach längerer Motivationsanalyse deckt sich ihr der psychodynamische Hintergrund auf: »Da steht mein Name drauf – das fällt auf mich zurück.« Ihre bis jetzt unausgesprochene Angst ist: Was mögen nur die Leute von der Mutter des Rennläufers Moritz W. denken, wenn die Skihütten nicht perfekt sind. »Ich fühle mich den Leuten ausgeliefert.« Erst diese Erkenntnis macht den Rückzug von Frau W. möglich, denn sie erkennt, dass diese Motivation weder vernünftig noch ge-

sundheitsfördernd ist – und schon gar nicht von reinem Pflichtbewusstsein motiviert, wie sie bis jetzt angenommen hat.

Monika W. hat es nicht leicht, obwohl sie es wirklich leicht haben könnte. Sie stolpert über sich selbst, tut Dinge, die sie nicht so gut kann, die sie belasten und überfordern, allein aus der Motivation, dass man sonst möglicherweise schlecht über sie reden könnte. Sie wehrt also ständig Bedrohungen ab, muss Dammbrüche aufhalten, denn wenn – wie von ihr phantasiert – die Leute zu reden beginnen, ist sie subjektiv verloren. Wenn die Inneneinrichtung der Skihütten nicht perfekt ist, ist Monika W. nicht sicher. Die perfekte Ausstattung der Skihütten ist also der Garant für ihre Integrität und Souveränität. Dementsprechend muss sie an dieser Inneneinrichtung hängen, obwohl sie selbst lange keine Erklärung dafür hat. Die sachliche Lösung des ehelichen Konfliktes läge so offenkundig auf der Hand, dass es eigentlich erstaunt, dass hierfür ein Psychiater aufgesucht werden muss. Aber sie ist durch Ichhaftigkeit blockiert, durch die irrationale Angst der Frau um sich selbst. Sie will mehr Nähe zu ihrem Mann, deckt ihn aber gleichzeitig mit Kritik und Forderungen ein. Sie will mehr Zärtlichkeit und Sexualität (er auch!), und trotzdem wird die Bewegung auf ihn zu von ihrer ichhaften Sorge blockiert. Die Sachlichkeit sieht scharf – die Ichhaftigkeit vernebelt. Die Sachlichkeit löst Probleme – die Ichhaftigkeit vergrößert sie.

Künkel stellt mit dem Konzept der »Ichhaftigkeit« die innere Motivation in das Zentrum seiner Beobachtung. Eine Tat kann äußerlich ganz gleich aussehen, aber unterschiedlich motiviert sein. Als Beispiel nennt er die einfache Hilfeleistung an einem verunglückten alten Mann: Entweder will der Helfer einfach helfen, weil hier gerade Not am Mann ist, oder aber er will durch seine gute Tat gesehen und bewundert werden. Überwiegt der erste Zweck, so nennt Künkel das »sachlich« oder »wirhaft«, überwiegt der zweite, so nennt er sie »ichhaft« oder »unsachlich«. Künkel versucht, keine moralische Wertung vorzunehmen, aber natürlich ist da eine klare klinische Einordnung mit im Spiel: Das Augenmerk liegt darauf, ob der Mensch sich selbst transzendieren kann oder in sich gefangen bleibt.

Der erste Fall – die Befähigung zur Selbsttranszendenz – ist psychisch gesund, ausgeglichen und normal. Der zweite Fall – die Unfähigkeit zur Selbsttranszendenz – ist krankhaft, neurotisch und deswegen nicht ganz so normal. Es handelt sich um eine innere Fehlhaltung (nach Alfred Adler »Lebensirrtum«), die komplizierte Folgen für das Zusammenleben und die subjektive Befindlichkeit hat. Viktor Frankl sagt dazu: *»Nur das kranke Auge sieht sich selbst.«* Das gesunde Auge sieht hingegen die Umgebung unverzerrt und sich selbst nicht, während im Fall eines grünen oder grauen Stars die durchsichtigen Teile des Auges trüb werden, was zur Folge hat, dass das Auge mehr sich selbst sieht als die Umgebung.

Zur diagnostischen Unterscheidung spinnt Künkel sein konstruiertes Beispiel weiter: *»Freilich werden immer beide Zwecke zugleich wirksam sein. Aber welcher von ihnen überwiegt, lässt sich leicht angeben, wenn man sich vorstellt, die Hilfeleistung sei nicht zustande gekommen. Dann wird der Helfer in beiden Fällen ein Bedauern spüren. Aber der sachlich Eingestellte wird an* *den Gegenstand seiner erfolglosen Bemühungen denken, an den verunglückten alten Mann. Er wird sich etwa fragen, wie es ihm weiterhin ergangen sein mag und ob er wohl allein nach Hause gehen konnte. Der ichhaft Eingestellte wird darunter leiden, dass er seine gute Tat nicht hat tun können. Er wird sich Vorwürfe machen oder sich zu entschuldigen suchen. Auf jeden Fall werden seine Gedanken sich mit ihm selber beschäftigen. Der eigentliche Gegenstand seiner Bemühungen war vorher derselbe, der er jetzt ist: sein liebes Ich.«*

FALL 3-3: Noch nicht ganz verstanden

Nachdem sich die 21-jährige Patientin Conny F. mit dem Konzept von Ichhaftigkeit und Sachlichkeit beschäftigt hat, kommt sie zu dem Schluss: »Ich weiß eh, dass ich ichhaft bin, und ich würde mich ja auch gerne für die sachlichen Themen interessieren, aber die interessieren mich leider überhaupt nicht …«

Eng verwandt mit der Ichhaftigkeit, schiebt der Perfektionismus etwas vor, worum es ihm gar nicht in erster Linie geht: die Perfektion. Nicht durch die Freude an der Exzellenz oder die Beglückung an der vollständig entfalteten Natur ist er motiviert. Sein innerer Motor ist die persönliche Absicherung durch eine makellose Leistung. Sicherheit durch Leistung. Der Perfektionist trägt das Tadellose als Maske vor sich her und versteckt sich hinter ihr, weil er den Tadel so sehr fürchtet. Die Perfektion ist bei ihm nur Mittel zum Zweck: Sein Perfektionsstreben ist extrinsisch, nicht intrinsisch motiviert.

Durch seine Angst vor Missachtung muss der Perfektionist jeden Makel hektisch verstecken, weil dieser seine Gier nach Respekt zunichtemachen würde. Denn er will in erster Linie wertgeschätzt werden. Wertschätzung ist zwar jedem Menschen angenehm – aber für den Perfektionisten ist sie eine Notwendigkeit: Er erwartet, dass sie seine innere Not wendet. Aber das ist ein Fass ohne Boden – den Perfektionisten kann man mit Wertschätzung und Bezeugungen von Respekt nicht dauerhaft sättigen.

Der Tanz ums Goldene Kalb

Das Konzept der Sachlichkeit hat viel mit einer gesunden Selbstlosigkeit zu tun, mit dem »gesunden Auge« von Viktor Frankl. Die besten Lehrer sind die, die vom Lehrinhalt begeistert sind und hinter ihn zurücktreten können. Dadurch machen sie den Weg frei für die Botschaft, die sie zu vermitteln haben, anstatt selbst in den Mittelpunkt zu treten und glänzen zu wollen. Für eine Sendung, die sie vielleicht verspüren. So wird es verständlich, wenn bei Künkel der Sachliche sich dem »Dienst an der Welt« verpflichtet weiß. Das Wort »Dienst« bezeichnet eine Hinwendung zu etwas Größerem, was ihn selbst transzendiert. Denn der Mensch findet – wie Frankl sagt – den Sinn nur außerhalb seiner selbst.

Die Ichhaftigkeit hingegen ist der »Dienst am Ich«, bei dem der Mensch alleine bleibt, in sich gefangen. Das erinnert an die provokanten Thesen des New Yorker Psychoanalytikers Paul Vitz, der den alten Psychotherapieschulen den Tanz um das Goldene Kalb des Ich diagnostiziert hatte. Sein »Cult of Self-Worship« ist eine so tiefschürfende Verwendung der englischen Sprache, dass die Übersetzung schwerfällt: »Cult« kann man mit Kult, aber auch mit Sekte übersetzen, und »worship« geht in der Interpretationsbreite von Verehrung bis hin zu Anbetung. Der Kult der Selbstverehrung bis Selbstanbetung ist nach seiner Analyse das Problem vieler Psychotherapieschulen. Darum richtet sich der ichhaft Fühlende, bewusst oder unbewusst, nach seinem Selbstbild. Er kommt nicht los von sich selbst, ist zum offenen Blick nicht fähig, sieht alles durch seine Brille.

Der Unterschied zwischen Sachlichkeit und Ichhaftigkeit ist der zwischen gesund und krank. Die Sachlichkeit vermehrt die persönliche Freiheit, die Ichhaftigkeit hingegen führt zu einem immer weiter eingeschränkten Handlungsspielraum. Das Streben zur Sachlichkeit und weg von der Ichhaftigkeit ist also ein Weg in die Freiheit, die Verschließung in sich selbst hingegen macht immer mehr gefangen.

Der Ichhafte hat ein verzerrtes Ich-Ideal, das er zu erreichen strebt, ein Leitbild, an dem er seinen persönlichen Wert oder Unwert misst. Dieses Konzept ist nun für die Psychodynamik des Perfektionisten wertvoll. Alles, was um ihn herum geschieht, beurteilt der Perfektionist danach, ob es seinem Leitbild entspricht oder nicht. Sein Leitbild – das ist sein MUSS. Jede Übereinstimmung empfindet er als Glück, jede Differenz als Unglück. Dem ichhaften Perfektionisten kann es nicht um die Sache gehen (wie es Künkel ihm wünscht), nicht um die Gemeinschaft (wie Adler es ihm wünscht), denn er steht sich selbst im Weg. Er ist mit sich beschäftigt, mit sich selbst im autistischen Dialog, hat seinen Blick auf sein Leitbild fixiert und tut sich schwer, seine Umgebung richtig wahrzunehmen. Die Wurzel jedes Perfektionismus ist die Angst, dem Leitbild, dem MUSS nicht zu entsprechen. Der Fall der Monika W. zeigt, wie sehr diese eine offensichtliche Lösung blockieren kann.

Künkel stellt fest: »*Das Leitbild kann sehr verschiedene Inhalte haben. Es kann etwa heißen: ›Ich muss reich sein wie Rothschild‹, oder ›berühmt wie Goethe‹, oder ›mächtig wie Napoleon‹, oder ›fromm wie Luther‹, oder ›leidend wie Christus am Kreuz‹.*« Bemerkenswert ist der innere Zwang, der die ichhafte Motivation durchdringt. Die wenigsten haben wahrscheinlich etwas dagegen, so reich zu sein wie Rothschild, so berühmt wie Goethe würde vielleicht auch so manchen nicht stören, aber wenn dieser Wunsch zum kategorischen Imperativ wird, dann beginnt das Zahnradgetriebe des Perfektionismus zu greifen.

Der innere Kompass des Perfektionisten ist nicht auf das Gute, Schöne und Wahre ausgerichtet – die klassischen Transzendentalien –, sondern ist auf das Ich-Ideal, auf das ichhafte Leitbild zurückgeworfen. Die Angst um ihn selbst macht ihn kurzsichtig. Der jüdische Philosoph Martin Buber hat richtigerweise beobachtet, dass der Mensch nur am Du zum Ich wird.

In vielen Fällen bewirkt die Ichhaftigkeit, dass der Betroffene sich bei seinen eigenen Handlungen zuschaut. Das ist ein Phänomen, das viele perfektionistische Patienten beschreiben: Man steht auf Schritt und Tritt als sein eigener Zuschauer neben sich, bewegt sich ständig auf einer Bühne, blickt in einen inneren Spiegel, spielt ständig eine Rolle, hat immer eine Maske auf. Dem Perfektionisten mangelt es deswegen an Spontaneität und Authentizität. Alles wirkt merkwürdig künstlich und gewollt. Das bedeutet aber nicht etwa, dass der Ichhafte ein besonders wachsames Gewissen hätte, sondern nur, dass er sich zu seinem eigenen Objekt macht, sich begutachtet und beaufsichtigt aus Angst vor Abweichungen vom Ich-Ideal.

Ichhaftigkeit als Bauchgefühl

Die Ichhaftigkeit ist keine rationale Entscheidung, sondern ein Denkmuster, das in erster Linie von der Emotionalität gespeist wird. Um das besser zu erklären, wollen wir auf das organische Modell Bauch – Kopf – Herz zurückgreifen, das mit seinen Metaphern die psychischen Zusammenhänge besser erhellen kann. Fangen wir unten an, beim Bauch: Er steht bildhaft für Emotionen, Leidenschaften und Gefühle. Heute sagt man dazu gerne »Bedürfnisse«. Bei Sigmund Freud entspricht das in etwa dem »Es«. In der modernen Neuroanatomie ist der »Bauch« im Inneren des Großhirns, im limbischen System, einem entwicklungsbiologisch alten Hirnanteil unter dem Stirnlappen, anzusiedeln.

Bauchgefühle sind moralisch weder gut noch schlecht. Sie denken und urteilen auch nicht, sind einfach eine physiologische Realität im Menschen. Manche sind mehr, andere eher weniger praktisch für das menschliche Zusammenleben. Das Prinzip des Bauchs ist die Lustmaximierung und Unlustvermeidung. Das Hungergefühl und der Sexualtrieb sind genauso Bauchgefühle wie Hass, Abneigung und Angst oder auch die Beschützerinstinkte bei Eltern von kleinen Kindern. Sie alle benötigen Kontrollinstanzen. Denn ohne diese Bremse würde die menschliche Entfaltung nicht möglich sein. Bauchgefühle sind nützlich, wenn sie der Vernunft (Kopf) und dem Willen (Herz) unterstehen. Auch die ichhafte Angst um sich selbst ist ein Bauchgefühl mit starker Energie. Der Fall von Walter R. (3-1) zeigt, wie das unreflektierte Bauchgefühl schnell eine aufkeimende Beziehung beenden kann.

Der Kopf steht für die Vernunft. Sein Koordinatensystem sind die Logik und die Nützlichkeit. Er versucht, die Wirklichkeit zu erklären, Probleme zu analysieren und Lösungen zu erarbeiten. Er erkundet, wie die Dinge wirklich sind. Der Kopf – die Vernunft also – umfasst im Kontext der Neurowissenschaften einerseits die fluide Intelligenz und andererseits die exekutiven Funktionen. Beide sind im Frontalhirn (Stirnlappen) lokalisiert. Er sollte – bei entsprechender Regulierung durch das Herz – das Begehren und die Bedürfnisse des Bauchs vernünftig prüfen. Wie ein neutraler Ministerialbeamter, der Anträge prüft. Je objektiver und unbestechlicher das Amt, desto besser für alle.

Die oberste Instanz ist das Herz, die Entscheidungsmitte des Menschen, das Freiheitsorgan. Es beinhaltet den Willen und das Gewissen. Das Herz macht den Menschen aus, denn es klopft sowohl Bauchgefühle wie auch Kopfideen auf Gut und Böse ab. Während der Bauch das Prinzip der Lustmaximierung und Unlustvermeidung hat und der Kopf in den Dimensionen von Logik und Nützlichkeit denkt, muss das Herz zwischen Gut und Böse unterscheiden. Das Herz gibt vor, was langfristig anzustreben ist. Der Kopf prüft daraufhin aufgrund seiner Logik und Vernunft, ob die Richtung, in die der Bauch – oder die Umwelt – zieht und drängt, das angestrebte Ziel erreichen hilft oder ob eine Korrektur notwendig ist.

Das Herz ist der Ort der persönlichen Entscheidung, der großherzigen Selbstlosigkeit wie des kleinherzigen Egoismus. Das Herz ist einerseits stark oder schwach –

und andererseits gut oder böse. Man kann etwa mit einem starken Willen das Böse wollen oder mit einem schwachen Willen das Gute. Der Perfektionist hat einen übermächtigen Bauch, der die Vernunft in Geiselhaft genommen hat, und ein schwaches Herz, das sich nicht gegen den emotionalen Ansturm wehren kann. Ob er sich hingegen für das Gute oder Schlechte entscheidet, das bleibt für seine Pathologie des Perfektionismus irrelevant.

Der Kopf ist aber recht schwächlich und äußerst abhängig von seiner vorgesetzten Behörde – dem Herzen. Wenn diese höhere Instanz nicht in Funktion ist, so werden alle Anträge des Bauchs am arbeitslosen Kopf vorbeigeschwindelt und ungefiltert durchgelassen, die nützlichen wie die schädlichen. Dann ist der arme »kopflose« Mensch hilflos seinen momentanen Launen, Emotionen und Leidenschaften ausgeliefert. Wie eine Nussschale im Meer treibt es ihn richtungslos mal hierhin, mal dahin. Perfektionistisches Fühlen führt zu perfektionistischem Denken, oft wider die Vernunft.

Die Vernunft – von der Aufklärung maßlos überschätzt und sogar zur »Göttin Vernunft« stilisiert – ist der arme kleine Beamte, der sogar gezwungen werden kann, »Gefälligkeitsgutachten« abzugeben. Was das Herz nicht erkennen will, wird der Kopf nie erkennen können, auch wenn es noch so offensichtlich ist. Das nennt man »intellektueller Überbau«: Die Vernunft konstruiert mitunter mehr oder weniger schlaue Gegenargumente, um sich nicht mit der Wahrheit beschäftigen zu müssen.

Das ist der Fall, wenn zum Beispiel Menschen mit dem Brustton der Überzeugung behaupten, dass sie in ihrer 20-jährigen Ehe noch niemals einen Fehler gemacht haben. Da merkt man, dass ein Wille dahintersteht und die Erkenntnis verdunkelt, »weil nicht sein kann, was nicht sein darf«. Perfektionisten verdrängen ihre Fehler und finden entsprechende Alternativerklärungen – meist in Form der Fremdbeschuldigung.

Angst ist ein Bauchgefühl, das sich des Kopfes bemächtigt: Die klassische Verhaltensweise des Angstpatienten ist das Vermeiden des angstauslösenden Stimulus. Vermeiden verhindert den Kontakt mit dem Stimulus, verringert aber dadurch den Handlungsspielraum und vergrößert die irrationalen Angstphantasien, die schon lange nicht mehr vom Kopf auf ihre Richtigkeit überprüft werden können. Denn die Angst wächst immer, wenn man vor ihr flieht und ihr so den Rücken zuwendet: die sprichwörtliche »Angst im Nacken«. So wächst das Vermeidungsverhalten immer mehr an, und der Handlungsspielraum schwindet entsprechend.

Die Frau, die anfangs nur die Überholspur der Autobahn gemieden hat, meidet nach und nach in der weiteren Folge die Autobahn überhaupt und schließlich jegliches Autofahren. Der Perfektionist hat Angst vor seinen Fehlern und schlittert in ein Vermeidungsverhalten hinein: Mit überproportionaler Energie – motiviert von seiner Angst – versucht er, möglichen Fehlern aus dem Weg zu gehen. So wird sein Leben immer mehr zum angestrengten Spießrutenlauf. Das Besondere am Perfektionismus ist, dass die Angst ins Unbewusste verdrängt und damit für den Betroffenen nicht wahrnehmbar ist.

Die ichhaften Bauchgefühle sind dann am stärksten handlungswirksam, wenn sie unbewusst bleiben. Solange ein Patient nicht weiß, was ihn treibt, hat er auch kaum Chancen, aus dem reißenden Fluss herauszukommen. Das übermächtige Bauchgefühl des Perfektionisten ist die Angst. In dem Moment, in dem dieses Bauchgefühl wahrnehmbar wird, wird es bald einmal formulierbar. Und wenn es einmal formuliert ist, ist es auch schon von der Vernunft erfasst – und kann beurteilt werden. Damit verliert die Angst ihre Kraft. Denn der Angstinhalt – das »innere Dogma« – ist oft irrational und unlogisch. Es ist oft faszinierend, wie wenig perfektionistische Patienten zu Therapiebeginn über ihre Angst nachdenken können: Das Vermeidungsverhalten erstreckt sich bis in das Denken und Prüfen. So können die Angstinhalte – weil ungeprüft – immer mehr ins Unwahrscheinliche und Irrationale abgleiten.

Das Verabsolutieren von Teilzielen

Bruce Willis sagt als Detective John McClane im Film »Stirb langsam 3«: »Probleme? Ich liebe diese Tage!« Das ist nicht unbedingt der Text des Perfektionisten: Er ist kein großer Fan von Planänderungen. Er entscheidet sich – und so muss es bleiben. Um die Starrheit und Unbeweglichkeit des Perfektionisten näher zu beschreiben, wollen wir das Beispiel eines Wieners erzählen, der am Sonntag einen Ausflug an den Neusiedler See machen will. Als er in der Früh an den Bahnhof kommt, stellt sich heraus, dass der Zug an den Neusiedler See an diesem Tag gar nicht fährt. Je perfektionistischer er ist, umso mehr wird ihn diese Änderung belasten wie ein Schlag in die Magengrube. Denn bei seinem Ziel hat sich der Perfektionist bereits festgelegt. Sein Problem ist: Seine Zieldefinition ist unbeweglich rigide, wodurch er das eigentliche Endziel aus den Augen verliert. Der Perfektionist verabsolutiert Teilziele: Er weiß nicht mehr, warum er ein Zwischenziel angestrebt hat, er hat den Überblick verloren.

Der Sachliche hingegen fragt sich, was er nun unternehmen könnte, da der geplante Zug nicht fährt. Er beschließt, nach Heiligenkreuz im Wienerwald zu fahren, mit einem Zug, der eine halbe Stunde später fährt. Der Sachliche ist anpassungsfähig, weil weniger Emotion im Spiel ist. Er ist weniger gefangen im Korsett des Ich. Der geplante Ausflug an den Neusiedler See war ohnehin nur Teilziel auf dem Weg zum Endziel, zur Erholung. Dieses Endziel lässt sich aber durch eine Fahrt nach Heiligenkreuz im Wienerwald – also durch einen Wechsel des Teilziels – genauso gut erreichen. Je anpassungsfähiger ein Mensch ist, desto mehr Wege stehen ihm zur Verfügung auf dem Weg zu seinem Endziel, desto produktiver ist er und desto weniger braucht er auf seine Ziele zu verzichten.

Ehe nun aber der Zug nach Heiligenkreuz im Wienerwald abfährt, setzt ein schreckliches Gewitter ein und der Ausflug ist überhaupt nicht mehr möglich. Jetzt würden wohl die meisten Menschen niedergeschlagen oder verärgert nach Hause gehen. Je sachlicher man aber ist, desto leichter findet man sich mit der neuen Lage zurecht. Man könnte ins Kino gehen, längst fällige E-Mails beantworten oder ein Buch lesen. Dort, wo der Ichhafte einen Affekt wie Zorn oder Niedergeschlagenheit empfindet und im trotzigen Totstellreflex verharrt, behält der Sachliche ruhig Blut und reagiert souverän und gelassen. Perfektionisten verabsolutieren also Teilziele. Der Sohn von Frau L. ist ein Beispiel dafür, wie das misslingen kann:

FALL 3-4: Die Traumvilla

Frau Gertrud L., eine 73-jährige Witwe, kommt zum Psychiater. »Es geht um meinen Sohn Rudolf.« Er sei immer ein Bastler gewesen, könne praktisch alles, habe mit dem leider früh verstorbenen Vater, der Baumeister war, das elterliche Haus gebaut. Nach Rudolfs Hochzeit vor fünf Jahren habe er seiner deutlich jüngeren Frau eine Traumvilla hinstellen wollen, »die alle Stückeln spielt«. Dafür sei er nach seiner Arbeit – Rudolf ist Versicherungsmakler – immer auf die Baustelle gegangen und habe bis spät am Abend dort gearbeitet. Die Wochenenden habe er auch hauptsächlich dort verbracht. Oder im Büro, um den Bau zu finanzieren. Gertrud L. fand das ganz toll von ihrem Sohn. Vor zwei Jahren habe ihre Schwiegertochter sie um Hilfe gebeten, weil Rudolf sie ganz links liegenlassen würde, nur noch von Haus, Geld und Karriere spreche und auch mit den zwischenzeitlich geborenen zwei Kindern keine wirkliche Beziehung pflege. Gertrud L. habe das als Angriff empfunden und ihren Sohn vehement verteidigt. Sie solle froh sein, so einen Mann bekommen zu haben, andere würden sich alle zehn Finger abschlecken. Sie solle sich schämen! Ein Mann brauche eine Aufgabe, und das mache er doch alles nur für sie. Dann habe sie von der Schwiegertochter lange nichts gehört, während der Sohn immer wieder zum Essen zu ihr gekommen sei. Und vorige Woche habe sie von der geplanten Scheidung gehört und sei aus allen Wolken gefallen: jetzt, wo das Traumhaus gerade fertig wurde!

Rudolf L. ist leider kein Einzelfall. Er wollte das Beste – und hat alles falsch gemacht. In seinem perfekten Haus sitzt er nun allein, geschieden von seiner Frau, entfremdet von seinen Kindern. »Gut gemeint ist oft das Gegenteil von gut«, lautet ein lustiges Sprichwort mit gar nicht so wenig Wahrheitsgehalt. Die Verabsolutierung von Teilzielen ist bei Rudolf L. exemplarisch durchzudeklinieren. Er wollte alles richtig machen, damit seine Familie vollkommen glücklich ist. Er wollte ein Haus, damit sie dort gemeinsam glücklich sein können. Doch aus seinem Ziel, dem glücklichen Familienleben, hat sich im Laufe der Zeit ein Teilziel verselbständigt, nämlich das Haus immer noch besser und besser zu machen. Seine Gleichung lautete: Haus = glückliche Familie. Sehr großes Haus = sehr glückliche Familie. Ein Irrtum, leider.

Innere Widersprüchlichkeit

Perfektionismus führt oft .zu einer inneren Widersprüchlichkeit. Es entstehen Handlungen und Haltungen, die den eigenen Prinzipien zuwiderlaufen. Jeder Mensch lebt in einer – fast immer wenig reflektierten – Hierarchie der Wichtigkeiten, die durchaus von seinen offiziellen, ihm bewussten »Prinzipien« erheblich abweichen können. Manche Dinge sind ihm in der Realität wichtiger, als er zugeben kann (wie ein guter Ruf), andere fallen bei ihm eher unter den Tisch (wie die Ehrlichkeit bei der Steuererklärung). So mancher ist nach seinem Selbstbild ein hochanständiger Steuerzahler, in der Realität ein kleiner Steuerhinterzieher. Je krasser der Widerspruch zwischen innerer Hierarchie und vorgegebener Werteordnung ist, desto mehr Selbstbetrug muss das System zusammenhalten. Jemand kann vorgeben, auch vor sich selbst, dass Diskriminierung ganz, ganz böse ist, und sich sehr betroffen zeigen, wenn solch ein

Schein erweckt wird. Aber in Wirklichkeit geht es ihm gar nicht um die armen »Opfer«, sondern um die eigene Selbstgerechtigkeit und die Wirkung auf andere. Das ist die klassische Psychologie eines Mitläufers.

Bei einem Geizhals steht das Geld unbewusst ganz oben auf der Liste, während in seinem Selbstbild die »Tugend der Sparsamkeit« vorgeschoben wird. Geld bedeutet für ihn Glück – je mehr er davon hat, desto glücklicher ist er. Freilich hat er seine Wertehierarchie nicht bewusst gewählt. Sie ist eine unbewusste Lebensrealität geworden. So wird er letztlich das Geld sogar über die menschliche Liebe stellen, was er theoretisch immer in Abrede stellt – aus voller Überzeugung. Das ist wie beim Kartenspielen: Ass schlägt König – Geld schlägt Liebe. Mr. Perfect sagt über sich, dass er sehr intelligent sei, und das sage er »ohne jede Eitelkeit«. Irgendwie nimmt er unbewusst seine Eitelkeit wahr und versucht sie durch verbales Negieren zu neutralisieren. »In aller Bescheidenheit …« ist eine ähnliche Redewendung aus dem Alltag: Der Satz wird dann in der Regel eher unbescheiden beendet.

Viele Perfektionisten sagen wie Rudolf L: Die Familie ist mir das Wichtigste. Sie glauben das auch. Sie sind ja gute, anständige Menschen. Aber dann tun sie alles für die eigene Karriere und lassen die Familie links liegen. Spricht man sie darauf an, antworten sie: »Aber ich nehme doch all die beruflichen Anstrengungen nur für meine Familie auf mich! Ich mache Karriere nur, um ein Haus zu bauen, damit meine Familie sicher und glücklich darin leben kann.« Ein klarer Fall von Selbstbetrug! Das Ergebnis ist das Unglück des Rudolf L., weil seine Frau seine ständige Abwesenheit nicht mehr ausgehalten und ihn verlassen hat. Sie hat den Selbstbetrug und die wahre innere Hierarchie ihres Mannes mit der Zeit durchschaut, wiewohl er sie sich nicht eingestehen will. Es gibt viele solche tragischen Fälle, bei denen ein Teilziel (Karriere, Geld, Macht) zum Endziel wird, während das ursprüngliche Ziel des Lebens (eine glückliche Familie aufzubauen) aus dem Blick gerät. Dieses Verabsolutieren von Teilzielen basiert auf Selbstbetrug.

In der inneren Hierarchie kann die Mutter über der Ehefrau stehen oder der Sohn vor dem Ehemann. Das kommt sehr häufig vor und ist eine Unordnung, die zu systemischen Katastrophen führt. Wenn ein Mann seine Mutter der eigenen Frau vorzieht und dies damit rechtfertigt, dass seine Mutter ihm das Leben geschenkt habe und er folglich alles für sie tun müsse, dann kann er sich nicht ändern. Erst wenn jemand erkennt, dass dieser Vorrang der Mutter auf einer tiefsitzenden Abhängigkeit beruht und eine Ungerechtigkeit gegenüber seiner neugegründeten Familie ist, kann es zu einem Aha-Erlebnis kommen. Rechtfertigung durch Umdeutung: Solange die Laster Tugenden genannt werden, sind sie unheilbar. Der Faule kann sich erst ändern, wenn er aufhört, seine Faulheit »Gelassenheit« zu nennen.

Angst als Wurzel der Ichhaftigkeit

Immer wieder kommt es vor, dass perfektionistische Patienten von der Frage gequält werden: Was denkt der Psychiater jetzt von mir, nachdem ich die ganze Geschichte erzählt habe? Was gebe ich für eine Figur ab? Verachtet er mich? Was habe ich für einen Eindruck gemacht? Wie wirke ich? Manchmal wird der Psychiater sogar direkt gefragt: »Herr Doktor, was werden Sie sich jetzt denken?« Es fällt dem Perfektionisten unheimlich schwer, seine fest angewachsene Maske herunterzunehmen und sich dem Facharzt hüllenlos und maskenfrei zu zeigen – wie man ist. Da man sich über Jahre konstruiert hat, ist einem oft gar nicht mehr klar, wie man wirklich ist. Manche Patienten verheimlichen dem Psychiater oft wochen- oder sogar monatelang wichtige Informationen, weil sie sich dafür schämen.

Das höchste Ziel des ichhaften Menschen ist die Verwirklichung seines Ich-Ideals. Damit bleibt er innerhalb seiner eigenen engen Grenzen und kann nicht über seinen Gartenzaun blicken. Wenn man seine Handlungen mit der Lupe untersucht, so entdeckt man hinter seinem Gieren nach dem »Obensein« die Angst vor dem »Untensein«. Das Endziel des perfektionistischen Menschen ist negativ, ein Vermeidungsverhalten: Vermeidung des Abgelehntwerdens und dadurch Sicherung des Ich. Darum ist der Ichhafte in erster Linie »gegen« irgendetwas. Seine letzte Motivation ist die Angst – die Angst um sich selbst.

Der sachliche Mensch dagegen ist nicht in erster Linie »gegen« das Unglück, sondern »für« das Glück. Er starrt nicht – wie die Maus vor der Schlange – hypnotisiert auf die Katastrophe, die ihm drohen könnte. Er bleibt mutig, lebendig und produktiv, auch mitten in der Gefahr. Wenn ein Weg zu Ende ist, findet er einen anderen; wenn die alten Zwischenziele misslingen, tritt ihm ein Ziel höherer Ordnung ins Bewusstsein, wenn er selber stirbt, weiß er, dass ein anderer seine Aufgabe übernimmt. Seine Ziele sind viel höher gespannt: Ihr Träger heißt nicht »Ich«, sondern »Wir« – das wäre das Gemeinschaftsgefühl bei Alfred Adler. Der sachliche Mensch fühlt sich als Teil eines Ganzen, einer Familie, einer Gruppe, der Menschheit, jedenfalls eines »Wir«.

FALL 3-5: Die Hochsensible

Die 30-jährige alleinstehende Anita K. kommt zum Psychiater, »weil ich ein ganz großes Problem mit Weltschmerz habe«. Sie habe einen Artikel des Psychiaters über Hochsensible gelesen und gedacht: Endlich sagt mir einer, was ich bin! Im Angesicht von fremdem Leid komme sie in einen Strudel von negativen Emotionen. »Dann denke ich: Mir geht es super, meiner Familie auch, und allen anderen schlecht. Ich kann mir das Elend nicht anschauen, mache aber alles, was ich mir gönne, ohne schlechtes Gewissen.« Zum Beispiel wenn sie ein Kind im Supermarkt weinen sieht, sei sie ganz deprimiert, weil schon Kinder so schlecht behandelt werden. Auf die Frage des Psychiaters, ob jedes weinende Kind im Supermarkt automatisch schlecht behandelt wird, schaut sie den Arzt lange an und sagt dann: »Eigentlich schon. Bei mir würde es nicht weinen.«

Der Alltag sei für sie kaum mehr zu bewältigen, sie müsse sich ständig schützen: »Wenn ich das Elend in Lampedusa im Fernsehen sehe, geht es mir ganz schlecht.« Der Psychiater fragt, ob sie dann einen größeren Betrag spenden würde, was von der Patientin verneint wird. Frau K. beschreibt, dass ihr Leid niemals einen Solidaritätsakt zur Folge habe. In Wien zum Beispiel leide sie unendlich, wenn sie Bettler sehe, gehe diesen großräumig aus dem Weg, habe aber noch nie einem ein Almosen gegeben.

Anita K. leidet darunter, dass die Welt ist, wie sie ist. Weil sie so sensibel ist. Scheinbar. In Wirklichkeit bleibt sie aber bei ihrem Mitgefühl bei sich selbst: Kein Solidaritätsakt, keine Spende, keine sonstige Hilfe kommt in der Folge von ihr. Sie tickt ein wenig nach dem Scherzwort: »Mutti, ich kann dich nicht arbeiten sehen. Mach die Tür zu!«

Die Zwangsneurose

Zwangserkrankungen sind eng mit dem Perfektionismus verwandt. Die Verwandtschaft ist offensichtlich: Zwangsneurotisches Denken und Handeln dienen oft dazu, etwas Unangenehmes zu vermeiden, zum Beispiel Kritik, eine Katastrophe, Ungewissheit oder Kontrollverlust. Der Hintergrund eines jeden Zwangs – wie des Perfektionismus – ist die Abwehr der Angst. So steckt hinter dem Waschzwang die Angst vor Bakterien, hinter dem Kontrollzwang die Angst vor Kontrollverlust. Mit dem Perfektionismus sind die Zwangsgedanken eher verwandt als die Zwangshandlungen. Im Gegensatz zu den meisten Zwangsstörungen spielt eine soziale Komponente, etwa Angst vor Kritik oder die Erwartung der Eltern, beim Perfektionismus eine viel größere Rolle.

Zwangsgedanken beschreiben den inneren Drang, bestimmte Dinge immer wieder zu denken. Wie beim Perfektionisten finden wir hier ein inneres MUSS. Die Gedankengänge können nie befriedigend abgeschlossen werden, so dass sie sich ständig wieder aufdrängen und wiederholt werden müssen, ohne zu einem realen Ergebnis zu gelangen. Der Zwangsneurotiker wehrt sich gegen das Auftreten der Gedanken, leidet darunter und erlebt sie als übertrieben und sinnlos, kann ihnen willentlich jedoch nichts entgegensetzen. Die dahinterstehende Angst kann er – wie der Perfektionist – nicht immer wahrnehmen.

FALL 3-6: Die Qual des Mitleids

Anna F., eine 20-jährige Medizinstudentin, kommt zum Psychiater, weil sie unter ihrer Empathie leide. Sie könne sich nicht von mitleidigen Gedanken lösen, wenn ihr irgendjemand Schicksalsschläge erzählt. Beispielsweise habe die Mutter einer flüchtigen Bekannten ihre Familie auf unbestimmte Zeit verlassen, um sich selbst zu finden. Niemand wisse, wo sie sich zurzeit aufhalte. Die Bekannte leide verständlicherweise darunter, doch ihr sei die Geschichte volle drei Stunden nicht mehr aus dem Sinn gegangen, und bis heute – drei Tage später – müsse sie ständig daran denken. Diese Gedanken würden sich richtiggehend zwanghaft aufdrängen. Der Psychiater fragt nach, welche Inhalte dieses Nachdenken genau hatte. Nun, sie habe sich vorgestellt, selbst diese junge Frau zu sein, was dann alle zu ihr sagen würden, was es da für ein Hallo in ihrem Bekanntenkreis gegeben hätte, wie man sie bemitleiden würde. Dann habe sie darüber nachgedacht, ob sie eine gute Beraterin der Bekannten gewesen wäre, ob sie wohl kompetent und souverän gewirkt und genug Mitgefühl gezeigt hätte, ob diese wohl wieder mit einem Problem zu ihr kommen würde ... Plötzlich verstummt Frau F. und hält sich den Mund zu. Lange sitzt sie so. Völlig zum eigenen Entsetzen hat sie plötzlich erkannt, dass sie nur um sich selbst gekreist war, ohne auch nur im Geringsten an die Bekannte zu denken und an deren Unglück. Die »Zwangsgedanken« sind daraufhin nachhaltig verschwunden.

Der Zwang kann sich in Befürchtungen, Ideen oder Vorstellungen äußern. Zum Beispiel in der Befürchtung, eine Arbeit nicht richtig gemacht zu haben oder dass dem Kind etwas Schlimmes zustoßen könnte. Andererseits gibt es den Grübelzwang: Bestimmte Gedanken müssen wieder und wieder durchdacht werden, ohne zu einer Entscheidung oder zu einer Lösung zu führen. Davon unterscheidet man in der Psychiatrie Zwangsimpulse, also die Angst vor Impulsen, bestimmte schädliche oder peinliche Handlungen auszuführen. Eine Mutter hat wie schon erwähnt die Angst, in einem plötzlichen Impuls ihr Kind aus dem Fenster zu werfen. Ein Mann hat Angst, plötzlich eine selbstschädigende Handlung durchzuführen – etwa irgendwo hinunterzuspringen. Beim »Gilles-de-la-Tourette-Syndrom« haben Menschen so sehr Angst davor, öffentlich Schimpfwörter auszusprechen, dass sie diese Handlungen letztendlich manifestieren – etwa in der Stille einer kirchlichen Handlung, wenn Hunderte Leute zuhören. Schließlich gibt es den zwanghaften Zweifel, das ist die Unsicherheit, Handlungen nicht zufriedenstellend abgeschlossen, etwas falsch verstanden, getan oder unterlassen zu haben. Skrupel gehören zu dieser Kategorie.

Zwanghafte Persönlichkeitsstörung

Im Gegensatz zur Zwangsstörung ist die zwanghafte Persönlichkeitsstörung ein tiefgreifendes Verhaltensmuster, das seit der Jugend besteht und nur schwer zu verändern ist. Sie ist ganz eng mit dem Perfektionismus verwandt, und beide weisen große Überlappungsbereiche auf.

Die neuen amerikanischen Klassifikationskriterien für psychische Krankheiten, der DSM-5-Code, beinhalten »Perfektionismus« als zweites der acht Diagnosekriterien der zwanghaften Persönlichkeitsstörung. Sie besteht dem DSM-5-Code zufolge darin, eine starke Beschäftigung mit Ordnung, Perfektion und psychischer sowie zwischenmenschlicher Kontrolle auf Kosten von Flexibilität, Aufgeschlossenheit und Effizienz zu zeigen. Der zwanghafte Patient beschäftigt sich übermäßig mit Details, Regeln, Listen, Ordnung, Organisation oder Plänen, so dass der wesentliche Gesichtspunkt der Aktivität verloren geht.

Er zeigt laut DSM-5-Code *»einen Perfektionismus, der Aufgabenerfüllung behindert«*. So kann er zum Beispiel ein Vorhaben nicht beenden, weil seine eigenen, überstrengen Normen nicht erfüllt werden. Er verschreibt sich übermäßig der Arbeit und Produktivität unter Ausschluss von Freizeitaktivitäten und Freundschaften, denn er hat die falsche Ordnung im Kopf. Er ist übermäßig gewissenhaft, skrupulös und rigide in Fragen der Moral, Ethik und Werten. Er ist außerdem nicht in der Lage, verschlissene oder wertlose Dinge wegzuwerfen, selbst wenn diese keinen Gefühlswert besitzen. Er delegiert nur widerwillig Aufgaben an andere oder arbeitet nur ungern mit anderen zusammen, wenn diese nicht genau die eigene Arbeitsweise übernehmen. Er ist geizig sich selbst und anderen gegenüber, weil Geld im Hinblick auf befürchtete künftige Katastrophen gehortet werden muss. Er erweist sich als rigide und halsstarrig. Damit zeichnet der DSM-5-Code ein Psychogramm, das dem Perfektionisten zum Verwechseln ähnlich sieht.

Kapitel 4
»Weil nicht sein kann, was nicht sein darf«

Hohe Ideale machen eine beeindruckende Persönlichkeitsentwicklung möglich. Franz von Assisi, Mahatma Gandhi oder Mutter Teresa von Kalkutta sind solche Beispiele. Je höher das selbstgewählte SOLL, desto mehr kann der Mensch wachsen und reifen. Diese fruchtbare Spannung (zwischen dem SOLL und dem IST) kann aber von einem Perfektionisten nicht zum persönlichen Wachstum genutzt werden. Für ihn ist sie eine Bedrohung, das SOLL wird zum MUSS, also wird das IST schöngefärbt – und die Realität verdrängt. Seine Persönlichkeitsentwicklung stagniert damit, denn wie soll sich einer verbessern, bei dem schon alles stimmt? So entwickelt sich oft eine Maske aus aufgesetzter Künstlichkeit, die Beziehungen erschwert.

Der Perfektionist ist aufgrund seiner inneren Dynamik darauf bedacht, sich im zwischenmenschlichen Kontakt keine Blöße zu geben. Das macht ihn unspontan und lässt ihn mitunter sogar unmenschlich wirken. Die Angst lässt ihn rigide, halsstarrig, besserwisserisch und manchmal sogar intolerant erscheinen. Dazu schlittert er – oft wider Willen – in eine Beratungsresistenz, bei der die Angst Augen und Ohren vor der Wahrheit verschließt. Denn Beratung erhält der, der Beratung nötig hat – und das würde einen Mangel beweisen. In der Beratung könnte ja herauskommen, dass der Perfektionist irgendwas nicht ganz richtig gemacht haben könnte. Das geht gar nicht!

Die Maske

Der Perfektionist ist um seinen Ruf über die Maßen besorgt. Was andere von ihm denken, ist für ihn essenziell, ja existenziell. Der Philosoph Ludwig Feuerbach sagte pointiert: »Der Mensch ist, was er isst.« – Für den Perfektionisten gilt: Er ist das, was andere von ihm denken und sagen. Mit dieser Priorität bringt sich der Perfektionist in eine Sisyphos-Situation. Wie der tragische Held der Antike läuft er einem unerreichbaren Ziel nach, denn man kann es nicht allen immer recht machen.

Der Perfektionist kann nicht glauben, dass er liebenswert ist, und fühlt sich deshalb ständig bedroht. Er schiebt zum Selbstschutz die Maske der Perfektion vor. Die ist aber nur Fassade: unecht und vorgeschoben. Es geht ihm bei seinem Perfektionsstreben eigentlich nur um seine Sicherheit, seine Unantastbarkeit: Wer perfekt ist, wird nicht in Frage gestellt. In Konfliktsituationen muss er damit in die Fremdbeschuldigung gehen.

Stets spielt er eine Rolle, steht immer auf der Bühne, bis er selber nicht mehr weiß, wer er eigentlich ist. Interessant ist, dass er sich im Laufe der Zeit so an seine Maske gewöhnt, dass er vergisst, dass er sie trägt. Je mehr der Schauspieler an seine Rolle glaubt, desto eher wird sie ihm abgenommen. So führt Perfektionismus zur Verdrängung, weil nicht sein kann, was nicht sein darf. Der Freudsche Begriff »Widerstand« beschreibt die Abwehrreaktion des Perfektionisten, wenn ihm jemand seine Maske abnehmen will – ihm also zu nahe tritt. Mr. Perfect im folgenden Fallbeispiel ist exemplarisch für viele ähnlich gelagerte Fälle.

FALL 4-1: Mr. Perfect und seine schwierige Ehefrau

Herr Sigfried K., ein 45-jähriger Unternehmensberater, kommt gutaussehend und braungebrannt zum Psychiater, die Sonnenbrille in die Haare gesteckt. »Eigentlich sollte nicht ich hier sitzen, sondern meine Frau. Aber Ihnen muss ich ja nichts erzählen, Sie wissen ja sicherlich, dass die eigentlichen Patienten ihr Problem nicht zugeben können.« Der Psychiater weiß es und nickt verständnisvoll. »Also bin ich einfach mal gekommen, um mich beraten zu lassen, wie man mit so einem schwierigen Fall richtig umgehen soll.« Er habe zwar auch sehr viel Erfahrung aufgrund seiner Beratertätigkeit und gehe mit der Situation sicherlich schon sehr gut um, zumindest würden das alle Bekannten sagen, die genug Einblick in die Situation hätten, aber vielleicht habe der Psychiater noch eine zusätzliche Idee. Sigfried K. war vorher schon bei einer Psychologin, mit der sei er aber sehr unzufrieden gewesen: »Das war eher ein Flop.« Sie habe die komplexe Situation nicht verstanden und sich völlig unkritisch mit seiner Frau solidarisiert. »Wahrscheinlich ist die selber geschieden. Und dann anderen gute Ratschläge erteilen wollen!« Er schüttelt verärgert den Kopf. Er habe jedenfalls die Therapie nach ein paar Sitzungen abgebrochen, das hätte nichts gebracht. »Schade um die Zeit und ums Geld ...«, seufzt er achselzuckend. Nun sei er hier und erwarte ein profunderes Urteil.

Sigfried K. beginnt nach dieser Einleitung besorgt über seine Frau zu berichten. Ihr Wohlergehen sei ihm ein großes Anliegen, aber was sie ihm alles antue! Einfach mühsam! Eigentlich habe er etwas anderes verdient. »Wenn ich nach einem wirklich beschwerlichen Arbeitstag ganz erschöpft heimkomme, hat sie nichts anderes zu tun, als mich zu kritisieren und kein gutes Haar an mir zu lassen.

Ich habe das so satt.« Der Psychiater wird hellhörig und fragt, was die Ehefrau denn kritisieren würde. Herr K. sieht den Arzt an wie der Lehrer den Schüler, der gerade die falsche Antwort gegeben hat: »Darauf kommt es jetzt nicht an, lassen Sie mich fertig erzählen! Darauf ist diese Psychologin auch ständig herumgeritten, bitte machen Sie mir nicht denselben Fehler, da ist es schade ums Geld!« Im Bett laufe schon lange nichts mehr, nicht dass er das brauche, aber er sage das hier nur zur Vollständigkeit. Die Situation sei so furchtbar, es sei ihm eigentlich kein freundliches Wort seiner Frau im letzten Jahr – ja, in den letzten drei Jahren – erinnerlich. »Auf die leiseste Kritik reagiert sie hysterisch, das können Sie sich sicher vorstellen, Ihnen brauch ich ja nichts erzählen, Herr Professor! Nichts kann man ihr sagen.« Wenn immer nur Lieblosigkeit und Kritik zurückkommen, dann sei das schwer zu ertragen. Andere würden sich da das Leben nehmen. Nicht so Herr K., der sich selbst darüber wundert, wie gut er das alles schon jahrelang aushält. Er sei halt psychisch robust gebaut, lasse sich von Hysterie nicht beeindrucken und sei zudem sehr intelligent, »… das sage ich ohne jede Eitelkeit«, aber einfach sei es halt trotz seiner Robustheit und Intelligenz nicht. Die erste Therapieeinheit geht auf diese Weise zu Ende, ohne dass der Psychiater groß zu Wort kommt.

In der Mitte der zweiten Stunde wagt der Psychiater die Frage, die so gar nicht in den Duktus des bisher Gesagten passt: »Jetzt haben wir lange über die negativen Eigenschaften Ihrer Frau gesprochen. Können Sie mir bitte zur Vollständigkeit auch noch ihre positiven Eigenschaften nennen?« Schweigen. Herr K. fühlt sich jetzt in der Therapie unwohl und unverstanden. Ein Déjà-vu-Gefühl seiner dramatischen Erlebnisse mit der schrecklichen feministi-

schen Psychologin kommt hoch. Jetzt hatte er doch den Eindruck gewonnen, der Psychiater würde ihn verstehen. Das kann doch nicht so schwer zu erfassen sein! Und so was will Psychiater sein!?
Der Psychiater fragt naiv weiter: »Warum haben Sie diese Frau geheiratet, wenn sie so ist?« Herr K. seufzt: »Das frage ich mich auch! Das war eine der wenigen Fehleinschätzungen in meinem Leben.« – Der Psychiater versucht einen anderen Weg: Er würde gerne mit Herrn K. erarbeiten, welchen Anteil er selbst an diesem ehelichen Konflikt habe. Wortwörtlich: »Den Anteil Ihrer Frau haben wir jetzt ausführlich behandelt. Kann es nicht sein, dass Sie da auch einen kleinen Anteil am Konflikt haben?« Da bricht die Entrüstung aus dem gequälten Ehemann heraus: »Ja, glauben Sie vielleicht, ich bin selber schuld?«
Der Psychiater blickt Herrn K. nachdenklich an. Die Spannung im Raum ist spürbar. Herr K. bleibt dabei. »Aber jeder hat doch Fehler, das ist doch ganz normal«, versucht der Therapeut den aufgebrachten Herrn zu besänftigen. Ob er nicht doch den einen oder anderen kleinen Fehler an sich erkenne? »Natürlich! Jeder Mensch macht Fehler!«, kommt es trotzig zurück. Der Patient verschränkt die Arme und lehnt sich so weit zurück, wie es die Couch gerade noch zulässt. Der Psychiater erachtet es als sinnvoll, sich vielleicht einmal kurz diesen kleinen Fehlern zuzuwenden. Welche genau wären das denn in seinem speziellen Fall gewesen, in den 16 Jahren der belasteten Ehe? »Wie meinen Sie das?«, fragt der Patient irritiert und geistesabwesend und schaut in die Ecke. Der Psychiater schweigt vielsagend. Der Patient auch. Angestrengtes Nachdenken. Dann wendet er den Blick wieder zum Psychiater und präsentiert seine zerknirschte Selbstoffenbarung: »Einen Fehler habe ich – ich war immer zu gutmütig

und habe mir von meiner Frau ein Leben lang zu viel gefallen lassen!«

Sigfried K. zeigt einfach alle Symptome (Abwehrmechanismen) des Perfektionismus: Verdrängung, Widerstand und Beratungsresistenz. Verdrängung, denn der einzige »Fehler«, den seine Selbsterkenntnis zulassen kann, ist seine Gutmütigkeit. Widerstand, wenn die Psychologin massiv abgewertet wird (»Wahrscheinlich ist sie selbst geschieden. Und dann anderen gute Ratschläge erteilen wollen ...«) und auch der Psychiater aggressiv angegangen wird (»Ja, glauben Sie vielleicht, ich bin selber schuld?«). Und Beratungsresistenz, denn die Frage: »Den Anteil Ihrer Frau haben wir jetzt ausführlich behandelt. Kann es nicht sein, dass Sie da auch einen kleinen Anteil am Konflikt haben?« hört er als: »Sie sind da ganz alleine selber schuld!«, und entsprechend aggressiv reagiert er auch. Sigfried K. kann aufgrund der Verdrängung seiner eigenen Fehlerhaftigkeit die Ehesituation nur als Schuld der Partnerin deuten. Die Fehlerlosigkeit des Herrn K. verhindert Selbstreflexion, Beziehungsfähigkeit, Vergebung und damit Handlungsspielraum.

Die Verdrängung der eigenen Unvollkommenheit

Der Perfektionist muss seine eigenen Schwächen, Fehler und Defekte verdrängen, da er sonst – nach seinem Alles-oder-nichts-Denken – als fehlerhaftes Geschöpf seine Existenzberechtigung verlöre. In der Therapie muss man mühsam herausarbeiten, dass ein Fehler nicht der Untergang des Abendlandes ist.

Das Phänomen der Verdrängung hat Sigmund Freud erstmals wissenschaftlich beschrieben und theoretisch begründet. Mit »Verdrängung« bezeichnet er den wichtigsten Abwehrmechanismus, durch den tabuisierte und bedrohliche Inhalte und Vorstellungen von der bewussten Wahrnehmung des Menschen ausgeschlossen und ins Unterbewusstsein abgedrängt werden. Oft handelt es sich bei verdrängten Inhalten um schmerzliche und ängstigende Erfahrungen, die von negativen Affekten begleitet werden. Die perfektionistische Verdrängung der eigenen Defekte und Fehler führt aber weder zur Fehlerlosigkeit noch zum Glück, weil sie unfrei, beziehungsunfähig und verbittert macht.

Erstens unfrei, weil verdrängte Fehlerhaftigkeit handlungswirksam wird. Mr. Perfect ist kein wirklich freier Mensch mehr, sondern eine reflexhaft funktionierende Schablone, eine Maske, eine berechenbare 08/15-Persönlichkeit. Die Fehlerverdrängung führt zu einer wachsenden Selbstentfremdung, verhindert persönliche Weiterentwicklung und reduziert den eigenen Handlungsspielraum, indem der nunmehr unbewusste innere Konflikt handlungsrelevant wird. Anders formuliert: Sprechen, Argumentieren und Handeln aus verdrängtem schlechtem Gewissen sind besonders irrational und für die anderen leichter durchschaubar als für den Betroffenen.

Zweitens beziehungsunfähig: Wollen Sie mit Mr. Perfect verheiratet sein? Die perfektionistische Angst vor Fehlereinsicht paralysiert die Fähigkeit zur Selbstkritik. Dadurch schlittert der Patient in eine oberlehrerhaft-besserwisserische Attitüde (wie Mr. Perfect), die den Ehepartner auf den permanenten Prüfstand stellt. Ein Lehrer-Schüler-Verhältnis stellt sich ein, bei dem nur einer schuld sein kann: der andere. Jegliche Hinterfragung der eigenen Person wird hingegen – wie bei einer schlechten Lehrerparodie – aggressiv abgewehrt.

Drittens verbittert, denn die Verdrängung eigener Fehler, Schwächen und Defekte bringt eine unausgeglichene, verzerrte Einschätzung der Wirklichkeit mit sich. Das wiederum führt zu zunehmendem Selbstmitleid und reflexartiger Fremdbeschuldigung. Das Leben wird immer stärker als ungerecht erlebt: Alle anderen machen ständig etwas falsch, nur der Betroffene nicht. Und das macht verbittert: Das Kernelement der posttraumatischen Verbitterungsstörung ist es, sich ständig ungerecht behandelt zu fühlen.

Der Widerstand nach Sigmund Freud

Freud beschreibt in seinen berühmten »Vorlesungen zur Einführung in die Psychoanalyse« *»den Widerstand eines Kranken gegen die Heilung«*. Hier meint er die Heilung eines psychischen Defekts und vergleicht sie mit der Heilung von Zahnschmerzen. Auch wenn der Patient stark leidet, wird er nach Freud dem Zahnarzt nicht glücklich um den Hals fallen, wenn er sich mit der Zange nähert, um den kranken Zahn zu ziehen. Freud stellt also klar, dass Widerstand gegen unbequeme Wahrheiten zu einer Therapie dazugehört und in Kauf genommen werden muss. Er beschreibt meisterhaft, dass das Verdrängte es gerne dunkel hat, unbedingt im Dunkeln bleiben möchte und keinesfalls zurück in den Scheinwerferkegel des Bewusstseins gezerrt werden will: *»Wenn man in der Therapie versucht, diese verdrängenden Regungen bewusst zu machen, bekommt man die […] Kräfte als Widerstand zu spüren.«*

Dieser aggressive Widerstand wurde im Fall 4-1 ausgelöst durch die harmlos klingende Frage: »Den Anteil Ihrer Frau haben wir jetzt ausführlich behandelt. Kann es nicht sein, dass Sie da auch einen kleinen Anteil am Konflikt haben?« Diese Frage ist aber für den Perfektionisten alles andere als harmlos – denn sie legt den Finger in die Wunde, dorthin, wo es am meisten weh tut. In der Tat provoziert die Konfrontation mit den eigenen, verdrängten Schwächen im Perfektionisten eine reflexartige Reaktion auf den Schmerz, die von pseudologischen Erklärungsversuchen bis zur Abwehraggression reicht.

Freud schreibt: *»Es muss sich ein heftiges Sträuben dagegen erhoben haben, dass der fragliche seelische Vorgang bis zum Bewusstsein vordringe; er blieb darum unbewusst. Als Unbewusstes hatte er die Macht, ein Symptom zu bilden. Dasselbe Sträuben widersetzt sich während der analytischen Kur dem Bemühen, das Unbewusste ins Bewusste überzuführen, von neuem. Dies verspüren wir als Widerstand. Der pathogene Vorgang, der uns durch den Widerstand erwiesen wird, soll den Namen Verdrängung erhalten.«*

Die weitere therapeutische Arbeit mit Mr. Perfect erweist sich als äußerst schwierig. Die Fallgeschichte endet ja ohne sichtbaren therapeutischen Erfolg. Ab nun ist die Therapie ein mühsamer Häuserkampf (jetzt wird die Sprache schon militärisch!), um die Schwächen, Fehler und Defekte des Patienten in den Scheinwerferkegel des Bewusstseins zu bringen. Das ist umso schwerer, je öfter der Ehepartner diese schon angesprochen und der Perfektionist deswegen eine Abwehrstrategie der Abwertung entwickelt hat. Mr. Perfect zum Beispiel kontert auf eine Intervention des Therapeuten (die Nachfrage, welche Kritikpunkte die Gattin denn anzumerken hätte) sehr souverän mit: »Darauf kommt es jetzt nicht an, lassen Sie mich fertig erzählen! Darauf ist diese Psychologin auch ständig herumgeritten, bitte machen Sie mir nicht denselben Fehler, da ist es schade ums Geld ...«

So intelligent der Patient auch sein mag, er nutzt in der Fallbeschreibung 4-1 seine Intelligenz eher, um dem Therapeuten – und damit sich selbst – Sand in die Augen zu streuen. Wohl kaum würde ihm ein Therapeut helfen können, der ihm in allen Punkten recht gibt! So verzögert Mr. Perfect die Lösung und verteuert die Therapie – ein unvernünftiges Verhalten. Aber der Kopf steht (noch) im Dienste des Bauchgefühls, dem es unabhängig vom Inhalt um Unlustvermeidung geht – und schmerzhafte Selbsterkenntnis bringt definitiv Unlust mit sich. Freud hat dasselbe Phänomen beobachtet: *»Der Analysierte zeigt diese Abhängigkeit des Intellekts vom Affektleben nur darum so deutlich, weil wir ihn in der Analyse in so große Bedrängnis bringen.«*

Der Gründer der Psychoanalyse verwendet sogar das Wort »Kampf«, um den Widerstand des Patienten gegen die offensichtliche Wahrheit zu benennen: *»Angsthysteriker bringen es gelegentlich zustande, sie (die Therapieregeln) ad absurdum zu führen, indem sie nur Einfälle produzieren, die so weit von dem Gesuchten entfernt sind, dass sie der Analyse keinen Ertrag bringen.«* Sie lenken also angestrengt vom Thema ab. Nach dem Widerstand gegen die technische Grundregel tritt der sogenannte intellektuelle Widerstand auf: *»Er kämpft mit Argumenten, bemächtigt sich der Schwierigkeiten und Unwahrscheinlichkeiten, welche das normale, aber nicht unterrichtete Denken an den analytischen Lehren findet. Wir bekommen dann alle Kritiken und Einwendungen* *von dieser einzelnen Stimme zu hören, die uns in der wissenschaftlichen Literatur als Chorus umbrausen.«*

Sigmund Freud beschreibt fast humorvoll die Flucht des Patienten in die Pseudologik oder sogar in die Schwachsinnigkeit: *»Stehen wir davor, ein neues und ihm besonders peinliches Stück des unbewussten Materials zum Bewusstsein zu fördern, so ist er aufs äußerste kritisch; hatte er früher vieles verstanden und angenommen, so sind diese Erwerbungen jetzt wie weggewischt; er kann in seinem Bestreben nach Opposition um jeden Preis völlig das Bild eines affektiv Schwachsinnigen ergeben. Ist es gelungen, ihm zur Überwindung dieses neuen Widerstandes zu verhelfen, so bekommt er seine Einsicht und sein Verständnis wieder.«* Mit dem Überwinden des Widerstands setzt ein beglückendes und befreiendes Aha-Erlebnis des Patienten ein, das ihm meist unvergesslich bleibt. Um aber den Widerstand zu überwinden, muss die Angst reduziert werden – denn erst die Angst macht den Widerstand so stark und den Verstand unbeweglich.

Fehlerlosigkeit durch Fehlerverdrängung

Das Problem des Perfektionisten ist, dass er sein Ideal mit einer ängstlichen Verbissenheit in einem solchen Maß anstrebt, dass er dadurch schwachsichtig wird für seine eigenen Unvollkommenheiten. Seine Schwachsichtigkeit rührt daher, dass »nicht sein kann, was nicht sein darf«. Keiner soll ihm einen Fehler nachsagen können! Im Wesentlichen ist jeder Hinweis auf einen Fehler für den Perfektionisten unerträglich und fast existenziell bedrohlich. Er kann sich nicht mit der simplen Tatsache versöhnen, dass Fehlerhaftigkeit dem Menschen immer anhaftet – und das eigentlich ganz in Ordnung ist. Der folgende Fall der Mutter Franziska P. ist insofern dramatisch, als hier die Verdrängung dramatischer Ereignisse sowie der Widerstand gegen therapeutische Erkenntnisse und Beratungsresistenz zusammenfallen.

FALL 4-2: Die missratene Tochter

Franziska und Eva P. kommen zur Paartherapie. Zur Mutter-Tochter-Paartherapie, wohlgemerkt. Diese Konstellation sieht der Psychiater immer wieder. Die Mutter, inzwischen 53 Jahre alt, ist um ihre 26-jährige Tochter Eva sehr besorgt. Lange habe sie zugeschaut, aber jetzt ginge es einfach nicht mehr. Frau Franziska P. berichtet, dass Eva immer eine Vorzeigetochter gewesen sei, »sie war immer sehr begabt«. Aber langsam sei sie immer schwieriger geworden, »es war ihr wahrscheinlich alles zu viel«. Eva ist nach wie vor unverheiratet und tut nichts dagegen, und auch ihr Studium laufe sehr holprig. Und vor allem: Eva hat Übergewicht. Das sei bekanntlich gesundheitsschädlich, und sie fresse weiter hemmungslos in sich hinein. Ob das normal sei? Der Psychiater nimmt wahr, dass die Mutter durchaus mollig ist, die Tochter aber zugegebenermaßen molliger. »Die Leute im Dorf beginnen bereits zu reden, sie fragen mich, was denn mit Eva los ist. Und fragen, wann sie mit dem Studium fertig werde«, macht die Mutter die Dramatik klar. Um ihre Motivlage zu erklären, fügt sie hinzu: »Ich will nur das Beste für meine Tochter.« Eva sei so seltsam zu ihren Eltern, »sie ist in einer Abwehrhaltung uns gegenüber«. Das kränke und belaste sie als Mutter sehr, »aber ich habe mich in der Zwischenzeit schon sehr zurückgenommen«.

Dann beginnt die Tochter Eva zu erzählen. Die Unterbrechungen der Mutter, um die Ausführungen der Tochter zu korrigieren, versucht der Psychiater höflich, aber bestimmt zu unterbinden. Eva sagt, sie sei als Einzelkind in einem Dorf aufgewachsen, ihre Mutter Volksschullehrerin, der Vater als Rechtsanwalt und Workaholic nicht präsent. Die Ehe der Eltern sei in ihren Augen schlecht, der Vater schwach und nachgiebig. Er sei seiner dominanten Frau immer ausgewichen und flüchte sich in die Arbeit. Von Anfang an habe die Mutter sehr bestimmte Vorstellungen davon gehabt, wie die Tochter zu werden habe. War Eva folgsam, war eitel Wonne in der Familie. Wenn sich die Tochter widersetzte, schlug die Mutter mit dem Kochlöffel zu und erreichte über den willenlosen Vater, dass Eva sich bei der Mutter zudem entschuldigen musste. Die Mutter habe alles kontrolliert, alle Schulsachen durchstöbert, und auch heute noch sei in ihrem eigenen Zimmer nichts vor der mütterlichen Kontrolle sicher. Der Schlüssel der Badezimmertür sei von der Mutter abgezogen worden, und die Tochter konnte sich nicht an ein Bad erinnern, das sie genommen hat, bei dem die Mutter nicht hereingekommen sei, um sie wegen irgendetwas zur Rede zu stellen. »Weil ich in der Badewanne nicht auskann.« Bei jeder Männerbekanntschaft habe die Mutter so lange Recherchen angestellt und die Tochter ausgefragt, bis Eva die Beziehung genervt beendet habe. Der klassische Satz war dann: »Besser so, um den war's nicht schad, du hast was Besseres verdient.«
Die Mutter liebt Tiere, die Tochter eigentlich nicht. Trotzdem hat die Tochter ein Studium der Veterinärmedizin in Wien begonnen. Das hatte sich die Mutter nachdrücklich gewünscht. Eva war zu diesem Zweck in die Stadt gezogen, aber sie musste täglich zu Hause anrufen. Falls sie

das unterließ, rief sie der Vater an, um sie daran zu erinnern, dass Eva doch bitte die Mutter anrufen möge. Es sei für sie leicht durchschaubar gewesen, dass der Vater auch da nur vorgeschoben wurde. Wenn sie den Anruf des Vaters ignorierte, stand der zwei Stunden später – so lange dauert die Fahrzeit vom Heimatdorf nach Wien – vor der Wohnungstür. Da die Eltern natürlich einen Schlüssel besäßen, würde die Mutter jetzt auch in der Wohnung alles kontrollieren, und Eva bleibe selbst in der eigenen Wohnung keine Intimität. Irgendwie könne sie sich aber auch nicht wirklich dagegen wehren. Sie sei in eine Depression verfallen, das Studienende verzögere sich, und nur Süßes könne ihre Stimmung effektiv aufheitern. Die damit verbundene Gewichtszunahme wiederum treibe die Mutter zur Weißglut, da sie gerne eine schlanke, perfekte Tochter habe, um mit ihr anzugeben. Dazu hätte sie zudem in kürzester Zeit studieren sollen und den Traumprinzen heiraten müssen.
Die Mutter schlage sie zwar nicht mehr, aber sie würde sie bei jedem Zusammentreffen »zur Sau machen« und beschimpfen. Dabei sei in den letzten drei Wochen zweimal das Wort »fette Sau« gefallen. Jetzt kann sich Franziska P. endgültig nicht mehr zurückhalten: »Jetzt hörst du aber auf, das habe ich nie gesagt, wie stehe ich denn vor dem Herrn Professor da!? Das nimmst du sofort zurück!« – »Das hast du aber gesagt!« – »Hab ich nicht!« – »Hast du doch.« – »Herr Professor, so was würde ich nie sagen, ich weiß gar nicht, was sie hat. Kann das eine psychische Krankheit sein, so was von der eigenen Mutter zu behaupten? Das gehört gar nicht zu meinem Wortschatz! Ich will nur das Beste für meine Tochter. Ich würde alles für sie tun, alles!«
Schließlich holt Eva ihr Smartphone aus dem Handtäsch-

chen und spielt einen Wortwechsel vor, den sie heimlich mitgeschnitten hat. Die inkriminierte Wortwahl kommt dabei ohne jeden Zweifel in oftmaliger Wiederholung und durchaus phantasievollen Varianten vor. Die Mutter zeigt sich enttäuscht, dass man jetzt schon zu Hause aufgenommen wird wie ein Verbrecher und dass sie das gegenüber ihrer Mutter niemals gewagt hätte. »Über kriminelle Abhörmethoden lass ich mich sicher nicht erpressen! Ich könnte dich anzeigen, das ist strafbar! Das der eigenen Mutter anzutun ..., derweil racker ich mich Tag und Nacht für dich ab!«

Der Arzt empfiehlt als erste Maßnahme, den Schlüssel zur Wohnung der Tochter zurückzugeben und die Zwangsverpflichtung zum täglichen Telefonat durch die Regelung zu ersetzen, dass die Tochter sich meldet, wenn sie etwas benötigt.

Perfektionisten zeichnen sich häufig durch eine zwanghafte Persönlichkeitsstruktur aus. Das bedeutet Pflichtbewusstsein, Verlässlichkeit, Pedanterie und Rigidität. Franziska P. ist eindeutig solch ein Exemplar. Perfektionisten können demnach sehr ungemütlich werden, wenn ihre Fehlerlosigkeit auch nur andeutungsweise in Frage gestellt wird. Auch das gilt für Franziska P. in hohem Maß: Das »Fette Sau«-Zitat stellt sie in einem Maß in Frage, dass sie in die aggressive Abwehrreaktion geht: »Ich weiß gar nicht, was sie hat. Kann das eine psychische Krankheit sein, so was von der eigenen Mutter zu behaupten? Das gehört gar nicht zu meinem Wortschatz!«

Der Perfektionist hält das idealisierte Ich für das Ideal – also sich selbst (verzerrt ins Fehlerlose) für das Maß aller Dinge. Franziska P. wünscht sich das Beste für ihre Tochter: Deswegen muss sie Tierärztin werden, der Traum der Mutter. Hier befindet sich der Perfektionist schon an der Grenze zum Narzissmus, aber im Gegensatz zum Narzissten ist der perfektionistische Neurotiker voll Ängstlichkeit. Für ihn ist jeder Fehler eine persönliche Bedrohung, und schon der leiseste Verdacht eines Defekts muss heftig abgewehrt werden. Man darf sich schon gar nicht dabei ertappen lassen: Was könnten die anderen denken? Die peinliche Situation, in die ihre Tochter sie beim Therapeuten gebracht hat, wird sie ihrer Tochter lange nicht verzeihen.

Sigmund Freud hat anschaulich herausgearbeitet, dass die narzisstische Kränkung dort Platz greift, wo das idealisierte Selbst sich zu sehr vom realen Ich entfernt. Franziska P. empfindet sich als ideale Mutter, die sich neben ihrem Job rührselig um ihre Tochter kümmert: »Ich will nur das Beste für meine Tochter. Ich würde alles für sie tun, alles!« Anders formuliert: Je mehr sich jemand ein geschöntes Bild von sich selber zurechtlegt, desto eher ist er kränkbar, wenn er mit der Realität konfrontiert wird. Schwächen, Fehler und Defekte sind aber eine Realität im menschlichen Leben, auch im Leben der Franziska P. Durch das Annehmen der Defekte können die schmerzhaft verdrängten Anteile der eigenen Fehler wieder heilsam in das Bewusstsein integriert werden, wodurch auch die neurotischen Anteile einer Person reduziert werden, weil weniger Verdrängungsarbeit notwendig ist.

Da der Perfektionist meint, keine wirklich gravierenden Fehler zu haben, muss er sich folgerichtig auch nicht bessern. Warum auch? Jedes Bemühen wäre ja das Zugeständnis der eigenen Fehlerhaftigkeit. Die »Mutter-

Tochter-Paartherapie« hatte für Franziska P. den Sinn, ihre Tochter zu reparieren.

Mit einem Perfektionisten verheiratet zu sein, ist oft mühsam: Die haben nämlich immer recht. Siehe Franziska P. oder auch Mr. Perfect. Und wenn ein Irrtum oder Fehler des Perfektionisten zufällig einmal festgemacht werden kann, dann hat das einen ganz genauen Grund, der oft recht umständlich erklärt wird.

Oder er kippt in die Fremdbeschuldigung, wie es Franziska P. tut: »Über kriminelle Abhörmethoden lass ich mich sicher nicht erpressen! Ich könnte dich anzeigen, das ist strafbar!« Franziska P. nahm ein paar Einzelstunden, in denen der quälende Perfektionismus aufgedeckt wurde und die Angst, sich vor anderen Frauen im Dorf mit der Tochter zu blamieren, nachdem sie jahrzehntelang mit ihr geprahlt hatte. Die Gewichtsproblematik ging ihr besonders nah, da daran ihr Versagen als Mutter für alle offensichtlich wurde.

FALL 4-3: Das Geheimnis des Vaters

Der 35-jährige Volksschullehrer Torsten S. kommt zum Psychiater. Er ist mit seinen Eltern seit einem Jahr im Konflikt und möchte sich in einer Therapie anschauen, welche Dynamik da herrscht. Er sei glücklich verheiratet und habe drei Kinder, jetzt sei das vierte unterwegs. Aber die Eltern! Ganz besonders schwer habe er es mit seinem Vater Jörg, den er immer als stockkonservativen, selbstgerechten und rigiden Perfektionisten erlebt habe. Trotzdem sei er bis vor einem Jahr recht gut mit ihm ausgekommen. Alle würde der Vater immer nach seinem Maß messen, über seinen Kamm scheren. Andere Sichtweisen gebe es nicht für ihn.

Bei einem unschuldigen Kaffeetratsch mit seiner Tante, der Schwester des Vaters, sagte sie irgendwann nebenbei: »Na ja, du weißt ja, bei der ersten Ehe deines Vaters ...« An dieser Stelle brach sie ab, wurde bleich und flüsterte: »Bitte vergiss, was ich jetzt gesagt habe!« Eilig beendete die Tante das Gespräch, Herr S. blieb verstört zurück.

In den nächsten Wochen fand er durch peinliche Befragung einiger Familienmitglieder heraus, dass der Vater nicht nur schon einmal verheiratet gewesen war, sondern auch, dass Torsten einen älteren Halbbruder hat. Diesen habe aber der Vater selbst noch nie gesehen, weil er seine erste Frau hochschwanger verlassen habe, als seine Mutter mit ihm, Torsten, schwanger war. Mit diesem Wissen konfrontierte er seine Eltern. Die reagierten hochaggressiv. Der Vater verweigerte jegliche Information. Über Facebook nahm Torsten S. mit einigen männlichen Namensvettern des fraglichen Alters Kontakt auf und wurde – erleichtert durch den seltenen gemeinsamen Familiennamen – tatsächlich fündig. Sein Halbbruder war ein halbes Jahr älter und wohnte sogar in der gleichen Stadt. Die Eltern drohten mit Enterbung, wenn Torsten sich mit seinem Halbbruder treffe. Torsten S. tat es trotzdem.

Das Treffen mit dem nur sechs Monate älteren Halbbruder war recht nett, wenn auch für beide etwas befremdlich. Bitterböse brachen die Eltern daraufhin den Kontakt zu Torsten S. und seiner ganzen Familie für einige Monate ab. Danach war das Ereignis ein großes Tabuthema, bis der Vater sich verstohlen – ohne das Wissen der Mutter – nach seinem ältesten Sohn erkundigte. Torsten S. erzählte seinem Vater, dass sein Halbbruder ein Unternehmen als Geschäftsführer leite und seit seiner Scheidung viel Zeit mit seinem vierjährigen Sohn verbringe. Jörg S. dar-

auf: »Was? Der ist geschieden? Dann ist er eh nichts wert!«

Jörg S. hat sein Versagen über 35 Jahre verdrängt. Als die Wahrheit ans Licht kommt, versucht er – und logischerweise auch seine zweite Frau –, diese aggressiv zu vertuschen oder durch Druck auf den Sohn die Kreise möglichst klein zu halten. Sein unfassbares Urteil: »Was? Der ist geschieden? Dann ist er eh nichts wert!« spricht Bände: die Verdrängung einer Ehe samt Kind über Jahrzehnte, aber gleichzeitig das unbewusste Schuldgefühl, das ihn seine eigene Scheidung als Selbstentwertung wahrnehmen lässt.

Der Perfektionist sucht meist nur die Bestätigung, dass er ohnehin alles richtig macht. Jörg S. macht in seinen Augen alles richtig, und was nicht ganz so erfreulich war, verschwindet schnell in der Versenkung. Für den Therapeuten ist das Phänomen in der Paartherapie oft eine große Herausforderung. Seine Fehleranfälligkeit – untrennbar verbunden mit der Zugehörigkeit zur Menschheitsfamilie – ist für den Perfektionisten bedrohlich. Jörg S. reagiert auf die Offensichtlichkeit zuerst aggressiv und droht dann mit dem Enterben. Er steht subjektiv mit dem Rücken zur Wand, kämpft um seine Existenz, denn ein Zufall hat ihm die starre Maske des perfekten Biedermanns entrissen. Maskenlos zu sein, so dass seine Defekte und sein Fehlverhalten für die Familie offenkundig sind – das überfordert ihn. Trotzdem hat er nicht die Größe, über seinen Schatten zu springen: Er wirft im Glashaus mit Steinen, nachdem er von der Scheidung des Sohnes erfährt.

Die Bedrohung durch ein hohes SOLL

Die Verdrängung der eigenen Fehlerhaftigkeit ist auch an einem gesellschaftlichen Phänomen zu beobachten: an der Angst davor, von der eigenen Religion in Frage gestellt zu werden. Niemand wird bezweifeln, dass es eine der (wenn auch untergeordneten) Aufgaben der Religion ist, die moralische Latte hoch zu legen und ein SOLL vorzugeben, an dem man ein Leben lang wachsen kann. In allen Religionen gibt es wegen dieser anspruchsvollen Zielvorgaben Gläubige, die sich nicht an die Regeln ihrer Glaubensgemeinschaft halten können oder wollen, denen also die Trauben zu hoch hängen. Das ist nicht überraschend, sehr menschlich, völlig normal und deshalb weit verbreitet. Die meisten integrieren die Spannung zwischen »Soll« und »Ist« auch gut in ihr Selbstbild und können die Diskrepanz vor sich selbst und den anderen freimütig als Defizit zugeben.

Perfektionisten hingegen ertragen diese Spannung nicht, weil sie das SOLL als ein MUSS missverstehen. Deswegen sollen wegen ihrer ängstlichen Zwanghaftigkeit stattdessen die Regeln geändert werden. Denn sie wollen sich zwar nicht ändern, können aber durch ihre unflexible psychische Struktur auch nicht vor ihrer Religion als unvollkommen dastehen. Mit vorgeschobenem »Reformwillen« – Angst macht aggressiv – streben sie danach, ihrer Glaubensgemeinschaft ihr eigenes Lebensmodell aufzuzwingen, was natürlich mit einer echten Reform nichts zu tun hat. Das ist im Grunde Instrumentalisierung der Religion aufgrund einer psychopathologischen Dynamik.

In der jüdischen Thora wird das Phänomen des vorgeschobenen Reformwillens in der Erzählung vom

Goldenen Kalb anschaulich geschildert. Durchsichtiger, billiger Selbstbetrug: Nicht das persönliche Leben wird nach dem religiösen Gebot ausgerichtet, sondern das Gebot nach dem persönlichen Leben umgeschrieben. Die Umdeutung des SOLL ist jedoch für den ängstlichen Perfektionisten mit einer anstrengenden Arbeit verbunden: mit der Verdrängung der eigenen Fehlerhaftigkeit, die sich in Aggressionsdurchbrüchen gegen diejenigen moralischen Normen, die ihn persönlich in Frage stellen, Erleichterung verschafft.

Perfektionisten leiden unter ihrer Umgebung

Perfektionisten haben subjektiv ein großes Problem: ihre fehlerhafte Umgebung. Jeder gewöhnliche Mensch sieht die Fehler der anderen schärfer als die eigenen. Deswegen ist ja guter Rat teuer, und nur Baron Münchhausen kann sich am eigenen Schopf aus dem Sumpf ziehen. Aber beim Perfektionisten ist das nochmals um ein Vielfaches verschärft: Er sieht mit Adlerblick, dass die anderen die (von ihm aufgestellten) Regeln nicht erfüllen. Die eigenen Regelüberschreitungen sind nicht auf seinem Radar. Dadurch ist der Perfektionist – wie der römische Hauptmann in »Asterix bei den Goten« – ständig von Idioten umgeben. Einer perfektionistischen Patientin, die ganz auf die Fehler ihres Mannes fokussiert war, hat der Psychiater einmal als Hausaufgabe aufgetragen, einen Bericht über die Ehesituation zu verfassen, der positive und negative Eigenschaften ausgewogen zusammenfasst. Hier das Ergebnis:

FALL 4-4: Der ausgewogene Bericht

»Sehr geehrter Herr Dozent,

Sie haben mich gebeten, einen Positives und Negatives umfassenden Bericht über meinen Mann zu verfassen. Ihre Bitte verstehe ich gut, denn er kann sich selbst sehr wenig einschätzen und stellt sich gerne von der positiven Seite dar bzw. findet seine Fehler nicht so schlimm. Manfred kann manchmal richtig nett und lustig sein, besonders wenn er viele Zuschauer hat, aber auf mich wirkt er fremdgesteuert, aktions-, spaß- bzw. lustorientiert, z.B. wenn ich ihn frage, warum er so viel TV sieht, obwohl er doch so viel arbeiten wollte, macht er zwar aus und ich bekomme einfach als Antwort: ›Ich wollte eh nicht fernsehen!‹ Er schafft es kaum auszuschalten, wenn ich nicht dabei bin. Oder er bekommt plötzlich eine Einladung von jemandem zum Ausgehen (kann wöchentlich vorkommen, da er ja stets so viel auswärts ist) bzw. Fortfahren, dann lässt er meist auch alles stehen und liegen und ist sofort dabei. Auch wenn es von der Familiensituation oder beruflich nicht so geplant war oder eigentlich unmöglich wäre. Oder er hat kurz davor beteuert, dass er für Beziehung und Familie nun wirklich keine Zeit hat, weil beruflich so viel Arbeit ist. Aber für eine spaßversprechende Abwechslung lässt er alle Prioritäten fallen. Hinterher gibt es dann viel aggressive Rechtfertigung.

Er spielt meiner Meinung nach wieder mehr am PC, das macht mich rasend, das ist reine Zeitverschwendung. Er hätte mir dies aber auch nie zugegeben, wenn ich es nicht zufällig gesehen hätte, als er neben mir zu Hause am PC arbeitete. Vielleicht spielt er auch am Handy, dies nehme ich jetzt einfach mal an, da er sonst auch nichts an Spielen etc. auslässt! Er bedient sich laufend ALLER Medien, anstatt zu arbeiten, obwohl er sagt, dass er soooo viel Arbeit hat! Das Früh-, Mittag- und Abendjournal sind Pflicht, wo er ALLES stehen und liegen lässt und nur zuhört. Obwohl er zu mir sagt, er muss arbeiten und hat keine Zeit, um z.B. mit mir nur eine halbe Stunde zu walken oder zu laufen. Er kann neben Radiohören auch nicht einmal seine bereits seit über zehn Jahren angesammelten Papierstapel und Unterlagen in seinem Büro ausmisten.

Er ist schnell beleidigt, gekränkt und teilt gerne selber aus und kann kaum einstecken. Hört oft etwas ganz negativ oder bezieht es sofort negativ auf sich, obwohl es nicht so gesagt wurde. Nimmt oft an, dass ich nur das Schlimmste von ihm denke, obwohl ich oft gar nicht den sichtbaren Anlass dazu hatte und ich daraufhin erst nachdenklich und misstrauisch werde, was er mir womöglich schon wieder alles verheimlicht, weil er so schlecht denkt. Oder warum lebt er eigentlich noch bei mir, wenn er so negativ über mich denkt? Dies kommt besonders oft vor, wenn wir nur ein paar Stunden zuvor noch auf friedlichste Weise sexuell vereinigt waren und er davon sprach, dass er mich nie aus den Händen loslassen möchte, mich mit Fußmassagen und herrlichem Essen verwöhnte, und plötzlich kann ihn eine für mich harmlose Sache oder kleine kritische Bemerkung so aus der Fassung bringen, dass ich das Gefühl habe, er möchte mich auf der Stelle loshaben. Und er gibt mir dabei das Gefühl, dass ich für ihn das Letzte und nur eine Last sei.

Außerdem reagiert er bei sichtbaren PC-Süchten und Lügen unserer einzigen Tochter stets unbeherrscht und demütigend. Spreche ich ihn auf einen seiner Fehler an, weist er meist lange ab, erfindet Geschichten, verleugnet oder weicht aus bzw. wird aggressiv. Sagt etwa: ›Hier geht es nur um mich, und daher sag ich nichts mehr.‹ Er will auch nicht hinsehen, welche Auswirkungen seine egoistischen, verlogenen Handlungen auch auf mich und das Kind haben. Oder er sagt: ›Warum glaubst du, mit mir so umgehen zu müssen?‹, und verschließt sich dann völlig. Oder: ›Das gönn ich mir eben!‹ – Mit diesem Satz kann er mich sehr verärgern, da er mir davor meist gesagt hat, dass er sooo viel Arbeit hat und deshalb für mich, Familie oder aufgeschobene Arbeiten absolut keine Zeit hat. Ich weiß nicht, warum Gott mich mit so einem Mann geschlagen hat, beim Herrn Pastor denke ich mir immer: Na bitte, es geht auch anders. Es sind eben nicht alle Mannsbilder so wie der meinige ...

Er ist oft psychisch abwesend, obwohl er neben uns sitzt, z.B. beim Essen! Unsere Tochter hat ihn diesbezüglich oft verärgert darauf hingewiesen, weil es ihr immer sehr wichtig war, dass ihr auch zugehört wird und Papa auch am Gespräch beim Essen Anteil nimmt, und nicht nur mit dem Gesicht in den Teller starrt, Schultern hochzieht und das Essen in sich hineinschlingt. Sie hat wörtlich gesagt: ›Papa, du bist zwar da, aber nur physisch!‹ Dagegen stört es Manfred sehr, wenn ihm nicht zugehört wird oder er unterbrochen wird bzw. nicht ausreden kann. Er reagiert auch ganz genervt und gekränkt, wenn ich in meiner Wut oder Verletztheit nicht die richtigen Worte wähle, und er bleibt dann bei diesem unbedachten Wort und lenkt vom eigentlichen Thema völlig ab – z.B. Lügen wegen Fehlern oder wieder nicht erledigter aufgeschobener Arbeit ...

In unserer sexuellen Beziehung kann ich sagen, dass er meist wirklich sehr bemüht und zuvorkommend ist und nur macht, womit ich auch einverstanden bin. Allerdings war es für mich stets stressig und oft auffallend verdächtig, dass er täglich starke Lust nach Sex hatte und oft bei unbedachtem Reden sofort wieder auf Sex kam. Dabei bekam ich auch manchmal Schuldgefühle, weil ich nicht so oft Lust hatte. Was absolut schlimm war, war, dass er mir damals immer öfter auch spät in der Nacht keine Ruhe ließ und auch keine Rücksicht mehr nahm, wenn ich krank war. Er kam einfach im Dunkeln, auch wenn ich schon schlief, von hinten an mich ohne Worte heran, und ich wurde oft wie in einem Alptraum durch diese einschlägigen und unangenehmen Berührungen aus dem Schlaf gerissen.

Außerdem lässt er sich stets leicht von der Arbeit abbringen bzw. sucht sich eben selber genug Ablenkungen – ich hab noch nie herausgefunden, wie viele Stunden er tatsächlich nur mit Arbeit verbringt, wenn er wegen der Arbeit außer Haus ist. Eigentlich muss ich oft staunen und bewundere ihn, dass er trotz der vielen Fehler bis jetzt die Arbeiten immer wieder doch rechtzeitig so hinbekam, dass er dabei meist verdient und in den letzten zwei Jahren sogar überdurchschnittlich gut verdient und relativ selten draufgezahlt hat.

Etwas ist aber für mich ganz sicher: Ohne regelmäßiges gemeinsames Wandern in der Natur gäbe es unsere Beziehung sicher nicht mehr, auch wenn er es nur mir und dem Frieden zuliebe macht. Ich hätte die Kraft, Ausdauer und immer wieder die Hoffnung auf Besserung bzw. den Vertrauensvorschuss und Liebe von mir selber nie mehr aufbringen können.

So kann ich bei Manfred trotz seiner vielen Fehler auch immer wieder seine guten Seiten erkennen. Seiner Meinung nach sage ich ihm dies allerdings viel zu selten. Er sagt, ich kritisiere nur. Das stimmt gar nicht. Ich bemühe mich, dies immer mehr zu tun. Allerdings ist es auch nicht einfach, dauernd zu loben, wenn er stets nur kurz zu Hause ist und mir Wesentliches von ihm komplett fehlt, ich

große Teile der Woche völlig alleingelassen bin und mit dem Job, der Tochter und den Hausarbeiten alleine zurechtkommen muss.
Danke, lieber Herr Dozent, für Ihre Bemühungen, hochachtungsvoll Herta M.«

Der Auftrag war, einen Bericht über die Ehesituation zu verfassen, der positive und negative Eigenschaften ausgewogen zusammenfasst – herausgekommen ist ein viel Negatives und manches Positive umfassender Bericht über ihren Mann. Denn im Kopf der Frau M. ist es so sonnenklar, dass nur er sich ändern muss, damit die Ehe wieder funktioniert. Sich selbst zu hinterfragen ist überhaupt nicht denkbar.

Bei Herta M. kann man die Verzweiflung, aber auch ihre Unfreiheit mit Händen fassen. Ihre eigene Unfreiheit und die, die sie auf die Ehesituation überträgt: Der Mann – der sicherlich auch jede Menge Fehler hat – kann es ihr nicht recht machen. Ihr Schielen auf den Pastor – die Taube auf dem Dach – ist irrig, denn auch der würde sich nach wenigen Wochen Zusammenleben in der Hand der Herta M. in einen ebenso winzigen und fehlerhaften Spatz verwandeln, wie es ihr Mann im Moment ist.

In vielen Absätzen beginnt Frau M. bewusst mit einer positiven Eigenschaft ihres Mannes, doch von Anfang an hat man jedes Mal das Gefühl, dass schon ein dickes Aber im Hintergrund lauert – das dann auch unweigerlich zuschlägt. Letztlich ist die Schilderung der positiven Eigenschaft nur die unwesentliche Einleitung zur kritischen Hauptaussage. In der Gesamtschau besteht zwischen positiven und negativen Schilderungen des

Mannes etwa ein Verhältnis von 1:10. Sich selbst hingegen schildert sie ausschließlich positiv. Das ist durchaus typisch für ein perfektionistisches Beziehungsmuster: Der Perfektionist möchte Missstände aufzeigen, damit sie – vom Partner, versteht sich – behoben werden. Denn »Runterschlucken und Verdrängen« fremder Fehler ist nicht so seins. Dass dabei andere Aspekte hinuntergeschluckt und verdrängt werden (der eigene Anteil), ist dem Perfektionisten nicht bewusst.

Während Herr M. sehr genau und kritisch durchleuchtet wird, schreibt Frau M. über sich selbst im ganzen Bericht kein selbstkritisches Wort. Wenn sie zufällig einmal »nicht die richtigen Worte« wählt, dann kann sie nichts dafür, da sie ja selbst verletzt worden ist, und er macht sich wiederum schuldig, weil er darauf »ganz genervt und gekränkt« reagiert. Die Worte, die sie in der Selbstbeschreibung verwendet, sind: »Kraft«, »Ausdauer«, »Hoffnung auf Besserung«, »Vertrauensvorschuss« und »Liebe«. Dass sie ihn hingegen mit ihren permanenten Vorwürfen schon lange in die innere Emigration getrieben hat, kann sie nicht wahrnehmen.

Paul Watzlawick erzählt von einem Mann, der alle zehn Sekunden in die Hände klatscht, um die Elefanten zu vertreiben. Als ein anderer ihn darauf aufmerksam macht, dass es hier gar keine Elefanten gebe, antwortet er mit großer Selbstverständlichkeit: »Sehen Sie, es wirkt!« In einen solchen Strudel ist Frau M. geraten: Sie meint, wenn sie in ihrer Kritik nachließe, würde ihr Mann sofort gar nichts mehr tun.

Frau M. ist, ohne es zu wollen, zum Kontrollfreak mutiert. Diese Schilderung klingt mehr nach der Mutter eines zehnjährigen Buben als nach einer Ehefrau, die einmal bewundernd zu ihrem Mann aufgeblickt hat: »Er spielt meiner Meinung nach wieder mehr am PC, das macht mich rasend, das ist reine Zeitverschwendung. Er hätte mir dies aber auch nie zugegeben, wenn ich es nicht zufällig gesehen hätte, als er neben mir zu Hause am PC arbeitete. Vielleicht spielt er auch am Handy, dies nehme ich jetzt einfach mal an, da er sonst auch nichts an Spielen etc. auslässt!«

Der Mann dürfte zu Hause in einer ständigen Rechtfertigungssituation sein: So fragt sie ihn zum Beispiel, warum er so viel fernsieht. Dass solche Männer immer mehr Gründe finden, dem Zuhause auszuweichen und die Arbeit in die Läge zu ziehen, ist jedem Psychotherapeuten bekannt. Auch bei diesem Satz wird klar, dass sie schon lange die Rolle der Erziehungsberechtigten eingenommen hat: »Außerdem lässt er sich stets leicht von der Arbeit abbringen bzw. sucht sich eben selber genug Ablenkungen – ich hab noch nie herausgefunden, wie viele Stunden er tatsächlich nur mit Arbeit verbringt, wenn er wegen der Arbeit außer Haus ist.«

Herta M. kann bei ihrem Manfred »trotz seiner vielen Fehler auch immer wieder seine guten Seiten erkennen«, er hingegen »sagt, ich kritisiere nur«. Man kann sich vorstellen, was er damit sagen will. Ihre Wahrnehmung: »Das stimmt gar nicht.« Sie bemühe sich, immer mehr zu loben. Aber: »Allerdings ist es auch nicht einfach, dauernd zu loben, wenn er stets nur kurz zu Hause ist und mir Wesentliches von ihm komplett fehlt, ich große Teile der Woche völlig alleingelassen bin und mit dem Job, der Tochter und den Hausarbeiten alleine zurechtkommen muss.«

Kapitel 5

Die Feinmechanik des Uhrwerks: Was sagt die psychologische Forschung?

Um ein psychologisches Phänomen zu erforschen, muss man natürlich in den Menschen hineinschauen können. Da es aber kein Perfektionismus-Organ gibt, das man zählen oder messen kann, hat man in der psychologischen Forschung Fragebogen entwickelt. Die fassen die Antworten der Befragten in Zahlen, summieren diese und erhalten so eine Zahl, die das Ausmaß des Perfektionismus ausdrücken soll. So werden Menschen in Gruppen eingeteilt und miteinander verglichen: zum Beispiel, wie viele Zahnärzte sind Perfektionisten und wie viele sind Nichtperfektionisten. So eine simple Zahl ist für perfektionistische Wissenschaftler immer ganz besonders befriedigend, bildet aber das reale innere Drama der Betroffenen oft mangelhaft ab. Wie auch immer, die ganze Perfektionismus-Forschung basiert darauf.

Was weder Obama noch Putin juckt

Die bereits erwähnten kanadischen Perfektionismus-Experten Gordon L. Flett und Paul L. Hewitt, die sich seit Jahrzehnten intensiv mit diesen Forschungsergebnissen beschäftigen, haben diese zur groben Orientierung zusammengestellt. Sie unterscheiden drei Arten des Perfektionismus in zwei Stufen: Die erste Stufe ist die Frage, von welcher Quelle die hohen Ansprüche ausgehen, und die zweite Stufe studiert, an welche Person sie sich richten. Daraus ergeben sich die drei Arten des Perfektionismus: der selbstorientierte Perfektionismus, der sozial vorgeschriebene Perfektionismus und der extravertierte Perfektionismus.

Beim selbstorientierten Perfektionismus strebt der Betroffene nach perfektionistischen Standards, die er sich selbst gesetzt hat – er nimmt sich selbst (zu) große Dinge vor. Diese Art des Perfektionismus ist nach Flett und Hewitt die harmloseste. Die Grenzen zu gesunden Spielarten sind aber fließend, und das Konzept hinter dem Modell ist noch nicht sehr überzeugend. Wissenschaftliche Studien zeigen einen gewissen Zusammenhang mit Depressivität sowie mit dem Burn-out-Syndrom.

Beim sozial vorgeschriebenen Perfektionismus nimmt der Betroffene an, dass er perfektionistische Erwartungen anderer erfüllen muss. Er ist davon überzeugt, dass andere hohe Standards vertreten und erwarten. Kombiniert ist das mit der Vorstellung, dass nur hohe Leistungen von den anderen mit Liebe und Anerkennung belohnt werden. Während bei den beiden anderen Arten die hohen Standards im Vordergrund stehen, ist es beim sozial vorgeschriebenen Perfektionismus eher die Bewertungsangst. Die hohen Standards der anderen werden nicht innerlich übernommen, sondern nur angestrebt, um akzeptiert zu werden. Wissenschaftliche Studien zeigen einen Zusammenhang dieser Spielart mit Depressivität und Essstörungen.

Beim extravertierten Perfektionismus sollen andere die vom Perfektionisten formulierten hohen Standards erfüllen: Das können Einzelne sein (etwa die Ehefrau), bestimmte Gruppen (wie die Großfamilie, die Firma) oder sogar die ganze Welt, inklusive Obama und Putin. Der extravertierte Perfektionismus führt in erster Linie zu starken Belastungen für andere Menschen – solange sie in dessen emotionaler Nähe sind und von ihm abhängen, wie Ehepartner und Kinder. Obama und Putin leiden daran wohl weniger: Sicherlich bekommen sie Berge von Querulanten-Mails mit besserwisserischen Belehrungen, aber gute Mitarbeiter halten all das von ihnen fern. In diesem Fall leiden die Perfektionisten nicht an sich, sondern nur darunter, dass sie von lauter Idioten umgeben sind. Wissenschaftliche Studien zeigen einen Zusammenhang zwischen dem extravertierten Perfektionismus einerseits und Narzissmus, zwischenmenschlichen Enttäuschungen, Misstrauen und Feindseligkeit andererseits.

Die drei Arten sind grobe Hinweise auf eine Tendenz, wobei die Grenzen fließend sind. Fast jeder extravertierte Perfektionist ist auch introvertiert perfektionistisch. Manchmal wird auch auf die Weite der perfektionistischen Ansprüche verwiesen, um das Ausmaß des Perfektionismus abzuschätzen. Flett und Hewitt meinen, dass Menschen relativ gut damit zurechtkommen, wenn sie nur in ein oder zwei Lebensbereichen perfektionistisch denken, fühlen und handeln. Ein generalisierter Perfektionist hingegen, der in allen Lebensbereichen perfektionistische Ansprüche an sich oder andere stellt, leidet und stolpert ständig. Das klingt einleuchtend. Allerdings stellt sich die Frage, ob nicht das gesunde Perfektionsstreben eines Spitzensportlers, Chirurgen oder Konzertgeigers hier als krankhafter Perfektionismus eines Lebensbereichs missverstanden wird (siehe Kapitel 2).

Die engen Grenzen einer Wissenschaft

Trotz des Koordinatensystems von Hewitt und Flett durch den weitläufigen Dschungel der Perfektionismus-Forschung existiert bis heute keine einheitliche wissenschaftliche Definition des Perfektionismus. Das macht aber die Forschung umso spannender. Verschiedene Forschergruppen haben unterschiedliche Konzepte im Kopf und zahlreiche Facetten des Phänomens herausgearbeitet. Die Ergebnisse sind dadurch extrem unübersichtlich, zum Teil sogar scheinbar widersprüchlich. Doch das ist völlig normal und nicht weiter besorgniserregend!

Die Psychologie ist eben nur eine Naturwissenschaft, und das bedeutet dreierlei: Erstens arbeitet sie empirisch. Nur was messbar ist, ist für sie relevant. Das bedeutet, dass sie nur einen Teilbereich der Erfahrungswelt als Studienobjekt auswählen kann, der Rest ist für sie nicht interessant. Sie beachtet also nicht die Erkenntnisse der Philosophie, Geschichte oder Literatur.

Sie ist zweitens methodisch abstrakt: Was sich dem Zugriff der Methode entzieht, ist ihr nicht zugänglich und wird »abstrahiert« (ignoriert). Wie ein Greifwerkzeug, das 40 Zentimeter lang ist, kann sie nichts erfassen, was 50 Zentimeter entfernt liegt. Das ist schade. Schließlich ist sie thematisch reduziert, weshalb der Prüfgegenstand auf bestimmte Aspekte eingeschränkt werden muss. Sie überprüft also mit dem Greifwerkzeug nur alle roten runden Kieselsteinchen und lässt die grünen, gelben, blauen, braunen, violetten und die roten mit anderer Form links liegen.

Fazit: Je präziser die Frage, desto verlässlicher die Antwort. Je allgemeiner die Frage, desto unbrauchbarer die Antwort. Auch das ist in einer wissenschaftsgläubigen Welt ein klein wenig enttäuschend. Die empirische Forschung kann demnach nicht fragen: »Was ist der Unterschied zwischen Mann und Frau?« – das würde sie methodisch nicht hinkriegen. Sondern nur: »Unterscheidet sich die durchschnittliche Hirndurchblutung im linken hinteren Hippocampus zwischen einer Gruppe von 20 gesunden Frauen und einer Kontrollgruppe von 20 gleichaltrigen gesunden Männern, wenn man jeden Einzelnen bei Vollmond um 22:00 Uhr in das MRT-Gerät legt, die linke kleine Zehe bewegen lässt und gleichzeitig die ›Kleine Nachtmusik‹ von Mozart (Takt 23 bis 154) spielt?«

Carl Friedrich von Weizsäcker, Physiker und Philosoph, hat sich lange mit den Grenzen der naturwissenschaftlichen Forschung beschäftigt. Er sagte einmal ganz richtig und provokant: *»Die Philosophie stellt diejenigen Fragen, die nicht gestellt zu haben die Erfolgsbedingung des wissenschaftlichen Verfahrens war. Damit ist also behauptet, dass die Naturwissenschaft ihren Erfolg unter anderem dem Verzicht auf das Stellen gewisser Fragen verdankt.«* In der Tat kann die Naturwissenschaft weder erklären, was der Sinn des Lebens ist, noch das Wesen der Frau (besonders geheimnisvoll) oder die innere Struktur des Perfektionisten. Was geht, sind einige kleine Beobachtungen unter ganz speziellen Bedingungen, die aber in ihrer Interpretation sehr vorsichtig zu genießen sind.

In diesem Kapitel sollen solche kleinen Partikularresultate der empirischen Forschung und erste Schlüsse daraus dargelegt werden. Einige Hauptbestandteile des perfektionistischen Uhrwerks haben wir ja schon kennengelernt: das Zahnrad der Angst vor der eigenen Fehlerhaftigkeit, das Zahnrad der Angst vor Liebesentzug bei Fehlleistung, das Zahnrad der Angst vor sozialer Ausgrenzung, das Zahnrad der Angst existenzieller Bedrohung, die Zahnstangen der Verbissenheit, Besserwisserei, Beratungsresistenz, Humorlosigkeit und Übergriffigkeit und schließlich das große Zahnrad der Angst um sich selbst.

Jetzt kommen noch ein paar kleinere Einzelkomponenten dazu: feine und grobe Zahnräder, Stirnradgetriebe, Zahnstangen und Ellipsenräder, Gegenradgetriebe, Kreisbogenverzahnungen, Kronenräder, Schneckengetriebe, Wälz- und Schraubgetriebe. Sie passen sich gut in das bestehende Getriebe ein, bei jedem Perfektionisten individuell verschieden. Aus den vielen Komponenten fügt sich bei jedem ein ureigener psychischer Apparat zusammen, je nach Biographie und Umständen, je nach Genetik und Erziehung.

1. Zahnrad: »Denkfehler«

Das Forschungsteam um den Verhaltenstherapeuten Rheaume postuliert, dass es das Hauptproblem des Perfektionisten sei, falsch zu denken (in der Psychologie spricht man von falscher »Kognition«). Kernproblem sei ein inneres Überzeugungsgeflecht, dass perfekte, fehlerlose Zustände existierten und dass man versuchen müsse, diese Zustände zu erreichen. Dieses Denken müsse kognitiv-verhaltenstherapeutisch korrigiert werden: Das Forschungsteam schlägt vor, die absolute Forderung nach Perfektion (das MUSS) aufzuweichen.

Der Denkfehler besteht einerseits in einer Verwechslung des unerreichbaren Ideals mit einem erreichbaren

Ziel. Beispiel: »Tennis spielen wie Boris Becker – darunter mach ich es nicht!« Perfektion, also Vollkommenheit, ist meist unerreichbar und bleibt immer ein Ideal, ein Orientierungspunkt. »Wenn dich einer auf die rechte Wange schlägt, halt ihm auch die linke hin«, ist ein herausforderndes Leitwort, an dem man ein Leben lang zu arbeiten hat, ohne es wahrscheinlich je zu erreichen. Trotzdem ist es gut und hilfreich, solche Prinzipien im Hinterkopf zu haben.

Der Perfektionist leidet darunter, ein unerreichbares Ziel nicht zu erreichen. Er kann das SOLL nicht gelassen als Orientierungspunkt wertschätzen, sondern empfindet es als MUSS. Das ist in der Tat ein Missverständnis, ein Denkfehler. Schon der erste quantitative Perfektionismus-Fragebogen von der Stanford University definierte Perfektionisten als Personen, deren Standards weit außerhalb der Erreichbarkeit liegen.

FALL 5-1: Der Naturfehler

Herr Xaver M., ein 29-jähriger Mechaniker, kommt zum Psychiater mit einem speziellen Problem. Er lebe zurzeit ohne Frau, und sein Körper habe ab und zu nächtliche Samenergüsse nach einem erotischen Traum. Das wolle er abgestellt haben, das sei wirklich ekelig. Wenn er in der Früh munter werde und bemerke die flüssigen Folgen solch eines Ereignisses in seiner Pyjamahose, dann sei sein ganzer Tag »versaut«. Er habe ob dieser Rückstände kein »schlechtes Gewissen«, sei auch überhaupt nicht religiös. Er empfinde das einfach als unangenehm, »als Naturfehler«. »Ich habe geglaubt, dass ich krank bin, ein Psychopath.«

Sein Wunsch sei, später einmal zu heiraten. Aber mit die-

sem Defekt ginge das nicht. Manchmal habe er den Eindruck, dass Frauen ihm diesen Defekt ansehen würden und ihn deswegen meiden. Vor einem Jahr habe er eine Freundin gehabt, ein paar Monate lang. Aber mit ihr habe er keinen inneren Frieden gehabt, es sei nicht alles so gelaufen, wie er sich das vorgestellt habe, und deswegen habe er die Beziehung wieder beendet. Er habe jetzt schon allerlei homöopathische Mittel eingenommen, eine Alkoholkarenz versucht und mit sportlicher Betätigung begonnen – die widerlichen Pollutionen seien geblieben. Ob es nicht ein wirklich starkes Medikament gäbe, das diesem Leiden ein für alle Mal ein effektives Ende setzen könne?

Xaver M. sieht seinen Leib als Maschine, die zu funktionieren hat. Originellerweise selbst Mechaniker, leidet er darunter, dass sein »Körper« (die Beschreibung des seelenlosen menschlichen Leibes) einen »Naturfehler« aufweise. So hat aus der Sicht von Herrn M. auch »der Körper« Samenergüsse, nicht er selbst. Herr M. muss aber alles im Griff haben. Auch eine partnerschaftliche Beziehung wird deswegen von ihm beendet, weil sie nicht genau nach seinen Berechnungen abläuft. Dabei missversteht er die Natur seiner Leiblichkeit und setzt sich falsche Ziele – so wie braune Augen auch nach enormer Anstrengung nicht blau werden. Die Ausmerzung des »Naturfehlers« mittels Homöopathie, Alkoholkarenz und Sport misslingt. Deswegen will er sich vom Arzt stärkere Waffen verschreiben lassen.

Der prominente Verhaltenstherapeut Albert Ellis hat den Perfektionismus bereits 1956 in die Liste der zwölf irrationalen Überzeugungen aufgenommen und ihn über die Absolutheit des Strebens (nach Perfektion) definiert – als Selbstanspruch, umfassend kompetent, angemessen, intelligent und leistungsfähig in möglichst allen Bereichen sein zu müssen. Bei der Zielvorgabe darf man die eigene Realität nicht überschätzen: Wer schneller laufen möchte als der Gepard, wird notwendigerweise frustriert, weil das der menschliche Laufapparat beim besten Willen nicht hergibt. Ebenso geht es Helikoptereltern mit ihrem durchschnittlichen Kind, das unbedingt in Harvard studieren und mit »Summa cum laude« promovieren muss, oder Frauen, die von ihren Körperformen Unmögliches verlangen.

Andere Forschungsgruppen untersuchen einen anderen Denkfehler: das »übertriebene Streben«. Der Begriff ist aber missverständlich und sollte eigentlich besser »ungesundes Streben« genannt werden. Denn sonst könnte man es auf ein quantitatives Problem reduzieren, als ein »Zuviel des Guten«: Das birgt die Gefahr in sich, jegliches überdurchschnittliche Leistungs- und Perfektionsstreben zu pathologisieren. Tatsächlich handelt es sich beim Perfektionismus aber nicht um ein quantitatives, sondern um ein qualitatives Problem. Perfektionismus ist ein irriges, falsches, ja ungesundes Streben nach Vollkommenheit – also ein Denkfehler, eine falsche Kognition. Das stille innere Dogma ist das Problem.

2. Zahnrad: »Fehlersensibilität«

Fehlersensibilität ist ein Ausdruck aus der Psychologie, der eine ängstliche Übersensibilität gegenüber eigenen Fehlleistungen bezeichnet. Sicher ist es für niemanden lustig, mit seinen Fehlern konfrontiert zu werden. Der

Perfektionist ist da aber ganz besonders schmerzempfindlich. Die Fehlersensibilität – die »übergroße Besorgnis um Fehler« – verursacht eine aufwendige Verdrängungsarbeit (siehe Kapitel 4). Wer keine eigenen Fehler sehen kann, kann auch keine Kritik vertragen. Die Geschichte »Die missratene Tochter« (Fall 4-2) erzählt von Mutter Franziska P., die dieses Phänomen verdeutlicht.

Andere Forschungsgruppen meinen mit »Übergeneralisierung von Fehlererfahrungen« wohl ein recht verwandtes Phänomen: Eine einmalige Fehlleistung wird vom Perfektionisten sofort auf die eigene Unfähigkeit im Allgemeinen und unmittelbar danach auf den (geringen) Wert und die (in Frage gestellte) Würde der eigenen Person übergeneralisiert. Der Perfektionist unterscheidet nicht zwischen der eigenen Person und seiner Leistung. Einige Studien zeigen unabhängig voneinander, dass bei Perfektionisten die eigene Selbsteinschätzung übermäßig stark leistungsabhängig ist: himmelhoch jauchzend, wenn die Leistung stimmt – zu Tode betrübt, wenn das nicht der Fall ist.

Die »Erwartung gravierender Folgen« nach eigenen Fehlern ist ein weiterer Ansatz. Der Perfektionist malt sich nach einer Fehlleistung regelrechte Katastrophen aus. Eine richtige Angstkaskade geht dann los, die existenziell bedrohlich wird. Perfektionismus-Fragebogen fragen diese Dimension folgendermaßen ab: »Wenn ich es nicht wirklich perfekt erledige, dann wird man mich nicht respektieren«, »Nur wenn du fehlerfrei arbeitest, kannst du bestehen«, oder »Ich muss perfekt sein, um gelobt und geliebt zu werden«.

FALL 5-2: Das kippende Auto

Die 32-jährige Viktoria G. hat Angst vor dem Umkippen ihres neuen, etwas höheren Autos auf der Autobahn. Sie suchte im Internet nach einer weiblichen Psychotherapeutin, die auch diplomierte Fahrlehrerin sei. Sie fand eine – die einzige im deutschen Sprachraum. Sie flog die weite Strecke hin und absolvierte einen einwöchigen Kurs. Die Angst wurde dadurch deutlich zurückgedrängt. Zufrieden landete Viktoria G. wieder in Wien, beschloss aber sicherheitshalber, trotzdem nicht auf die Autobahn zu fahren, da dort ja eventuell die Angst wieder auftreten könnte, und dann wäre die ganze teure Therapie umsonst gewesen.

Nach einigen Monaten erkannte sie, dass die Angst wiederkam und sogar auf größere Hauptstraßen übergriff. Diesmal ging sie zu einem Wiener Psychiater. Der erklärte ihr den Mechanismus der Angst und schickte sie auf die Autobahn, wo sie auf der rechten Spur mit 70 km/h das Gefühl zurückbekommen sollte. Nach einer Woche kam Viktoria G. wieder: Sie hatte das Training »aus Rücksicht« auf andere Autofahrer nicht zu machen gewagt. Denn die würden ja leiden, wenn Frau G. sie mit ihrem Schneckentempo aufhalten würde. Sie hätte zwar keine Angst, mit 70 km/h umzukippen, aber die Vorstellung, dass hupende Autofahrer wütend an ihr vorbeirauschen, in ihr Auto hineinblicken würden und ihr, Viktoria G., vielleicht gar noch den Vogel zeigten, würde ihr vor lauter Angst das Blut in den Adern gefrieren lassen.

In der Analyse der Emotion kam eine irrationale Angst zum Vorschein, die durch Humor schnell gebannt werden konnte. Nämlich die Panik: »Was wird der nur von mir denken?« Die Aufgabe des Therapeuten lautete nun, bei dieser Angstphantasie laut ins leere Auto zu sagen: »Wie-

der einen Freund verloren!« Viktoria G. lachte bereits in der Therapiestunde laut und herzhaft über diese Aussage, und sie kam in der folgenden Woche mit einer Erfolgsmeldung in die nächste Stunde. Sie sei bereits mit 80 km/h über die Autobahn geglüht und habe nur fünf bis sechs Freunde verloren …«

Viktoria G. hat irrationale Ängste vor den Folgen, mit 70 km/h auf der Autobahn zu fahren. Aus lauter Panik überprüfte sie mit ihrer Vernunft nicht einmal annähernd, was ihr das Bauchgefühl vermittelte: Wenn du auf der Autobahn alle aufhältst, dann wird dich bald niemand mehr mögen. Die Angst konnte sich nur halten, weil sie nie überprüft wurde und sich hinter selbstgefälliger »Rücksicht« verstecken konnte. Erst durch forciertes Nachfragen konnte die Patientin die Angst sprachlich ausdrücken – und damit war sie der Kontrolle der Vernunft wieder unterworfen. Herzhaftes Lachen vertrieb die irrationale Angst, und die Umkippphobie war schnell erledigt.

Eng damit verknüpft ist auch die Abwertung nach einem Fehler. Abwertung ist für den Betroffenen immer schmerzhaft – ob es andere tun oder man selbst. Die Selbst- und Fremdabwertung ist ein ganz wichtiges Rad im Getriebe des Perfektionisten. Albert Ellis beschreibt die brutale Selbstabwertung bei Nichterreichen der eigenen perfektionistischen Standards. Das heißt, der Perfektionist macht sich selber fertig, zum Beispiel weil er nicht fliegen kann. Die Geschichte »Das unverzeihliche Kindheitstrauma« (Fall 1-6) beschreibt eine verzweifelte Selbstabwertung aufgrund einer suboptimalen Vergangenheit. Das Denkmuster lautet in etwa: »Was ich getan habe, hängt mir ewig nach, ich bin es deswegen nicht wert, geliebt zu werden.« Auch bei aktuellen Fehlleistungen kommt es so zum Katzenjammer und zur verzweifelten Selbstanklage.

Schmerzhaft ist auch die Fremdabwertung bei extravertierten Perfektionisten: Hier werden dieselben Kognitionen auf Mitarbeiter, Familienmitglieder und Ehepartner angewandt. Die Geschichte »Der ausgewogene Bericht« (Fall 4-4) zeigt solche Denkmuster bezogen auf den Ehemann. Dabei kann es zu einer schroffen Ablehnung derjenigen Person kommen, die den hohen Ansprüchen nicht genügt. Interessant ist die Beobachtung, dass die Würde und der Wert des Menschen bei diesem krankhaften Denken von seiner Leistung abhängig gemacht werden. Zu beobachten ist dieser Mechanismus auch in der Psychotherapie von fordernden Perfektionisten, denen es prinzipiell zu langsam geht und die keinen Fortschritt erkennen wollen, obwohl er auf der Hand liegt.

3. Zahnrad: »kompetitives Vergleichen«

Perfektionisten denken kompetitiv, vergleichen sich ständig mit anderen und neiden dem Mitmenschen dessen Erfolg oder Talent. Der neidvolle und selbstzerfleischende Vergleich quält in erster Linie den Perfektionisten selbst. Dramatisch verschärft wird diese Tendenz, weil er gegen jede Vernunft einen Vergleich mit den Besten anstellt. Im Filmklassiker »Amadeus« von Miloš Forman aus dem Jahr 1984 verzweifelt und verbittert der durchaus talentierte Wiener Hofkomponist Antonio Salieri angesichts der Größe und Genialität Mozarts. *»Alle* *mochten mich, und ich mochte mich auch …, bis er auftauchte«*, erzählt der Ich-Erzähler aus der Sicht Salieris verbittert. Seine Eifersucht und sein Neid wachsen ins Unermessliche, da Gott offensichtlich ein *»obszönes Kind«* mit göttlichem Talent gesegnet hatte, während ihm dieses Talent versagt blieb, und Gott ihm, Salieri, nur die Möglichkeit gab, dies zu erkennen.

FALL 5-3: Die feindlichen Schwiegereltern

Schwiegermütter haben es schwer. Schwiegertöchter auch. Und Schwiegertöchter-Mütter erst recht! Ein Familienclan aus der Landwirtschaft ist beim Psychiater in Behandlung. Es gibt Streit zwischen der übergriffigen Schwiegermutter und der selbstbewussten Schwiegertochter, Streit zwischen der Jungbäuerin und ihrem harmoniesüchtigen Mann – wegen dessen dominanter Mutter, Streit zwischen der Schwiegermutter und der Mutter der Jungbäuerin …, und auch die Männer wurden angehalten, mitzustreiten. Der Kampf dreht sich, wie so oft, um den Enkel, den die junge Mutter der Oma väterlicherseits angeblich zu selten überlässt. Der Psychiater hat alle Hände voll zu tun, um die gekränkten Frauen auseinanderzubekommen, zu beruhigen und eine Versöhnung herzustellen. Mit der Technik des Perspektivenwechsels – auch einmal den anderen von der positiven Seite betrachten – kann er bei den willigen Parteien doch eine gewisse Befriedung erreichen.

Unruheherd bleibt die Schwiegertochter-Mutter, die es besser weiß: Der Waschlappen von Mann wollte ihre Tochter gar nicht heiraten. Das wurde ihm von seiner Mutter nur eingeredet, denn die Schwiegermutter sei die Wurzel des Übels. Die wollte in ihrem kranken Ehrgeiz in

eine Akademikerfamilie einheiraten. Außerdem würde sie widerlich gegen die Schwiegertochter-Mutter hetzen und überall deren Ruf ruinieren. Der Psychiater erkennt den Spaltpilz, will die geballte Ladung Verachtung abfangen und versucht zu beschwichtigen, indem er wahrheitsgemäß das Positive der Schwiegermutter herausstreicht (ohne die Schwiegertochter-Mutter im Geringsten zu kritisieren): »Nein, ich habe lange mit ihr geredet, das ist eigentlich eine nette Frau, die stehen Ihnen in der Zwischenzeit auch ganz positiv gegenüber. Da brauchen Sie sich keine Sorgen zu machen.« Daraufhin die Schwiegertochter-Mutter ganz eingeschnappt: »Ah, die ist also nett. Und ich? Ich bin immer die Böse! Ich bin also an allem schuld! So einfach ist das also bei Ihnen!«

Die Schwiegertochter-Mutter leidet an einer – eingebildeten – fürchterlichen Konkurrenzsituation, in der sie sich ständig mit der Schwiegermutter ihrer Tochter vergleicht. Daraus resultiert eine irrationale Ablehnung derselben, bei der jedes Argument recht ist. Eine Beendigung der Abwertung wäre eine Bedrohung. So erklärt sich die irrationale Reaktion auf den beschwichtigenden Eingriff des Psychiaters, der die inzwischen versöhnte Haltung der Schwiegermutter ihrer Tochter mit dem Wort »nett« umschreibt. Das erlebt die Schwiegertochter-Mutter als Aufwertung der »Gegnerin« – und damit als Abwertung der eigenen Person. Aus der Sicht ihres Konkurrenzstrebens heraus hat die »Gegnerin« die Gunst des Psychiaters gewonnen – da bleibt für sie nur mehr der »schwarze Peter«.

Alfred Adler führte schon vor fast 100 Jahren aus: *»In dem Streben nach Macht und Überlegenheit gelangt der*

Mensch vielfach zu Charakterzügen des Neides. Die Distanz, in der ein Mensch zu seinem überlebensgroßen Ziel steht, macht sich ihm bekanntlich in der Form eines Minderwertigkeitsgefühls fühlbar. Sie drückt auf ihn und erfüllt ihn so sehr, dass man aus seiner Haltung und aus seinen Lebensformen den Eindruck gewinnt, dieser Mensch hat noch sehr weit zu seinem Ziel. In seiner Unzufriedenheit verfällt er meist auch in ein fortwährendes Messen, wie ein anderer zu ihm steht, was andere erreicht haben, und wird sich verkürzt fühlen. Das kann selbst dann der Fall sein, wenn er mehr hat als andere. Alle diese Erscheinungsformen des Gefühls der Verkürztheit sind Anzeichen einer verkappten, nicht befriedigten Eitelkeit, eines Immer-mehr-haben-Wollens, eines Alles-haben-Wollens. Solche Menschen sagen wohl nicht, dass sie alles haben wollen, weil sie ja meist durch die Instanz des Gemeinschaftsgefühls daran gehindert sind so zu denken, aber sie handeln so, als ob sie alles haben wollten.«

Eng damit zusammenhängend ist das Nicht-gut-genug-Sein: Manche Studien erforschen »leistungsbezogene Zweifel« beziehungsweise »Zweifel an der Qualität der eigenen Leistungen«. Nichts ist gut genug, alles könnte besser sein. Andere Forschungsgruppen wiederum sind an der »Bewertungsängstlichkeit« dran. Die typische Frage lautet: »Was denken die anderen von mir?«, und das in einer Fixiertheit und Überwertigkeit, die einem die Freiheit nimmt. Na klar, irgendetwas werden die anderen schon über ihn denken, aber meist viel weniger, als der Perfektionist phantasiert. Und auch wenn der eine oder andere ein nicht ganz positives Urteil im Kopf hat: Ist das das Ende der Welt?

Für den Perfektionisten schon. Seine Angst lähmt ihn.

Wie ein roter Faden zieht sich die ichhafte Angst um sich selbst durch seine Handlungen, Gedanken und Gefühle. Durch sie begibt sich der Perfektionist in eine unlösbare Situation, denn niemals kann er allen gefallen. In Fall 4-2 dreht sich bei Franziska P. alles darum, was die Leute über ihre Tochter sagen könnten: »Die Leute im Dorf beginnen bereits zu reden, sie fragen mich, was denn mit Eva los ist.«

FALL 5-4: Der Patient, der nicht gut genug war

Der 55-jährige frühpensionierte Herbert F. kommt wegen psychosomatischer Beschwerden zum Psychiater. Erst in der achten Behandlungsstunde rückt er mit der Sprache heraus: »Ich spüre einen enormen Zugzwang gegenüber Ihnen, dem Therapeuten. Vor der Stunde überkommen mich Angstgefühle, dass ich nicht genug Fortschritt aufzuweisen habe. Dadurch werden meine Beschwerden stärker, obwohl Sie sich so bemühen.« Der Durchbruch sei noch nicht gekommen, die einzelnen Erfolge seien nur Strohfeuer. »Psychotherapie hat bei mir Grenzen, die kann mir nicht helfen.« Der Psychiater stellt klar, dass nur er – als Therapeut – etwas zu leisten habe, diese Leistung würde sich Herr F. mit dem Honorar erkaufen, darauf habe der Patient ein Recht. Eine weitere Verpflichtung gegenüber dem Psychiater bestehe nicht. Dann liest er dem Patienten seine Mitschrift von den Beschwerden der ersten Therapiestunde vor, und beide konstatieren eine eindeutige Besserung der Beschwerdesymptomatik in nicht einmal zwei Monaten. Herausgearbeitet wird ein zu Unrecht bestehendes schlechtes Gewissen des Herbert F. gegenüber dem Therapeuten und eine Angst, ihn zu enttäuschen: »Denn ich möchte niemanden enttäuschen.«

Herr Herbert F. treibt die Bewertungsängstlichkeit auf die Spitze. Wie bei der Geschichte »Das kippende Auto« (Fall 5-2) ist die Angst irrational und wird erst durch das Aussprechen für die Vernunft fass- und analysierbar. Psychotherapie ist eine Dienstleistung, die man bezahlt und mit der man für sich dann macht, was man will. Man ist dem Schuster nicht auskunftspflichtig, ob man seine Schuhe auch oft genug trägt. Die panische Angst, dass man irgendjemanden enttäuschen könnte, treibt Herrn F. in die Lähmung und verhindert den Therapiefortschritt.

Die Psychologieprofessorin June Price Tangney von der George Mason University in den USA hat in einer hochinteressanten Arbeit »Scham, Peinlichkeit, Schuld und Stolz« als unterschwellige Faktoren des Perfektionismus untersucht. Sie beschreibt eine ständige Selbstbeobachtung, bei der der Perfektionist sich selbst und seine Leistungen kontrolliert: *»Jeder prüft seine eigenen Leistungen mit einer gewissen Regelmäßigkeit – der Perfektionist jedoch macht einen Fulltime-Job daraus.«* Dies stellt den Nährboden dar für die selbstbewertenden Emotionen, die direkt daraus folgen: Scham und Peinlichkeit, Schuld und Stolz sind ihre täglichen Begleiter – Peinlichkeit, wenn etwas nicht ganz so Schlimmes schiefgeht, Scham und Schuldgefühl, wenn große Sachen danebengehen und die Ursachen entweder bei der eigenen Handlung (Schuldgefühl) oder aber bei der gesamten eigenen Person gesehen werden (Scham).

FALL 5-5: Das ungelesene Buch

Die 20-jährige Karin B. beschreibt ihr Leid im Umgang mit ihrem beruflich höchst erfolgreichen Vater: »Wenn mein Vater mir Bücher gibt, habe ich bereits Schuldgefühle,

dass ich es schon gelesen haben müsste: Ich halte es nicht aus, dass ich Dinge noch nicht kann und noch nicht weiß. Dann ist mein ganzes Selbstbewusstsein dahin.«

Karin B. leidet an dem inneren, unausgesprochenen Dogma, dass sie alles bereits wissen muss, was ihr Vater ihr empfiehlt. »Das habe ich bereits gelesen«, wäre ihr Wunsch- und Lieblingssatz. »Ich halte es nicht aus, dass ich Dinge noch nicht kann und noch nicht weiß«: Das zeigt den unbedingten Willen zur Perfektion – Unwissenheit ist Imperfektion. Dass dieser irrationale Wunsch ein völlig unmöglicher und unnützer Ansatz ist, wird ihr erst mit der therapeutischen Thematisierung bewusst. Solange das alles eine unhinterfragte Peinlichkeit und ein ungeprüftes Schuldgefühl ist, ist es für sie nicht veränderbar.

4. Zahnrad: »ungeordnete Organisiertheit«

Die meisten wissenschaftlichen Autoren benennen den nächsten Faktor einfach als »Organisiertheit«, und das ist wiederum missverständlich. Denn es ist offensichtlich, dass die Organisiertheit des Perfektionisten nicht einer wahrhaftigen inneren Ordnung oder auch einer gesunden Selbstdisziplin im Sinne der Gewissenhaftigkeit entspricht (siehe Kapitel 2). Der Perfektionist hat zwar eine starre Struktur, die aber eher eine Pseudoordnung beinhaltet als eine gesunde und frei machende innere Ordnung. Das Ordnungsprinzip des Perfektionisten ist falsch, dadurch entfaltet sich sein Leben unglücklich. Er macht das Falsche zur falschen Zeit, und er macht es überproportional lange. Stundenlang ordnet er den Schrank – was im Grunde praktisch wäre, wären da nicht seine vielen anderen Verpflichtungen, die er damit vernachlässigt.

Die Psychologinnen Randy O. Frost und Patricia Marten DiBartolo benennen dasselbe Zahnrad immerhin mit »Überbetonung von Organisiertheit«. Das kommt der Sache schon näher. Der Perfektionist sieht sehr häufig die Ordnung als Selbstzweck. Hier zeigen sich Verbindungen zu zwangsneurotischen Gedanken- und Verhaltensmustern. Der Perfektionist kann oft Wichtiges nicht von Dringendem unterscheiden. Deshalb kann er keine richtigen Prioritäten setzen. Eine Überstunde im Büro wird eben nicht aus dem Nichts geschöpft, sondern zieht anderswo Zeit ab. »Zeit sparen« ist hier Symptom einer unbewussten Werteverschiebung, zum Beispiel »Arbeitszeit ist wichtiger als Privatzeit«. Das Selbsterkennen der eigenen Endlichkeit kann hier zu einer geordneten Zielstrebigkeit führen. Die wahre innere Ordnung ist ein gesundes Gleichgewicht zwischen chaotischem, ungerichtetem Leben und leblosem, sinnentleertem Zwang.

FALL 5-6: Der perfekte Semesterplan

Herr Alfred G., 22 Jahre alt, versucht einen perfekten Semesterplan für seine Jugendgruppe der »Roten Falken« zu entwerfen. Er macht dieses Planen schließlich in seiner Psychotherapie zum Thema, weil er stundenlang überlegt hat und so wütend über sich und den Plan geworden ist, dass er fast seine Funktion abgeben wollte. Er hatte fünf Ziele: Es sollte zwei Wochenendveranstaltungen pro Monat geben, zwei Schlüsselkinder von promi-

nenten Politikern sollten immer dabei sein, dabei durften keine Terminkollisionen mit höhergeordneten Parteifesten entstehen und noch zwei weitere Einschränkungen. Der Therapeut fragte nach der Hierarchie der fünf Kriterien, worauf sich die Lösung innerhalb von zehn Minuten ergab. Erstaunt analysierte Herr G. die schnelle Lösung im Vergleich zu seinem langen Grübeln und letztlichen Scheitern und stellte fest, dass die Priorisierung der Ziele den Unterschied gemacht hatte. In den meisten Monaten standen die zwei Wochenenden bereits nach den ersten drei Kriterien fest – die letzten zwei Kriterien konnten dann natürlich keine Berücksichtigung mehr finden. Sein Ehrgeiz, allen fünf Kriterien ohne Abstriche Rechnung tragen zu müssen, hatte Alfred G. blockiert: Er wollte den »perfekten Plan«, für den er von seinen Parteifreunden Anerkennung und Wertschätzung erwartete.

Die Psychopathologie des Alfred G. ist von zentraler Bedeutung für das Verständnis des Perfektionismus. Denn an ihm wird offensichtlich, dass die »Organisiertheit« des Perfektionisten in Wirklichkeit einen Mangel an Ordnung bedeutet. Herr G. kann trotz hoher Intelligenz eine naheliegende lebensnahe Lösung nicht finden, weil er an eine mathematische Auflösung einer Gleichung denkt. Sein kurzsichtiges und engstirniges Haften an allen fünf Parametern (»alles oder nichts, entweder eine perfekte Lösung oder keine«) übersieht die Hierarchie der Regeln – dass Ass den König schlägt, dieser aber die Dame. Bei dem oben beschriebenen Beispiel ist das noch relativ überschaubar und fast banal, aber genau dieses Problem der mangelnden Hierarchisierung haben die meisten perfektionistischen Patienten.

5. Zahnrad:
»Inflexibilität und verfehltes Lebensziel«

Die Forschungsgruppe um die Psychologen Enns und Cocks haben beobachtet, dass der Perfektionist innerlich recht starr und unbeweglich ist. Er tut sich schwer, seine Teilziele den jeweiligen Umständen anzupassen. So ist es für ihn eine Katastrophe, zu spät zu kommen, auch wenn durch einen Sturm der Zug schwer beschädigt wurde. Der Perfektionist verabsolutiert Teilziele. Die Geschichte »Die Traumvilla« (Fall 3-4) zeigt, wie ein Teilziel (Hausbau) verabsolutiert werden kann auf Kosten des Endziels (glückliche Familie).

FALL 5-7: Die zielstrebige Ärztin

Eine 55-jährige Dame begrüßt den Psychiater in seinem Wartezimmer mit den Worten: »Grüß Gott, Herr Kollege!« Das ist in der Psychotherapie unüblich und fällt auf. Frau Dr. T. kommt schnell zur Sache und erzählt dem Psychiater mit Empörung ihre Geschichte. Sie hatte von Kindertagen an den Traum, Ärztin zu werden. »Eine Berufung, wissen Sie, Herr Kollege?« Da das Medizinstudium in ihrer Heimat Ägypten für sie ein schwieriges Unterfangen war, zog sie nach Österreich. Ihre Eltern, beide Akademiker, und die gesamte Familie rieten ihr ab, da sie nicht sehr sprachbegabt sei und auch sonst nicht die nötigen Voraussetzungen für ein solches Studium mitbringe. Eine Jugendliebe, ein Mann, der sie unbedingt hätte heiraten wollen, verließ sie kurzerhand. Das wäre, so meint sie heute, eine »gute Partie« gewesen.

In Österreich benötigte sie drei Jahre, um die Sprache so weit zu lernen, dass sie mit dem Studium beginnen konn-

te. Schleppend ging es durch das Medizinstudium, das damals noch keinen Eignungstest kannte. Viele Prüfungen schaffte sie erst im vierten oder fünften Anlauf. Langsam schlief der Kontakt zu ihrer Familie ein. Sie hatte kaum Zeit, Briefe zu schreiben, und obendrein auch nur wenig zu berichten. Auch in der Glaubenspraxis ließ sie nach, das kränkte ihre Mutter, die eine gläubige Muslimin war. Viele Briefe der Eltern ließ sie unbeantwortet liegen. Mit 33 Jahren verliebte sie sich in einen zehn Jahre älteren Rechtsanwalt, der sie vom Fleck weg heiraten wollte. Sie liebte ihn aufrichtig und bat ihn, bis zum Ende ihres Studiums zu warten. Da sie aber erst am Ende des ersten Abschnitts war und noch alle klinischen Fächer zu absolvieren hatte, meldete er vorsichtig Zweifel an der Sinnhaftigkeit ihres Unterfangens an: Sie hätten, so meinte er, ja genug Geld, und außerdem sollte man die Familiengründung nicht mehr auf die lange Bank schieben.
Entrüstet löste sie daraufhin die Verlobung: »Wenn ich mich zwischen meinem Studium und dir entscheiden muss, dann ist die Sache klar. Entweder du liebst mich, wie ich bin, oder wir lassen es. Ich lasse mich doch nicht erpressen!« Noch lange kämpfte der Mann um sie, aber sie blieb unerbittlich. Ungefähr zur selben Zeit beendete ihre Familie nach 15 Jahren die finanzielle Unterstützung, auch weil Frau T. seit Jahren keinen Brief mehr nach Hause geschrieben hatte. Nun musste sie Geld verdienen, um ihren Lebensunterhalt zu finanzieren. Mit 50 Jahren schließlich schaffte sie es, zur Doktorin der gesamten Heilkunde zu promovieren. Ihr Vater war in der Zwischenzeit gestorben, ihre Mutter hochbetagt und dement, und von ihren Geschwistern hatte sie sich vollständig entfremdet. Zu ihrem großen Triumph, der feierlichen Promotion im Festsaal der Universität Wien, kam aus ihrer Familie niemand.

Leider begann jetzt das erhoffte Traumleben immer noch nicht. Sie wurde für den »Turnus« (Arzt im Praktikum) in eine Liste geschrieben und aufgefordert, drei bis fünf Jahre auf den ersten Arbeitsplatz zu warten. Mit Gelegenheitsjobs hielt sie sich während dieser Zeit über Wasser, ihren Doktortitel wie eine Monstranz vor sich hertragend. Schließlich war es so weit: Frau Dr. T. durfte als Turnusärztin ihren Dienst beginnen. Doch erschrocken musste sie feststellen, dass ihre jungen Kollegen weit mehr konnten und wussten als sie. Einer hatte fünf Jahre als Sanitäter gearbeitet, eine andere als Pflegehelferin – beide wussten sich in einem Krankenhaus viel besser zu bewegen. »Wieso hat mir das niemand gesagt?« Frau Dr. T. bat den Oberarzt nach jedem Patienten, ihr die Krankengeschichte genau zu erklären. Der reagierte nach anfänglicher Hilfsbereitschaft zunehmend unwirsch. Am Abend und in der Nacht versuchte sie, alle Fälle in ihren Büchern nachzulesen. Trotzdem wurde sie nach der Probezeit beurlaubt und in ein anderes Spital versetzt. Sie führte es auf den launischen Oberarzt zurück. Am neuen Arbeitsplatz wiederholte sich dasselbe. Sie prozessierte gegen die Krankenhausleitung – und verlor. In der Standesvertretung sagte man ihr schließlich, dass sie leider nicht zur Ärztin geeignet sei und dass sie sich einen anderen Beruf suchen solle. Das war am Tag vor ihrem Besuch beim Psychiater.

Frau Dr. T. ist ein ganz besonders tragisches Beispiel dafür, wie sehr Perfektionismus unflexibel machen und dazu führen kann, das eigene Lebensziel zu verfehlen. Frau T. hätte zweimal heiraten können, doch das Studium war immer höherwertig als die Beziehungen: »Wenn ich mich zwischen meinem Studium und dir entscheiden muss, dann ist die Sache klar.« Auch die Beziehung zu ihren Eltern versandete aufgrund des selbst auferlegten Leistungsdrucks. Auf dem Altar des überhöhten Ziels »Doktorin der gesamten Heilkunde« wurde alles geopfert – ohne wahrzunehmen, dass ihr die Begabung für diesen Beruf nicht gegeben war.

6. Zahnrad: Stolz und Hochmut

June Tangney stellt im Zusammenhang mit ihrer Untersuchung der Scham- und Schuldgefühle fest, dass bei Perfektionisten die Emotion des Stolzes geweckt wird, wenn ein hohes Ziel erreicht und die Ursache in der eigenen Handlung gesehen wird. Führt der Perfektionist ein erfolgreich erreichtes Ziel einzig auf die Großartigkeit der eigenen Person zurück, entstehe – laut Tangney – sogar Hochmut. Damit ist der Hochmut genau die Kehrseite der Medaille der Selbstabwertung, der Übergeneralisierung von Fehlern und der Selbstzerfleischung bei Nichterreichen des Ziels. Denn der gemeinsame Nenner ist: Man ist so viel wert, wie man leistet. Wenn der Perfektionist sein Ziel erreicht, schäumt sein Selbstwertgefühl auf das Unangenehmste über. Die Studien zeigen, dass bei Perfektionisten die eigene Selbsteinschätzung übermäßig stark leistungsabhängig ist: im Positiven wie im Negativen. In der Tat kann manchmal eitles Pfauengehabe statt ruhiger Sachlichkeit auf eine ausgezeichnet erbrachte Leistung des Perfektionisten folgen. Oft aber wird sie schnell wieder abgewertet, und die Freude währt nicht lange.

Der Soziologe Gerhard Schulze von der Otto-Friedrich-Universität Bamberg hat ein bemerkenswertes

Buch über die sieben Todsünden geschrieben. Darin diagnostiziert er, dass heute – im Gegensatz zu früheren Gesellschaften – ein starkes Zutrauen zu sich selbst tendenziell als gesunder Zug in einer fortschrittsoffenen Gesellschaft gilt. Die Grenze zur Überheblichkeit werde allerdings auch in der Moderne als dünn angesehen: *»Von Selbstbewusstsein zu ungerechtfertigter Anmaßung ist es nur ein kleiner Schritt.«* Der Psychologe Reinhold Ruthe stößt in seinem Buch »Die Perfektionismus-Falle« in dasselbe Horn und betont gar, dass das Streben nach Gottähnlichkeit schon die *»Ursünde des Menschen«* sei – und stellt dies in den Zusammenhang mit dem Perfektionismus.

7. Zahnrad: Schwarz-Weiß-Denken

Der Perfektionist weist ein bemerkenswertes Schwarz-Weiß-Denken auf, eine Alles-oder-nichts-Mentalität: entweder perfekt oder gar nicht. Entweder er macht etwas 150-prozentig (was fast nie gelingt) oder es ist nichts wert. Das wird in der psychologischen Forschung manchmal auch »bipolares Denken« genannt. Ein Fast-Perfekt ist für den Perfektionisten auch gescheitert. Klassische Sätze aus den wissenschaftlichen Fragebogen sind beispielsweise: »Einen Fehler machen ist fast genauso schlimm, wie komplett zu versagen«, »Wenn etwas nicht absolut perfekt ist, dann ist es schlecht« oder »Für mich gilt: Einen Fehler bei einer Sache machen heißt, dabei total versagt zu haben«. Die Forschergruppe rund um den Neuropsychologen Joseph E. Conroy vermutet diese Form der Versagens- oder Fehlerangst sogar als zentrale Motivation hinter dem krankhaften Perfektionsstreben.

Teil II

Die Macht der Maske

Kapitel 6

Die Leistungsgesellschaft

Die Erwerbsarbeit ist erst in jüngerer Zeit zum Götzen geworden. Natürlich ist es dem Menschen gemäß, eine Aufgabe zu haben, die ihn mit Sinn erfüllt – das wird hoffentlich oft die Arbeit sein. Aber der Mensch ist mehr als seine Arbeit. In der griechischen Antike gab es eine kleine Elite, die Polis-Bürger, die auf Erwerbstätigkeit vollständig verzichten konnten und sich unentgeltlich wahlweise der Philosophie oder der Politik widmeten. Das war eine durchaus sinnvolle Tätigkeit, aber interessanterweise vollständig entkoppelt von der Erwerbstätigkeit.

Im Mittelalter galt Arbeit allenfalls als selbstverständliche Notwendigkeit, die zur Existenz einfach dazugehört. Erst zu Zeiten von Martin Luther setzte eine Neubewertung ein. Aus der Arbeit wurde Beruf – und daraus Berufung und sogar Identität. Viele wurden in dieser Zeit nach dem Beruf des Familienoberhauptes benannt und erhielten so ihre Nachnamen: Bäcker, Müller, Schmied und Bauer sind durchaus gängige Familiennamen im deutschen Sprachraum.

Mit der Industrialisierung wurde einerseits der Produktionsprozess beschleunigt, andererseits der Arbeiter immer mehr darauf reduziert, was er quantitativ leistet und abliefert. Heute verheißt in den vom Kapitalismus geprägten Gesellschaften vor allem die Arbeit Selbstverwirklichung, Erfüllung und Bedeutung. Die derzeitige Überhöhung der Arbeit wird medizinisch problematisch, wenn sie sich – meist unausgesprochen, still und heimlich – zum einzigen Sinn im Leben des Menschen entwickelt.

In seinem Buch »Die Tyrannei der Arbeit« kritisiert Ulrich Renz, dass die Erwerbsarbeit in unserer Leistungsgesellschaft zur Quasi-Religion geworden ist, die allein mit Sinn erfüllt und dem Leben eine Bedeutung verleiht. Renz muss es wissen: Er hat selbst als Arzt und später als Geschäftsführer eines Verlags geschuftet, ehe er aus dem »Arbeitswahn« ausstieg und jetzt gemütlich als freier Autor tätig ist.

FALL 6-1: Die Karrierefrau, Teil 1

Die äußerst elegante, gut gepflegte 45-jährige Susanne Z. kommt zum Psychiater in die Wiener Himmelpfortgasse. Sie trägt Highheels mit Bleistiftabsätzen, hautenge Jeans und eine perfekt darauf abgestimmte Bluse. Groß, blond, lange Haare, Modelfigur: eine makellose Schönheit. Sie komme, weil sie sich leer und innerlich tot fühle. Es gehe ihr so schlecht, dass sie jetzt das fünfte Wochenende hintereinander im Bett verbracht habe. Der Psychiater hakt nach: »Die Wochenenden?« – »Ja, ich war noch nie im Krankenstand.« Unter der Woche habe sie sich in die Arbeit gequält. Sie arbeite seit elf Jahren im Top-Management eines Großkonzerns, der weltweit aktiv sei und zu den Marktführern im Bereich der Elektrotechnik und Elektronik zähle. In zwei bis drei Jahren werde sie wahrscheinlich wechseln. Obwohl sie mit ihrem Job sehr zufrieden sei, kämen ihr in letzter Zeit sogar Tränen in der Arbeit: »Ich fühle mich so blöd dabei – ich werde immer unfähiger.«

Auf Nachfragen und nach längerem Überlegen kann sie auch die Stundenzahl nennen, die sie pro Tag im Büro verbringt: durchschnittlich 13! Die Hausärztin habe sie

krankschreiben wollen, aber: »Das geht gar nicht. Das schaff ich nicht! Das muss auch anders gehen! O Gott, wie komm ich da raus?« Sie könne nicht zurückschrauben: Gründe dafür seien die Erwartungen der Kollegen, der klingende Name der Firma, der eigene Anspruch: »Ich schaff es nicht, E-Mails nicht anzuschauen.« Obwohl sie merke, dass ihr das nicht guttut. Ständig führe sie das Blackberry mit sich und checke E-Mails, auch im Urlaub. Ihre Urlaubsansprüche lasse sie teilweise verfallen, weil sie einfach nicht dazu komme, alles zu nehmen. In ihrer Position sei sie schwer ersetzbar, sie habe eben Verantwortung für die Firma und müsse deswegen immer präsent sein.

Auf die Frage nach einer Partnerschaft antwortet sie wie geistesabwesend: »Ja, die ist okay. Wir sind zwei Workaholics, wir sehen uns nicht oft. Er belastet mich nicht, aber unterstützt mich auch nicht.« Sie sei nie verheiratet gewesen, nicht religiös, habe auch keine Kinder: »Ich bin nicht so der Mutti-Typ, das geht mir nicht ab.« Der Rest der ersten Stunde vergeht mit dem Ringen um die Krankschreibung, das vorerst die Patientin gewinnt: Sie bleibt in der Arbeit, wolle aber ein wenig zurückstecken.

Susanne Z. diagnostiziert sich selbst als Workaholic. Ihr Outfit ist perfekt – selbst krank würde sie sich niemals ein nachlässiges Äußeres erlauben. Arbeit bestimmt ihr Leben, alles andere ist zur Seite gedrängt. Ständig muss Susanne Z. ihren Blackberry zücken, um E-Mails zu checken, muss erreichbar sein, selbst im Urlaub. Obwohl sie merkt, dass ihr das nicht guttut. Die technische Entwicklung hat dazu geführt, dass die Arbeit Besitz vom gesamten Leben ergreifen kann: Die berufliche E-Mail erreicht den Menschen heute überall – und seine Bearbeitung wird immer mehr vorausgesetzt. Susanne Z. hat nicht die Kraft oder den Willen, sich abzugrenzen. Noch nie im Krankenstand gewesen sein und den Urlaub teilweise verfallen lassen, das ist der Ehrenkodex eines Workaholics. Wie anders agieren doch die Faulenzer, die auf Steuerzahlerkosten an Staatsschreibtischen pennen und mit 55 Jahren in Frühpension gehen! Hohes Arbeitsethos ist an sich ausgezeichnet, nur bei Frau Z. wird es durch die perfektionistische Achillesferse zur Selbstbeschädigung.

Frau Z. ist schon vor längerem in die Spirale des Burnouts eingetreten. Der Erstbeschreiber dieses Phänomens, der US-amerikanische Psychoanalytiker Herbert Freudenberger, hat 1992 zwölf Stadien definiert. Im ersten Stadium macht sich der Betroffene mit einer hohen Dosis Perfektionismus selber Druck. Freudenberger beschreibt hier, was er selbst in den 1970er Jahren am eigenen Leib erlebt hat: einen überzogenen Selbstanspruch, die eigene Arbeit perfekt machen und für eben dieses hohe Niveau der eigenen Arbeit anerkannt sein zu müssen. Jeden Tag muss eine ausgezeichnete Arbeit abgeliefert werden. Bei Freudenberger persönlich war das seine psychotherapeutische Arbeit mit Drogenabhängigen. Bei Frau Z. ist es ihre Performance im Konzern. In der Folge – zweites Stadium – erhöht sich die Arbeitslast, weil die Betroffenen sich für unersetzbar halten. Weil nichts abgewiesen oder delegiert werden kann, nimmt die Arbeitslast weiter zu. Sorgfalt, Perfektionismus und Engagement werden zwanghaft. Die Burn-out-Kaskade steigert sich nach Freudenberger über Problemverleugnung (Stadium 6), die innere Leere (Stadium 10) bis zur völligen Erschöpfung im letzten Stadium.

FALL 6-1: Die Karrierefrau, Teil 2

In der zweiten Stunde starrt Susanne Z. in eine Ecke und erzählt vor sich hin: dass sie überhaupt keinen Antrieb mehr habe, dass sie nur sitzen und in die Luft starren wolle. Die Leute in der Firma würden sich sicher schon alle etwas denken, nur sage niemand etwas. »Ich habe ein großes Problem, Hilfe anzunehmen, ohne dass ich etwas gebe.« Und weiter: »Ich kann nicht mehr, schaffe die normalsten Dinge nicht mehr. Fühle mich hilflos und schwach ... so unfähig. Leute, die nichts hinkriegen, sind ihr Geld nicht wert. Ich fühle mich so schlecht.«

Weiter sinniert sie: »Ich kann nicht nein sagen. Ich kann nicht priorisieren. Ich kann auch nicht delegieren. Delegieren kostet Zeit.« Angesprochen auf das Delegieren, meint sie: »Es entspricht nicht meinem moralischen Verständnis, dass man delegiert. ... Wieso kann ich nicht nein sagen? ... Wieso muss ich alles möglich machen?«

Auf Nachfrage erzählt sie, dass sie sich auch privat mit niemandem mehr treffe. »Ich habe schon viele Freunde deswegen verloren. Aber ich habe keine Zeit, und es kann auch immer etwas sein. Die Leute habe kein Verständnis für meinen Job, das interessiert mich auch nicht mehr.« Immer wieder sei es passiert, dass sie Privattermine in der letzten Sekunde absagen oder abbrechen musste, weil sie in der Firma gebraucht wurde.

Seit wann sie diese Symptome habe? »Seit sechs Wochen, als ein Gespräch mit mir geführt wurde, dass ich mir eine neue Arbeit suchen möge, weil sich die Firma in spätestens zwei Jahren von mir trennen will.« Das sei eine enorme Kränkung gewesen: »Und ich dachte immer, es geht nicht ohne mich! ... Das ist unfair! ... Ich mache die Drecksarbeit, und jetzt soll ich gehen. Und die, die sich immer die Rosinen rauspicken, dürfen bleiben.« Die Patientin

wird emotional: »Wieso tu ich das eigentlich alles? Doch nur, damit alle sagen: Die gute Susanne! Die Arbeit war immer mein Lebensinhalt, ich habe ja keine Kinder, keine klassische Beziehung.« Sie bekomme Bestätigung nur in der Firma. Auch ihr Freundeskreis setze sich aus Leuten der Firma zusammen.

Der Rest der zweiten Stunde vergeht mit dem Ringen um einen Krankenstand. Der Psychiater schlägt als Kompromiss vor, in der folgenden Woche bereits um 15 Uhr nach Hause zu gehen. Susanne meint »Das geht gar nicht. Wer vor 21 Uhr geht, ist ein Spießer, das machen bei uns nur die Sekretärinnen und die Idioten vom mittleren Management.« Daraufhin akzeptiert sie die Krankschreibung.

Susanne Z. kann sich nur schwer helfen lassen. Denn das hieße ja, hilfsbedürftig zu sein, schwach, irgendwie defekt. Das kann sich der Perfektionist nicht eingestehen, es wäre das Eingeständnis des Scheiterns. Ihre Ideologie heißt: »Leute, die nichts hinkriegen, sind ihr Geld nicht wert.«

Der Mensch ist wert, was er arbeitet – damit letztlich, was die anderen von ihm denken. Das Selbstbild orientiert sich am Fremdbild. Perfektionisten können weder delegieren – denn sie glauben, alles selbst am besten zu machen – noch Prioritäten setzen. Frau Z. berichtet dann auch von ihrem sozialen Rückzug zugunsten ihrer Firma. Immer wieder sei es passiert, dass sie Privattermine in der letzten Sekunde absagen musste, weil sie in der Firma unabkömmlich gewesen sei. Und sie wundert sich, dass ihre Umgebung kein Verständnis für ihren Job hat. Wahrscheinlich sind scharfsichtige Ratschläge ihrer Familie auf eine Mauer der Beratungsresistenz gestoßen. Die Firma ist ihre zentrale Bezugsperson, und wer sich dazwischen- oder gar entgegenstellt, wird abgewertet und »entsorgt«. Klar, denn sie erfährt ihre Bestätigung inzwischen nur mehr dort. Auch ihr »Freundeskreis« setzt sich nur noch aus Leuten der Firma zusammen.

Im dritten Burn-out-Stadium werden typischerweise grundsätzliche Bedürfnisse außerhalb der Arbeit vernachlässigt, wozu die Zeit für Freunde und Familie gehört, aber auch die Zeit für Schlafen und Essen. Neben der heroischen Aufgabe der Arbeit gelten derartige Bedürfnisse als nebensächlich und vernachlässigenswert. Viele Unternehmen werben heute mit flachen Hierarchien, »motivierten« Teams und vielfältigen Chancen zur Selbstverwirklichung. Das Leben wird mehr und mehr auf das Firmenleben reduziert. Die Erwerbstätigkeit ist alles – mit einer klaren Quantifizierbarkeit seiner Wertigkeit: man ist wert, was man verdient. Aus einem hochbezahlten Job aussteigen und weniger verdienen ist demnach reine Selbstverstümmelung, und wer aus der Erwerbstätigkeit ganz aussteigen würde, der wäre dementsprechend völlig wertlos.

Eine bemerkenswerte Überheblichkeit, die eigentlich gar nicht so recht zu ihr passt, kommt zum Ausdruck, wenn Susanne Z. definiert, wer ein Spießer ist: Sekretärinnen und die »Idioten vom mittleren Management«. Das ähnelt frappierend der Verachtung Friedrich Nietzsches für »Menschen ohne Sehnsucht« oder »finale Spießer«. Susanne Z. beginnt, aufgrund ihres Leistungsdenkens Menschen zu übersehen.

FALL 6-1: Die Karrierefrau, Teil 3

In der dritten Stunde denkt Susanne Z. über den Krankenstand nach, den ihr der Psychiater auferlegt hat: »Es ist schwer auszuhalten, dass man zu Hause sitzt und keinen Nutzen stiftet. Ich fühle mich so sinnlos.« Das Gespräch kommt auf ihre Kindheit: »Als Kind habe ich sehr unter Nichtbeachtung gelitten. Ich durfte nie laut sein. Ich hatte zwei junge, berufstätige Eltern, bei ihnen musste ich funktionieren. Beide wollten etwas Besonderes sein.« Trocken fügt sie an: »Das ist ihnen aber nicht gelungen.« Sie habe eine ausgesprochen schlechte Beziehung zu ihren beiden Eltern. In der Grundschule sei sie einmal von zu Hause weggelaufen und habe sich in einem Rohbau der Nachbarschaft versteckt, »bis mich wer sucht«. Aber es habe sie niemand gesucht. Bei Dunkelheit sei sie dann zurückgeschlichen – keiner habe ihre Abwesenheit überhaupt bemerkt. »Dies deute ich so, dass es mir bis heute sehr wichtig ist, dass ich nicht übersehen werden will!« Sie sei auch immer eine sehr gute Schülerin gewesen und habe immer alleine gelernt. »Als Kind war ich nur perfekt.« Die Mutter sei trotzdem brutal zu ihr gewesen: »Sie hat mich, meine Art, mein Wesen nicht leiden mögen, immer hat sie mich kritisiert. Mein zurückhaltender Charakter hat ihr nicht gefallen.« Es sei schon immer eine lieblose Mutter-Tochter-Beziehung gewesen. Die Mutter habe ihr auch immer wieder prophezeit: Keiner werde sie mögen.

Angesprochen auf die Firma – sie sei ja jetzt schon eine Woche im Krankenstand –, meinte sie: »Sie rufen mich gar nicht an. Ich sehe, dass es auch ohne mich geht. Es fällt mir schwer, das zu akzeptieren! Entweder ist meine Arbeit so unbedeutend, dass sie irgendwer machen kann, oder die haben nicht kapiert, was ich mache.« Sie beginnt, von der Firma zu erzählen: »Ich fühle mich dort

besonders zu den jungen Leuten hingezogen. In der Firma bin ich so etwas wie die Mama für die Jungen. Ich wollte nie ein Kind um des Kindes willen.« Danach erklärt sie die Firmenstruktur näher. Auf Nachfragen des Psychiaters erkennt sie selbst erst erschrocken, dass sie laut Organigramm eindeutig dem mittleren Management zugeordnet ist, sehr zur eigenen Verwunderung.

Sowohl der psychologische Faktor »Neurotizismus« als auch die »Gewissenhaftigkeit«, die beide mit dem Perfektionismus zusammenhängen, sind zu etwa 50 Prozent genetisch determiniert. So kann eine gewisse Neigung zum Perfektionismus angeboren sein. Ihre Eltern dürften selber Perfektionisten gewesen sein: Beide wollten durch ihren Beruf »etwas Besonderes« darstellen. Das Kind wurde dem Beruf untergeordnet und musste funktionieren. Was es dann auch tat. Frau Z. bringt das in den Zusammenhang mit dem Nicht-übersehen-werden-Wollen und erzählt zur Verdeutlichung die dramatische Geschichte der unbemerkten Flucht. Als Kind war Susanne Z. schon »perfekt«, um den Liebesentzug möglichst zu vermeiden.

Eine lieblose Mutter-Tochter-Beziehung kann allein schon den tiefen Wunsch hervorrufen, immer zu gefallen, den Erwartungen anderer zu entsprechen, nicht kritisiert zu werden. Denn die Mutter »hat mich immer nur kritisiert«. Und besonders einprägsam die »Prophetie« der eigenen Mutter: »Keiner wird dich mögen!« Die Angst vor Ablehnung lässt sich bei Frau Z. plausibel mit dieser unerfreulichen Dynamik in der Kindheit erklären, gepaart mit einer genetischen Vulnerabilität. So konnte sich in ihr ein krankhaft übersteigertes Leistungsdenken entwickeln, nach dem nur zählt, wer Tadelloses vorzuweisen hat. Wer dem nicht genügt, muss befürchten, abgelehnt und ausgestoßen zu werden.

FALL 6-1: Die Karrierefrau, Teil 4

In der vierten Stunde klagt Susanne Z.: »Es geht mir nicht sehr gut: Ich bin leer. Ich fühle mich unnütz im Krankenstand: Ich habe noch nie nicht gearbeitet, ohne wirklich krank zu sein.« Von selbst kommt sie auf das Thema zurück, nur dem mittleren, nicht dem Top-Management anzugehören: »Das stört mich zu 90 Prozent nicht. Es bedeutet weniger Risiko, aber auch weniger Gehalt.« Im Arbeitsalltag fühlt sie sich weiterhin eher zum Top-Management gehörig: Die im mittleren Management sind halt »alle zu blöd«. Immer wieder kommt Susanne Z. auf die Kränkung durch die angekündigte Kündigung zu sprechen – auch wenn die erst in einiger Zukunft wirksam wird. Kindheitserinnerungen: Die Eltern ließen sich scheiden, da war die Patientin 15 Jahre alt. Der Vater sei eher ein Einzelgänger gewesen, die Mutter das Gegenteil. Die Mutter habe ihren Mann immer verachtet. Und ihre Tochter auch. Fröhlich sei sie nur vor anderen gewesen. »Sie hat mir immer zu verstehen gegeben, welch unsympathischen Charakter ich habe: lacht nicht, redet nicht – hat keine Freunde. Ich hadere heute noch damit, was sie mir alles eingeredet hat: hämmer, hämmer, hämmer.« Dabei schlägt sie sich selbst dreimal hart auf den Kopf. »Krumme Zehen, zu große Knie, zu breite Hüften, zu breite Schultern, Sommersprossen, gewellte Haare ... Sie war als Mutter unfähig ... Ich habe ihr nicht vergeben, ... jetzt ist sie von schlechtem Gewissen zerfressen und heult. Mich holt das immer wieder ein, was sie an mir verbrochen hat.«

Leistung ist für Susanne Z. alles, und ohne etwas zu leisten zählt sie in ihren eigenen Augen nicht: »Ich fühle mich unnütz. Ich habe noch nie nicht gearbeitet, wenn ich nicht wirklich krank war.« Bereits in den früheren Sitzungen äußerte sie, dass sie sich ohne Arbeit sinnlos fühlt. Ulrich Renz bezeichnet die innere Haltung, durch die sich Frau Z. in die Ecke manövriert sieht, als die »Ökonomisierung des Lebens«: Der Mensch definiert sich und seinen Wert heute viel zu sehr über seine Erwerbsarbeit. Früher war das eher typisch für eine männliche Selbstwertdefinition. Frauen konnten sich auch über andere Rollen definieren, zum Beispiel darüber, wie sie sich um Familie, Haus und Kinder kümmern. Weil sich heute beide Geschlechter hauptsächlich über ihre Erwerbstätigkeit definieren, werden alle anderen Rollen im Leben abgewertet. Wer seine Talente nicht so einsetzt, dass seine Firma, sein Unternehmen oder sein Amt daraus Gewinn schlagen kann, der verschwendet seine Talente, so etwa lautet der gesellschaftliche Mainstream. Im Juni 2014 thematisiert der *FOCUS* unter dem dramatischen Titel: »So beutet unsere Gesellschaft Mütter aus« das massive Ansteigen psychischer Erkrankungen bei Müttern durch zusätzliche außerhäusliche Erwerbstätigkeit.

Die Kündigung wirkt bei Susanne Z. deshalb so schwer kränkend, weil sie sich über ihre Unabkömmlichkeit selbst belügt. Denn die Patientin sieht sich als unersetzbar in der Firma – wie es nur eine Mutter in einer Familie sein kann. Sie selbst beschreibt sich bezeichnenderweise als die Mama der jungen Mitarbeiter. Darum reagiert sie richtiggehend verbittert, als sie diesbezüglich widerlegt wird – was eine weitere psychiatrische Diagnose darstellt. Die »posttraumatische Verbitterungsstörung« kann nach der Definition des Berliner Psychiaters Michael Linden als Folge von außergewöhnlichen, jedoch durchaus lebensüblichen Belastungen entstehen, die persönlich als kränkend oder herabwürdigend erlebt werden.

Bei Frau Z. treffen alle vier Kriterien für die Verbitterungsstörung zu: Erstens hält die Betroffene das auslösende Ereignis für ursächlich für ihren psychischen Zustand; zweitens empfindet sie subjektiv das Ereignis als ungerecht, beleidigend oder als Demütigung. Ein drittes Kriterium ist, dass die Reaktion der Patientin auf das Ereignis Gefühle der Verbitterung, Wut und Hilflosigkeit beinhaltet. Viertens reagiert sie mit emotionaler Erregung, wenn sie an das Ereignis erinnert wird. Ob das Ereignis eine objektive Ungerechtigkeit darstellt, ist für die Verbitterungsdiagnose unerheblich. Wichtig dafür ist allein, dass der Patient das Ereignis subjektiv als ungerecht empfindet. Susanne Z. ist verbittert – sowohl was ihre Kündigung betrifft als auch in Bezug auf ihre Mutter.

FALL 6-1: Die Karrierefrau, Teil 5

Eine Woche später spricht Susanne Z. davon, panische Angst vor Kritik zu haben. Sie habe Angst, Fehler zu machen, und Angst vor Ablehnung. Einmal habe sie einen Fehler gemacht: Sie habe per E-Mail ein falsches Formular abgeschickt. Daraufhin habe sie Schweißausbrüche bekommen, die Nackenhaare hätten sich aufgestellt, Herzklopfen, sie habe geweint. Ihr Ziel sei es jetzt, ihre Arbeit ohne Anspruch auf Perfektion abzuliefern und offen zu sein für Kritik. Plötzlich kommt ihr der Gedanke: »Madonna hat Millionen Fans, obwohl sie ein Luder ist –

und ich muss ständig die Gute sein.« Dann nachdenklich: »Ich bin nicht echt – was bin ich dann ...?«
Auch die Geschichte mit dem mittleren, nicht Top-Management lässt sie nicht los. Das sei eine Lebenslüge gewesen, das sehe sie jetzt immer deutlicher. »Aber ich wehre mich dagegen. Die Vorstellung, zu denen zu gehören (d.h. zum mittleren Management), ist ganz grauenhaft!« Erschreckt habe sie, als sie ihrem Lebensgefährten von der jüngsten Therapiestunde erzählt habe, dass auch er nicht gewusst habe, dass sie nur im mittleren Management sei, obwohl sie ihn diesbezüglich nie absichtlich belogen habe! Sie fände ihre Bestätigung halt nur in der Firma: »Ich bin als Kind nie wahrgenommen worden. Ich war nur unauffällig perfekt.« Ihre beruflichen Vorleistungen hätten den Sinn, »dass man mich nicht kritisieren kann ... Ich MUSS in der Firma geliebt werden!!!«

Susanne Z. hält eigene Schwächen, Fehler und Defekte nur schwer aus. In ihrem Alles-oder-nichts-Denken würde sie als fehlerhaftes Geschöpf ihre Existenzberechtigung in Zweifel ziehen. Der Kampf um die Fehlerlosigkeit – notfalls durch Verdrängung – steht also permanent auf der Tagesordnung. Für die Therapie ist es hilfreich, dass sie bereits ahnt, dass ihre Bauchgefühle – ihr inneres Dogma – irrational sind: Die Sängerin Madonna sei keineswegs perfekt und habe doch viele Menschen, die sie wertschätzen. Nach fünf Therapiestunden erkennt Susanne Z. bereits (mit dem Kopf), dass ein Fehler nicht den Untergang des Abendlandes bedeutet – aber sie spürt es noch nicht (im Bauch).

Was hinter ihrer Panik vor Fehlern steckt, ist ihre dominierende Angst vor Ablehnung in der Firma. Ablehnung, die sie im Privatbereich erfährt, stellt für sie kein so großes Problem dar. Weil sowohl der Partner als auch Familie und Freundeskreis von ihr ohnehin schon lange abgewertet wurden und sie deren Ansprüche an sie den Belangen ihrer Firma nachordnet. Der Motor ihrer Handlungen ist Angst, obwohl sie zunächst einen selbstsicheren und stabilen Eindruck vermittelt.

Grundannahmen nennt man in der Verhaltenstherapie Einstellungen und Wertorientierungen, die dazu dienen, sich über eine lange Zeit hin kohärent verhalten zu können. Anhand der meist unbewussten Grundannahmen über sich selbst kann man erkennen, wie sich jemand selbst sieht und wo er besonders verletzlich ist. Diese existenziellen Stützen sind oft einseitig und damit labil und gefährdet. Je weiter eine Grundannahme von der Realität abweicht, desto leichter wird sie irgendwann verletzt. Eine offensichtliche Dissonanz zwischen Grundannahme und Realität nennen wir Selbstbetrug. Die Grundannahmen der Susanne Z. lauten: Diese Firma kommt ohne mich nicht zurecht, ich bin unersetzlich; ich bin eine Top-Managerin; der Beruf ist das Wichtigste im Leben; die Leute lieben mich nur, wenn ich viel leiste. In all dem wurde sie verletzt.

Sigmund Freuds »narzisstische Kränkung« beschreibt dasselbe Phänomen in einer ganz anderen Weltsicht: Je mehr sich das idealisierte Selbst (Grundannahmen) von der Realität entfernt, desto kränkbarer ist der Betreffende. Je mehr sich jemand also ein geschöntes Bild von sich und seiner Welt macht, desto schneller und desto tiefer fällt er in die Krise, wenn er schließlich mit der Realität konfrontiert wird.

FALL 6-1: Die Karrierefrau, Teil 6

In die sechste Sitzung kommt Susanne Z. bleich und noch stiller als sonst. »Ich muss Ihnen einen dunklen Punkt aus meiner Vergangenheit erzählen: Ich war vor elf Jahren schwanger. Das Kind habe ich wegmachen lassen ... in der neunten Woche.« Zwei Wochen nach dem Stellenangebot in ihrer Traumfirma habe sie erfahren, dass sie schwanger sei. Es folgten drei Wochen täglicher massiver Übelkeit. »Ich wollte ein vollwertiger Mensch für die Gesellschaft sein ..., die Abtreibung war ein gemeinsamer Entschluss mit meinem Lebensgefährten ..., am 4. Februar habe ich mein Kind abtreiben lassen, und am 7. Februar habe ich den Job angetreten.« Sie habe sich dann »voll in den Job hineingehängt«.

Die Patientin wird nachdenklich: »Wirklich verdaut habe ich das Thema immer noch nicht. Wo wäre ich heute mit einem Kind? Ich kämpfe immer noch mit mir. Mir fehlt das Kind eigentlich nicht: Aber hatte ich das Recht dazu? So was steckt man nie weg.« Langes Schweigen, Tränen. »Ich habe mein Kind meinem Job geopfert. Dieses Thema trage ich alleine.« Schweigen. »Ich hätte damals mehr Unterstützung von ihm erwartet, so nach der Art: Ich bringe unsere Familie durch. Er sagt, er hat mich leiden gesehen, deswegen hat er zugestimmt.« Schweigen. »Jeder Bauarbeiter ist in der Lage, ein Kind zu kriegen – ich nicht. Ich bin nicht der Mami-Typ: Ich kann schwer Kontakt zu Kindern knüpfen. Es ist so ein Schmerz ...« Langes Schweigen.

Der Psychiater fragt, was genau so schmerzhaft sei. »Dass es ein Teil von mir war. Dass ich genauso egoistisch war wie meine Mutter – die hat viele Abtreibungen gemacht. Es ist ein Akt der Nichtliebe, die gleiche Missachtung meines Kindes, wie meine Mutter mich missach-

tet hat. Der Schmerz hat mit meiner Vergangenheit zu tun.« Schweigen. »Ich hatte gehofft, dass mein Partner um das Kind kämpfen wird ... Ich hatte das Gefühl, dieses Kind will unbedingt leben: Damals wollte ich das nicht so sehen. Danach habe ich ihm das bei jedem Streit vorgehalten ... Er blockt das ab ... Dann wären wir eine Familie geworden ..., was wir jetzt nicht sind ... und ich nie hatte. ... Familie sein: Das hat mir immer gefehlt. Meine Mutter hat immer gearbeitet. Es ist ein Teil von mir, der fehlt. Zu Hause sein: Das wäre Geborgenheit gewesen. Das sehe ich erst jetzt: Genau das habe ich in der Firma gesucht. Die Firma ist der Ersatz für meine Familie.«

Aufgrund ihres Perfektionismus und der Ökonomisierung ihres Lebens ist die Schwangerschaft für Susanne Z. ein Schock. Wer nichts verdient, leistet nichts; wer nichts leistet, ist nichts wert: »Ich wollte ein vollwertiger Mensch für die Gesellschaft sein ...« Dann die dramatische Selbsterkenntnis: »Ich habe mein Kind dem Job geopfert.« Dann kommt wieder ein Leistungsgedanke auf, diesmal von der anderen Seite: »Jeder Bauarbeiter ist in der Lage, ein Kind zu kriegen – ich nicht.« In der Trauerarbeit vergleicht sie sich mit ihrer Mutter und spürt den Schmerz, dass sie genauso rücksichtslos gewesen sei wie ihre Mutter, die sie ja dafür verachtet.

Frau Z. ist ein Kind unserer Zeit: Wir befinden uns in einer Gesellschaft, für die Leistung sogar wichtiger ist als das Leben. Oder ein Leben nur dann sinnvoll und erfüllend sein kann – »lebenswert« –, wenn es zu permanenten Leistungen fähig ist. Ein Kind mit Down-Syndrom, sei es subjektiv auch noch so glücklich, wird heute generell bemitleidet, weil es leistungsmäßig immer unterdurchschnittlich sein wird. Das »Mitleid« geht so weit, dass nach der EUROCAT-Studie etwa 90 Prozent dieser Kinder abgetrieben werden. Andere Studien sprechen sogar von 95 Prozent. Eine tödliche Folge des Leistungsdenkens: Wenn mein eigenes Kind nie brillant sein kann, dann will ich es gar nicht. Da spielt sicherlich oft auch Selbstmitleid, die Angst vor einem Klotz am Bein und um die eigene Karriere mit. Das ist definitiv ein sozialer Irrtum: Erst die Rücksicht auf die Schwachen macht eine Gesellschaft menschlich. Am Wehrlosen erweist sich die Menschlichkeit.

Susanne Z. erinnert sich daran, sich gewünscht zu haben, dass ihr Lebensgefährte für das Kind kämpft. Sie wirft ihm nachher auch vor, dass er eine Familie verhindert habe – ihre größte Sehnsucht: »Zu Hause sein: Das wäre Geborgenheit gewesen. Das sehe ich erst jetzt: Genau das habe ich in der Firma gesucht. Die Firma ist der Ersatz für meine Familie.« Viele Burn-out-Patienten kommen zu dem Punkt, an dem sie erkennen, dass der Arbeitsplatz Familienersatz war – ein ineffizienter.

Frau Z. sehnt sich schon immer nach Geborgenheit und Familie. Sie erhofft das ersatzweise von der Firma und übersieht die große Chance, selbst eine Familie zu gründen. In einer Kurzschlussreaktion beendet sie die Realfamilie, weil die ihre Ersatzfamilie gefährdet. Das ging nur so lange gut, bis sich die Ersatzfamilie in der Kündigung als Nichtfamilie entpuppte. Ulrich Renz bezeichnet es als eine verlogene Floskel, wenn die Mitarbeiter zunehmend als »große Familie« bezeichnet werden: *»Dabei ist in einem Unternehmen das Gegenteil der Fall. Ein Familienmitglied gehört dazu, egal unter welchen Umständen. In einer Firma ist man nur zugehörig, solange man ihr von Nutzen ist.«*

Der »Übermensch« hat bei Nietzsche, dem Verachter des Gewöhnlichen und Durchschnittlichen, einen Überschuss an Willen zur Macht. Das befähigt ihn zur Selbstentfaltung. Moralische Fragen werden da sekundär, Rücksichtnahme gilt als ein Zeichen von Schwäche. Der Zweck heiligt die Mittel. Frei nach der Darwinschen Selektion predigte Nietzsche in der Tat ein »survival of the fittest«: Die Schwächeren werden vom Übermenschen aus dem Weg geräumt. Susanne Z. hatte dieses Credo des Sozialdarwinismus verinnerlicht.

Die Übermenschen-Phantasien Friedrich Nietzsches gingen so weit, dass er sogar vorschlug, man solle durch Züchtung und durch *»Vernichtung von Millionen Mißrathener«* den *»zukünftigen Menschen«* gestalten. Nietzsche plädiert dafür, dass die Menschheit als Masse dem Gedeihen einer einzelnen stärkeren Spezies Mensch geopfert werden könne. Ziel sei es, eine Herrenkaste zu züchten, welche zur Herrschaft über Europa berufen sei. Schließlich spricht er von der *»Partei des Lebens«*, welche die Höherzüchtung des Menschen und die Vernichtung alles *»Entartenden«* und *»Parasitischen«* in die Hand nehme. Klingt irgendwie bekannt …

FALL 6-1: Die Karrierefrau, Teil 7

Ab der siebten Sitzung beginnt Susanne Z., lebendig zu werden und aufzublühen. Im Krankenstand fängt sie an, alte Freundschaften aufzufrischen und private Kontakte zu knüpfen. Das ist für sie eine ganz neue Erfahrung. Sie lernt, Dinge zu tun, die nicht direkt leistungsbezogen sind, bei denen sie nicht im Leistungsvergleich steht. Sie erkennt, dass ihre Partnerschaftsprobleme, die sie lange nicht wahrnehmen wollte, durch ständiges Vergleichen

mit ihrem Lebensgefährten zustande gekommen waren: »Immer mehr leisten zu müssen als er, mehr verdienen ...« Sie erkennt, dass sie eigentlich Sehnsucht danach hatte, ein Familienleben zu führen: »Ich forderte manchmal, dass er sagt: Du musst nicht mehr arbeiten. Erst nach dem Ereignis (der Abtreibung) habe ich damit begonnen.« Daraufhin sei es immer zum Streit gekommen.

Zu ihrer Arbeit analysiert sie: »Ich arbeitete bisher immer nur lustbetont.« Sie erledigte Dringendes vor Wichtigem. Ihre Emotionen seien während der Arbeit in Unordnung. Da sei Ablenkbarkeit, damit Oberflächlichkeit. Sie brauche Entschleunigung. Ihr Ziel sei mehr innere Freiheit vom Urteil anderer. »Ich weiß nicht, wo zu viel oder wo zu wenig ist, ich habe kein Maß. ... Alltag ist für mich so mittelmäßig, normal, das klingt für mich ganz schlecht.« Die Patientin lernt das Thema Tugend nach Martin Seligman kennen, besonders die Tugend der Gerechtigkeit: Jedem das Seine geben, auch der Firma. Die Firma zahle schließlich nur für eine definierte und begrenzte Leistung, nicht für die Hingabe des Lebens.

In der Folge erlaubt der Psychiater der Patientin, den Krankenstand zu beenden, empfiehlt ihr aber, um 14 Uhr pünktlich das Büro zu verlassen, egal wie viel Arbeit noch wartet. Diese Regelung wurde auch mit dem Vorgesetzten der Patientin abgesprochen. Nach fünf Monaten Therapie fasst Susanne Z. kurz vor Therapieende ihren Erfolg und ihre Erkenntnisse zusammen: »Ich mache jetzt maximal zwei Überstunden pro Woche und schaffe denselben Output. ... Eine Stunde Arbeitszeit ist jetzt viel mehr wert. ... Nach sieben Stunden im Büro gehe ich jetzt ohne schlechtes Gewissen nach Hause ..., und die Leute akzeptieren das. ... Was mir am meisten hilft: Beim Tun und Handeln die Emotionen rausnehmen. Ich habe Gefühle, aber die

kann ich dosieren. Deswegen bin ich mehr bei der Sache. ... Ich habe jetzt eine innere Distanz, aber positiv, keine Wurstigkeit!« Und am wichtigsten: »Ich habe akzeptiert, dass ich nicht überall dabei sein muss, wo Rauch aufsteigt. Ich gebe etwas auf, verzichte auf was, aber das muss ich tun, um weiterzuleben.« Und zum Schluss: »Ich war im Büro zu Hause. Ich habe die Geborgenheit einer Familie gesucht, die dort nicht zu finden ist. Deswegen habe ich mich so weit verbogen, ohne es selbst zu merken.«

Susanne Z. hat erkannt, dass der Schein nicht alles ist und der eigene Wert nicht von der »Wertschätzung« anderer kommt. Sie entdeckt die ungeordnete Organisiertheit in ihrer Arbeit als eine der Ursachen für den Zusammenbruch. Dadurch, dass die Firma nicht mehr ihre Familie ist, kann sie sie pünktlich und ohne schlechtes Gewissen verlassen.

Karōshi – das Sich-zu-Tode-Schuften

Susanne Z. hat die Kurve gekratzt, aber andere schaffen das nicht. Als Karōshi wird in Japan der plötzliche Tod durch Überarbeitung bezeichnet. Todesursache ist meist ein durch beruflichen Stress ausgelöster Herzinfarkt, eine Gehirnblutung oder ein Schlaganfall. Jährlich erkennen Japans Behörden etwa 150 Fälle von »Karōshi« an. Die Diagnose berechtigt die Angehörigen, Hinterbliebenenrente zu beziehen. Das amtliche Kriterium für Überarbeitung liegt bei 100 Überstunden im Monat vor dem Tod. Oder durchschnittlich 80 Überstunden während der letzten sechs Monate. Der erste Fall von

Karōshi wurde 1969 gemeldet, als ein 29-jähriger verheirateter Arbeiter in der Versandabteilung der größten japanischen Zeitung an einem Schlaganfall starb. Die Medien wurden jedoch erst Ende 1980 auf dieses Phänomen aufmerksam, nachdem mehrere geschäftsführende Manager im mittleren Alter ohne vorherige Anzeichen einer Erkrankung plötzlich starben. Dieses Phänomen wurde als Karōshi bezeichnet, und als 1987 die öffentliche Sorge darüber zunahm, begann das japanische Arbeitsministerium mit der Veröffentlichung von Karōshi-Statistiken. Mittlerweile ist es in Japan anerkannt, dass Arbeitnehmer nicht über Jahre hinweg sechs bis sieben Tage pro Woche mehr als zwölf Stunden täglich arbeiten können, ohne körperlich und geistig darunter zu leiden.

Der prominenteste Karōshi-Fall hierzulande war Moritz Erhardt. Der begabte, ehrgeizige Deutsche gehörte im Sommer zu den besten Praktikanten bei der Investmentbank Merrill Lynch, die ein Teil der Bank of America ist. Kurz vor Ende seiner siebenwöchigen Dienstzeit kollabierte der 21-Jährige in der Dusche und starb. Andere Praktikanten berichteten, Erhardt habe vor seinem Tod 72 Stunden praktisch am Stück gearbeitet, unterbrochen nur von kurzen Pausen zum Essen und Duschen. Der Fall ging durch die Medien. *Spiegel online* schreibt: *»Moritz Erhardt wollte in der Finanzindustrie Karriere machen und tat offenbar alles dafür. Er ergatterte einen der begehrten Praktikumsplätze bei einer Londoner Großbank. Dort habe sich der ehrgeizige Überflieger richtig in die Arbeit gekniet, härter geschuftet als andere, 15 Stunden am Tag und mehr, so erzählten es Mitpraktikanten und Menschen, die ihn kannten. Am 15. August 2013 wurde der 21-Jährige tot in seiner Londoner Unterkunft aufgefunden. Wegen Moritz' Ehrgeiz wird nun* *spekuliert, er habe seine Leistungsgrenzen überschritten und sei an Überarbeitung gestorben.«*

Zwei Jahre vor seinem Tod schrieb Moritz Erhardt in einem Motivationsschreiben, um an der Elitehochschule Otto Beisheim School of Management (WHU) zu studieren: »Ich glaube, dass ich als Mensch mehr Erfolg haben werde, wenn ich mich auf ein einziges Ziel konzentriere. Konkret gesprochen: Mein primäres Interesse besteht darin, mich selbst kontinuierlich zu verbessern und nach Exzellenz zu streben.« Die Eltern beschreiben ihn als einen Jungen, der immer der Beste sein wollte. Es wirkte, als führte Moritz ein Leben in der Zukunft. Er wusste vor dem Abitur, was er wo studieren wollte, hatte einen Notenschnitt von 0,8 und war der Jahrgangsbeste auf dem Faust-Gymnasium. Er bekam Preise für seine Leistungen in Englisch, Mathematik und Französisch. Moritz wollte ein guter Sohn, Bruder und Schüler sein, der perfekte Junge mit dem bestmöglichen Leben. In seinem Laptop fand sich ein Spruch von Marilyn Monroe: *»I don't want to make money, I just want to be wonderful.«* Eine weitere Selbsteinschätzung von Moritz Erhardt, die er im Internet postete: »Ich bin schon früh äußerst konkurrenzbetont und ehrgeizig gewesen. Manchmal war ich allerdings etwas zu ehrgeizig, was Verletzungen zur Folge hatte. Ich habe versucht, einen Schritt nach dem anderen zu machen.«

Moritz Erhardt könnte eine perfektionistische Persönlichkeitsstruktur gehabt haben. Sein trauriges Schicksal ist jedenfalls der Gipfel des Eisbergs einer perfektionistischen Gesellschaft, in deren Werteskala die Leistung höher rangiert als das Leben. Auch Sonja K. ist ein Kind unserer Zeit, wenngleich in bei weitem harmloserer Ausprägung:

FALL 6-2: Der verzogene Fratz

Die 20-jährige Wirtschaftsstudentin Sonja K. kommt zum Psychiater, weil sie seit ihrer Kindheit unglücklich sei. Dieses Gefühl schwanke zwar stark, aber so richtig glücklich sei sie ihr ganzes Leben lang nicht gewesen. Bei der Problemschilderung lächelt sie ständig. Besonders quäle sie, dass sie ständig über »völlig sinnbefreite Sachen« nachdenke. Zum Beispiel, dass ihre Mutter morgen sterbe. Dann überlege sie zwei Stunden lang, wie dann alles ablaufen würde, was dann wer zu ihr sagen würde und wie das Begräbnis abgehalten würde. Medikamente hätten ihr gar nicht geholfen, jetzt wolle sie eine Psychotherapie versuchen. »Manchmal sitze ich zu Hause und habe Angst, das Telefon abzuheben oder die Post zu öffnen. ... Und das Schlimmste ist, mit eigenen Fehlern konfrontiert zu werden.« Frau K. gibt an, unzufrieden mit ihrem Aussehen zu sein: »Ich schließe von vornherein aus, dass ich begehrenswert bin.«

In der dritten Sitzung formuliert die Patientin die Angst, dass der Therapeut sie für einen »verzogenen Fratz« hält. Schon in ihrer Kindheit sei ihr von Gleichaltrigen vorgehalten worden: Wir sind arm, du bist reich. »Das macht mich heute noch wild!« Ihre aggressive Standardantwort sei gewesen: »Meine Eltern haben auch etwas dafür getan!« – Das sei dann regelmäßig in Streit ausgeartet. Der psychodynamische Hintergrund: Die Eltern arbeiteten so viel, dass sie in der Kindheit der Patientin wenig präsent waren. Die ehrgeizige Mutter habe viele Schulden gemacht, um ein Firmenimperium aufzubauen. Der Vater habe zwar genug Geld gehabt, um es seiner Frau zu geben. Aber die perfektionistische Mutter wollte seine finanzielle Unterstützung auf keinen Fall. »Meine Mutter war überall die Beste, wollte immer unabhängig sein. ... Wenn sie nach

zwölf Stunden Arbeit nach Hause gekommen ist, war sie fertig und hat uns Kinder nicht mehr ausgehalten. – Das habe ich ihr sehr übel genommen. Heute versteh ich das: Karriere ist für eine Frau ganz wichtig. ... Meine Mutter ist eine totale Perfektionistin – das habe ich von ihr übernommen. ... Ich will unter keinen Umständen so ein Familienleben haben wie meine Mutter, habe aber Angst vor Abhängigkeit. Ich muss Karriere machen und habe jetzt schon Angst, dass ich es nicht schaffe. Wenn ich bis dreißig nicht erfolgreich bin, nehme ich mir das Leben.« Der »Reichtum« hat der Patientin in der Kindheit die Eltern weggenommen und so das Leben schmerzhaft gemacht.

Das Nachdenken über »völlig sinnbefreite Sachen«, das sind Zwangsgedanken, die sich Sonja K. aufdrängen. Die Perfektionismus-Diagnose kann schon mit dem Satz »Und das Schlimmste ist, mit eigenen Fehlern konfrontiert zu werden« gestellt werden. Auch bei ihr dürften eine erbliche und erzieherische Komponente vorhanden sein: Zumindest die Mutter leidet ebenfalls an Perfektionismus. Sie erkennt die Defizite ihrer Erziehung – aber hat doch die inneren Dogmen von ihrer Mutter übernommen. Einerseits bewundert sie ihren Erfolg (»Meine Mutter war überall die Beste, wollte immer unabhängig sein«), andererseits nimmt sie deren Scheitern als Mutter wahr (»Wenn sie nach zwölf Stunden Arbeit nach Hause gekommen ist, war sie fertig und hat uns Kinder nicht mehr ausgehalten«). Der Satz »Ich muss Karriere machen und habe jetzt schon Angst, dass ich es nicht schaffe. Wenn ich bis dreißig nicht erfolgreich bin, nehme ich mir das Leben« ist so erschreckend, dass er gar nicht erfunden werden kann. Er könnte von Moritz Erhardt stammen.

Kapitel 7

Schlankheitswahn und Gesundheitswahn

Laut neuester Umfragen will im Schnitt jedes Mädchen unter 18 Jahren fünf Kilo abnehmen und nur eines von 15 ist mit seiner Figur völlig zufrieden. Dieser Irrsinn ist so bekannt, dass wir uns offenbar daran gewöhnt haben. In welch unmenschliche Folterbank werden die Jugendlichen heute von der Gesellschaft eingespannt? In keiner Zeit unserer Kulturgeschichte wurde so viel Druck auf die Intimität junger Menschen ausgeübt – noch nie war der Druck so sinnbefreit, die Forderung so unnatürlich, das MUSS so moralinsauer.

Haare, Lippen und Augen sind jene Körperteile, die junge Frauen den besagten Umfragen nach noch am ehesten an sich mögen. Gleichzeitig sind es jene Regionen, die sie am einfachsten durch Färben, Schminken, Haarezupfen etc. selbst verändern können. Tatsächlich gibt es wenige weibliche Wesen, die mit ungefärbtem Haar auf der Straße angetroffen werden können. Brust, Bauch und Oberschenkel sind hingegen die Körperteile, die am stärksten abgelehnt werden. Und da wird gehungert oder operiert.

Der Leib wird zum manipulierbaren Körper reduziert, zur Maschine, die optimiert werden kann. Dass der Mensch aber sein Leib ist – dass er nicht nur einen Körper »hat«, wie er ein Auto »hat« und eine Wohnung –, das ist nicht mehr im allgemeinen Bewusstsein. Unbewusst und unreflektiert sind wir in eine neue Leibfeindlichkeit geschlittert: Die Ablehnung des eigenen, naturgegebenen Leibes kommt einer Selbstablehnung gleich. Die Grenze zwischen der gesunden Verschönerung des natürlichen Leibes und der zwanghaften Manipulation desselben wird oftmals nicht mehr wahrgenommen.

Der Schlankheitswahn

Magersucht, auch »Anorexia nervosa« genannt, ist eine der Folgen eines solchen Denkens. Sie ist zu 95 Prozent eine weibliche Domäne. Die anorektische Frau leidet an der sogenannten »Körperschemastörung«: einer veränderten Wahrnehmung des eigenen Leibes. Sie nimmt sich trotz Untergewichts als viel zu dick wahr. Ihr MUSS ist das ständige weitere Abnehmen, ein Körper ohne jeglichen Fettanteil. Ihr perfektionistisches Selbstwertgefühl hängt nicht nur von ihren Leistungen in Beruf, Hobby oder Privatleben ab (wie bei den übrigen Perfektionisten), sondern besonders stark auch von der Fähigkeit, das Körpergewicht kontrollieren zu können. Die Gedanken sind eingeengt und kreisen stets angstvoll um die Themen Ernährung, Gewicht und Körperschema.

Magersüchtige Patientinnen leiden an den perfektionistischen Paradoxa: Sie lehnen das Essen ab und beschäftigen sich mehr damit als die meisten Gourmets. Sie lehnen ihren Leib ab, konzentrieren sich jedoch in ihrem ganzen Denken und Handeln auf ihn. Sie wollen unabhängig sein, verhalten sich jedoch so, dass ihre Familie sie nahezu zwangsläufig kontrolliert.

Das äußere Kennzeichen der Anorexie ist eine erschreckend magere Erscheinung, die in erster Linie durch Hungern erreicht wird. Besonders Nahrungsmittel, die als »fett machend« angesehen werden, werden weggelassen. Manche beschleunigen ihre Gewichtsabnahme durch selbst ausgelöstes Erbrechen, missbräuchliches Einnehmen von Appetitzüglern, Laxantien (Abführmitteln) oder Diuretika, Verwendung von Klistieren oder exzessive sportliche Betätigung. Das äußere Kennzeichen der Anorexie ist die geistige Enge: eine ängstliche Starrheit und Beratungsresistenz, wie wir sie bei anderen Perfektionisten auch kennen. Die offensichtliche Wirklichkeit kann nicht mehr wahrgenommen werden und weicht einem phantasierten Selbstbild, das immer weniger Realitätsbezug hat.

FALL 7-1: Die Selbstachtung, die mir zusteht

Die 17-jährige Jaqueline F. schreibt ihrem Psychiater diese hochreflektierten Zeilen: »Ich kann mir einfach nicht vorstellen, die Kontrolle über mein Essen und Abnehmen zu verlieren. Die Vorstellung, mich nicht mehr abends wiegen zu dürfen, macht mich wahnsinnig. Selbst wenn ich weiß, dass es ein schlechter Tag war, das heißt, dass ich zu viel gegessen habe und dass der Blick auf die Waage mich in tiefe Verzweiflung stürzen wird: Ich muss wissen, wie viel Selbstbewusstsein mir zusteht, wie sehr ich mich verachten muss. Ich muss den Grad meiner Schwäche oder Stärke regelmäßig kontrollieren können. Aber vor allem kann ich den Gedanken nicht ertragen, zuzunehmen. Der Blick auf meine Rippen und das Befühlen meiner Schlüsselbeine oder Beckenknochen und das Umfassen meiner Oberschenkel erzeugen bei mir ein absolutes gefühlsmäßiges High. Die eigenen Ecken mit Händen fühlen zu können ist das Erfolgserlebnis meiner asketischen Anstrengungen. Mit einem Gewicht von weniger

als 43 kg und flachem Bauch gefalle ich mir. Ich kann mir nicht vorstellen, meinen Körper wieder so abstoßend hässlich und fett zu finden. Aber es beginnt schon, ich habe schon wieder zugenommen, und das erfüllt mich mit Panik. Wer bin ich, wenn ich mich nicht mehr im Griff habe?«

Wie viel Reflexionsarbeit und Selbstüberwindung notwendig ist, um solch eine brillante Selbstanalyse abzugeben, ist schwer nachvollziehbar, wenn man mit dieser Erkrankung nicht öfter zu tun hat. In der Tat ist Jaqueline zum Zeitpunkt dieser Zeilen schon sehr weit in ihrer Entwicklung – weg von der Essstörung. Denn sie beschreibt bereits präzise, was bei vielen unausgesprochen bleibt. Und was nicht ausgesprochen werden kann, kann auch nicht mit dem Kopf kognitiv bearbeitet werden. Was aber nicht reflektiert werden kann, kann auch nicht willentlich verändert werden. Anhand dieser und ähnlicher Zeilen gewinnt Jaqueline F. schließlich den Kampf gegen ihre Essstörung, weil sie die massive Unfreiheit erkennt, in die sie ihre Bauchgefühle und falschen inneren Dogmen (»Ich bin nur wertvoll, wenn ich wenig wiege«) treiben.

Beeindruckend ist, wie eindimensional essgestörte Patienten ihr Leben über den Leisten brechen. Ihr Blickwinkel hat sich auf das Gewicht verengt, und das Denken verkümmert schablonenartig. Nichts Persönliches, Individuelles, Intellektuelles oder gar Originelles hat darin noch Platz. Damit kann Jaqueline F. die eigenen Stärken und Schwächen, das Selbstbewusstsein, das »einem zusteht«, oder das Maß der »verdienten« Selbstverachtung mit einem kurzen Blick auf die Waage feststellen. Am Schluss der Fallstudie tritt der Motor all dieser unmenschlichen Anstrengungen deutlich zutage: die panische Angst um sich selbst, die sich schnell zur Existenzangst steigert: »Wer bin ich noch, wenn ich zunehme?« Jaqueline F. erkennt sich als in ihrer Essstörung eingekerkert, und das blockiert ihre geistige und seelische Entwicklung sowie ihre Beziehungsfähigkeit.

Magersüchtige Mädchen können sich selbst nicht so annehmen, wie Gott sie geschaffen hat. Denn er hat sie üppiger geschaffen, als sie das wollen. Das wird in den meisten psychologischen Studien missverständlicherweise als »niedriges Selbstwertgefühl« subsummiert. Diese Analyse greift zu kurz: Wie Jaqueline F. brillant analysiert, ist ihr Selbstwertgefühl ausschließlich davon abhängig, was sie geleistet hat: »Ich muss wissen, wie viel Selbstbewusstsein mir zusteht, wie sehr ich mich verachten muss.« Das sogenannte »Selbstwertgefühl« wird also durch pathologisches Abnehmen erhöht – also kann das niedrige Selbstwertgefühl nicht das ursächliche Problem für eine Essstörung sein.

Der psychopathologische Schlüssel ist vielmehr, dass die Selbstannahme von der Leistung abhängt: Mit mangelnder Leistung phantasiert man sofort die Abwertung und Ablehnung der anderen. Das ist aber nicht nur das persönliche Drama des anorektischen Mädchens von nebenan, das ist der Denkfehler einer perfektionistisch gewordenen Gesellschaft. Durch den Verlust vieler Werte ist wenig übrig geblieben: Während dem Workaholic seine berufliche Leistung der Maßstab für die Selbstannahme ist, bedeutet für das pubertierende Mädchen ihre Abnehmleistung die einzige fassbare Begründung ihres Wertes als Mensch. Das »innere Dogma« lautet: Ich werde nur geliebt, wenn ich dünn bin. Und je dünner, desto mehr werde ich geliebt. Der Mensch ist aber definitiv nicht das wert, was er wäg- und messbar leistet.

So stellt das rasante Zunehmen der Essstörungen in den vergangenen 40 Jahren eine ganze Gesellschaftsphilosophie in Frage: Auch bei gesunden Menschen wird der Selbstwert heute stark davon beeinflusst, wie attraktiv man sich selbst beurteilt. In entsprechenden Untersuchungen haben Übergewichtige ein geringeres Selbstwertgefühl als Schlanke. In allen Studien zeigt sich, dass Aussehen, Figur und Gewicht eine zunehmend wichtige Rolle in der sozialen Bewertung haben und demnach die Selbsteinschätzung prägen. Es ist heute wissenschaftlich erwiesen, dass schon junge Mädchen vor der Pubertät sich an dem gegenwärtigen untergewichtigen Schlankheitsideal orientieren.

Die kranke Gesellschaft

Essstörungen sind interessanterweise erst in den 1980er Jahren zum Massenphänomen geworden, gemeinsam mit dem Hype um die spindeldürren Models. Das in unseren Breiten vorherrschende Schlankheitsideal schreibt in der Zwischenzeit ein Gewicht vor, das unter dem biologisch vorgegebenen Normgewicht der normalen Frau liegt. Das ist seltsam. Noch seltsamer ist, dass es keiner mehr seltsam findet. Schlanksein ist höchst bedeutsam für Attraktivität geworden, und diese Botschaft wird durch entsprechende Vermarktung über Medien, Modezeitschriften, die Schlankheitsindustrie und neuerdings in zunehmendem Maße auch durch die plastische Chirurgie transportiert. Um erfolgreich zu sein, ist es für eine junge Frau nahezu ein MUSS, schlank zu sein. Und auch das Zauberwort »Erfolg« wird mehr und mehr zum MUSS: Welche Frau darf sich denn noch wünschen, sich »nur« (d.h. hauptberuflich) um ihren Mann und ihre Kinder kümmern zu dürfen? Hier entwickelt sich ein neues Tabu, das krankhaftes Denken offenbart.

In Modezeitschriften werden Diäten als Mittel zum Erreichen dieses Ideals angepriesen. Nach neuesten Studien weisen Mädchen umso mehr pathologische Abmagerungsstrategien auf, je häufiger sie Modezeitschriften konsumieren. Die Magersucht beginnt oftmals im Rahmen einer solchen Diät und wird durch die Anerkennung, die die Betroffene durch ihren schlanken Körper bzw. ihren Gewichtsverlust erhält, verstärkt. Studien haben gezeigt, wie intensiv und zwanghaft besonders junge Mädchen den körperlichen Vergleich suchen.

FALL 7-2: Die Tante, die es besser weiß

Anna L., eine 16-jährige Schülerin mit erheblichen Gewichtsproblemen und einem Body-Mass-Index von 17,8 erzählt in der Therapiestunde: »Ich hatte drei Kilo abgenommen. Meine 42-jährige normalgewichtige Tante Theresia hat mir daraufhin ein überschwenglich positives Feedback über meine Figur gegeben. Das hat mich zuerst total gefreut ... Doch dann habe ich mich an unsere Arbeit in der Therapie erinnert. Nach einigen Stunden Nachdenken und schwerem Ringen mit mir selbst ging ich zu ihr, um sie zu bitten, mir solche Komplimente nicht mehr zu machen, denn ich sei an der Kippe zur Magersucht, die Versuchung sei groß, ganz hineinzukippen, und ein solches Lob würde bei mir in die falsche Richtung gehen. Meine Tante sagte daraufhin: »Blödsinn, Fettleibigkeit

ist niemals schön, mir gefällst du dünner einfach viel besser. Warum sollte ich dir das nicht sagen dürfen? Ist doch was Nettes!«

Was in Tante Theresia vorgeht, ist schwer nachzufühlen. Viele Frauen in diesem Alter stehen in einem gigantischen inneren Ringen, und kleine Kommentare und harmlose Meinungen können so den Ausschlag geben und die Situation kippen. Vielleicht ist Tante Theresia selbst perfektionistisch und mag sich von ihrer kleinen Nichte nicht maßregeln lassen. Oder sie hat – wie Anna in der Analyse dieser Aussage später reflektiert – selbst ein Problem mit ihrem (Normal-)Gewicht.

Tante Theresia weiß jedenfalls nicht, dass für die gestörte Wahrnehmung des eigenen Körpers die Kritik von weiblichen Gleichaltrigen und älteren Familienangehörigen (Mutter, Großmutter, Tanten) eine große Rolle spielt. Gefürchtet ist das Mädchenturnen in der Schule. Da nehmen manche mit vorgeschobenen »Menstruationsschmerzen« lieber auf der Zuschauertribüne Platz, um von dort aus gnadenlos die Unförmigkeit der Turnerinnen auf den Arm zu nehmen. Soziale Verspottung ist ein Motor der Essstörung. Nur das fettlose Mädchen kriegt kein Fett ab. Die gezielte Gewichtsabnahme reduziert die Angst vor sozialer Ausgrenzung.

Castingshows im Fernsehen wie *Germany's Next Topmodel* fördern den Schlankheitswahn von jugendlichen Mädchen zusätzlich. Models werden zu Ikonen hochstilisiert und sind in Wirklichkeit oft armselige Wracks, die sogar ihr Leben aufs Spiel setzen. Es gibt bereits prominente Todesopfer der Modebranche zu beklagen: 2006 starb das bildhübsche 22-jährige Topmodel Luisel Ramos aus Uruguay kurz nach einer Modenschau der Fashion Week in Montevideo, nachdem sie mehrere Tage lang nichts gegessen hatte. Später hungerte sich die Brasilianerin Ana Carolina Reston Macan mit einem BMI von 13,2 zu Tode – sie aß zuletzt nur Äpfel und Tomaten. 2010 starb das berühmte Model Isabelle Caro, nachdem sie vorher mit schockierenden Nacktfotos auf das Problem aufmerksam machte und eine umstrittene Werbekampagne »No-Anorexia« (»Nein zur Magersucht«) initiierte. In Israel ist deswegen seit 2013 für Models ein Body-Mass-Index von mindestens 18,5 vorgeschrieben.

Alexandra Shulman, die Chefin der britischen Vogue, kritisierte die Designer führender Couture-Häuser: Weil deren Entwürfe immer schmaler ausfielen, seien Models immer magerer. Auch Louisa von Minckwitz, Ex-Model und Inhaberin einer Modelagentur, bemängelt öffentlich, dass Designer keine kurvigen, sexy Models wollen, die mit ihrer Figur von den Kleidern ablenkten. Für sie sind Models einfach nur Kleiderständer. Seit mehr als zehn Jahren würden Designer ihre Musterkollektionen in immer kleineren Größen schicken und damit die Kleidergrößen der Models diktieren.

Anja Gockel, selbst prominente deutsche Modedesignerin, geht in ihrer vieldiskutierten Analyse weiter und vertritt die interessante These, dass die Homosexualität führender männlicher und weiblicher Modedesigner der wichtigste Grund für die Magersucht vieler Models sei. Für Schwule sei eine knabenhafte Figur das Idealbild, während Lesben meistens eine androgyne Figur bevorzugten. Deshalb dürften die Models für beide nicht zu viel Busen und nur wenig Hüfte haben. Alles Volumige sei für sie unerotisch, nicht akzeptabel, lautet die Diagnose von Anja Gockel.

Unterstützt wird der Schlankheitswahnsinn jedenfalls in der Zwischenzeit von den Konsumentinnen: 2010 veröffentlichte die Arizona State University mit der Universität Köln eine Studie, nach der fülligere Models einen negativen Einfluss auf das Selbstwertgefühl der potenziellen Käuferinnen hätten. Und damit auf das Kaufverhalten. Während sich dünne Frauen mit den molligen Mannequins nicht identifizieren konnten, suggerierten Plus-Size-Models üppigeren Frauen, dass sie zu dick seien. Am stärksten negativ reagierten interessanterweise normalgewichtige Frauen. Während sie sich beim Anblick schlanker Frauen gut fühlten, sank ihr Selbstbewusstsein beträchtlich, als ihnen mollige Frauen gezeigt wurden.

Die perfektionistische Familie der Magersüchtigen

Ein weiterer psychodynamischer Grund für Magersucht kann in der Familie gefunden werden. Lange Zeit wurde der Einfluss der Familienmuster allerdings überschätzt: Die Peers, der Gruppendruck und die gesellschaftlichen Normen scheinen nach neuen Untersuchungen weitaus bedeutender zu sein. Dazu kommt eine genetische Disposition zu perfektionistischen Verarbeitungsmustern: Ein phlegmatisches Grundtemperament zuckt bei einem unerreichbaren SOLL eher die Schultern, als dass es sich in den Schlankheitswahn treiben lässt.

Dennoch zeigt sich in den Studien bei essgestörten Mädchen auffällig oft eine perfektionistische Familienstruktur. Sie gibt sich in der Regel den Anschein einer unauffälligen Bürgerlichkeit und stellt sich selbst gern als absolut intakt und vorbildlich harmonisch dar. Die Meinung Außenstehender hat höchste Priorität. Meist findet man eine hohe Leistungsanforderung von den Eltern an das junge Mädchen. Sollten diese Erwartungen enttäuscht werden, wird dies häufig nicht mit offensichtlichen Strafen geahndet, sondern mit dem Vorwurf an die Jugendliche, Vertrauen enttäuscht zu haben. Der Psychologe Peter Lambley verwendete dafür schon in den 1980er Jahren das Bild der »eisernen Faust im seidenen Handschuh«.

In der Psychologie bezeichnet der Begriff »Vermaschung« ein starres Überbehüten innerhalb der Familie. Gemeint ist damit die Inbesitznahme des Lebens der anorektischen Patientin durch die ängstlich-perfektionistischen Eltern und das dadurch hervorgerufene Fehlen jeglicher Privatsphäre. Geringe emotionale Unterstützung, emotionale Kälte, nur bedingte Zuneigung und hohe Erwartungen der Eltern sind direkte Folgen einer solchen Familienstimmung. Genau diese Faktoren könnten bei der Entstehung der Magersucht eine gewisse Rolle spielen. Die Mütter magersüchtiger Patienten zeigen sich in den Studien häufig selbst perfektionistisch, übermäßig ängstlich und entsprechend wenig in sich ruhend. In der psychoanalytischen Theorie ist der zentrale Konflikt des Mädchens das Streben nach Autonomie, was zu einer Loslösung von der ängstlich-kontrollierenden Mutter führen soll. Anorektische Töchter übernehmen aber trotz der Rebellion gegen die Mutter deren perfektionistische Denkmuster und versuchen, durch die ängstliche Kontrolle über ihr Gewicht ihre Selbstachtung zu erlangen. Perfektionismus in Reinkultur: Abnehmen als Leistung, die mich erst wertvoll macht.

»Orthorexia nervosa« ist eine interessante, neu beschriebene Essstörung mit einem überzogenen Verlangen, sich möglichst »gesund« zu ernähren. Schon der Ausdruck erinnert an die Magersucht und leitet sich vom Altgriechischen her: orthós heißt »richtig«, und órexis bezeichnet »Appetit« oder »Essen«: das richtige Essen also. Während die Anorexia nervosa eine quantitative Essstörung ist, wird die Orthorexie im Gegensatz dazu als qualitative Essstörung beschrieben. Der eine isst möglichst wenig, der andere ganz, ganz gesund.

Der Begriff Orthorexie wurde 1997 vom amerikanischen Alternativmediziner Steven Bratman geprägt. Bratman ist selbst eine originelle Erscheinung: Er hat nach eigenen Angaben jahrelang allerlei schräge Diäten sowohl bei sich selbst als auch bei seinen Patienten ausprobiert. Danach kam es irgendwann zum Aha-Erlebnis und er entdeckte bei sich und seinen Gleichgesinnten krankhafte Muster im Umgang mit dem Thema Essen. Er sieht eine eigene, stark abgeschottete Welt entstehen, in der Ernährungsphilosophien immer mehr starke ideologische Komponenten entwickeln und Welterklärungsmuster anbieten. Ohne Scham versprechen sie ihren Anhängern den Schutz vor Krankheiten aller Art – und noch viel mehr. Bratman schreibt: *»Jemand, der den ganzen Tag damit verbringt, nur Tofu und Quinoa-Kekse zu essen, kann sich so heilig fühlen wie jemand, der sein ganzes Leben der Unterstützung der Obdachlosen gewidmet hat.«*

Orthorexie wird als eine ausgeprägte Fixierung auf die Auswahl von »gesundem« und der Vermeidung von »ungesundem« Essen verstanden. Ob es sich dabei um eine Krankheit oder lediglich um einen »aufwendigen« Lebensstil handelt, wird daran gemessen, zu wie viel Leidensdruck und zu welchem Folgen dieses Verhalten führt. Schwere Gesundheitsschäden bis hin zum Tod können nämlich die Folge sein.

Folgende Kernkriterien sind für die Diagnosestellung der Orthorexie hilfreich: (1) ständiges Kreisen der Gedanken um das Essen, (2) Schuldgefühle, falls vom Ernährungsplan abgewichen wird, (3) Gefühl der Überlegenheit gegenüber andersdenkenden Menschen, (4) Missionierungseifer, um andere von seiner Ernährung zu überzeugen, (5) bedeutende negative Auswirkungen auf die Lebensqualität des Betroffenen wie soziale Isolation, (6) die Störung dauert über einen längeren Zeitraum an.

Adam R. ist jahrelang sehr auf seine Darmgase konzentriert. Das hatte zur Folge, dass er aus Angst vor Blamage zunehmend Menschen meidet und sich damit sozial immer mehr isoliert fühlt. Er leidet unter Blähungen, so dass er Angst hat, dass Freunde und Bekannte auf Distanz gehen. Als Reaktion auf diese Angst unternimmt er alle möglichen Anstrengungen, seine Darmgase unter Kontrolle zu bekommen, bis er die perfekte Art der Ernährung entdeckt hat:

FALL 7-3: Der Mann, der sich zum Halbgott hungerte

Der 32-jährige, untergewichtige Privatgelehrte Adam R. berichtet dem Psychiater Episoden seiner Krankheitsgeschichte: Von seinem 15. bis zu seinem 23. Lebensjahr habe er an einem Reizdarm mit entsprechender Flatulenz gelitten, außerdem an hässlicher Akne: »Die Medizin konnte mir nicht helfen.« Er habe, insbesondere wegen

der Gasentwicklung, damals nicht unter Menschen gehen können. So habe er sich in die innere Emigration zurückgezogen. Dann habe er nach intensivem Selbststudium der richtigen Ernährung begonnen, lange und ausgiebig zu fasten: zuerst zwei Monate Dinkelfasten, dann sechs Wochen Saftfasten mit Gemüse und Obstsäften in sehr kleinen Mengen. Im Anschluss daran habe er lange nur Obst und Gemüse gegessen und sich so bis auf 46 kg hinuntergehungert. »Aber ich habe mich gefühlt und ausgeschaut wie ein Halbgott.« Er sei zwar recht dünn und schwach gewesen und es sei ihm ständig kalt gewesen – »das waren aber die einzigen Probleme«. Die Flatulenz war weg.
Später habe er sich aber leider nicht immer an die ideale Diät gehalten. Das müsse er sich zerknirscht eingestehen, und er habe die Rechnung sofort serviert bekommen. Natürlich, falsches Leben rächt sich schnell! Er habe sich auch immer mehr mit der Theorie des richtigen Fastens beschäftigt und, weil das für ihn von zunehmender Wichtigkeit war, keine Zeit mehr für sein Wirtschaftsstudium gefunden: »Das richtige Essen ist ja eine Wissenschaft! Schade, dass sich die Schulmedizin nicht damit beschäftigt, da wäre viel zu holen für die Patienten! Sie als Psychiater würden auch viel von diesem Wissen profitieren.« Der Psychiater lächelt freundlich, der Patient fährt nach einiger Zeit fort: Im Internet habe er einen Experten in den USA ausfindig gemacht: Dort sei er ein paar Monate hingefahren. Der habe ihm ganz neue Impulse für das Fasten – und für das Leben überhaupt – gegeben. Denn wenn man sich richtig ernährt, würde man die Welt mit ganz anderen Augen betrachten.
Zurück in Europa, sei es zum Eklat mit seinen Eltern gekommen, weil die ihm ungerechte Vorhaltungen gemacht

hätten. Sie bemängelten, dass sie ihm das Leben finanzieren müssten, während er sein Wirtschaftsstudium vernachlässige. Auf Nachfrage gibt er an, die Eltern hätten in dem Streit kritisiert, dass er noch immer bei ihnen wohne, keine Frau habe und seine letzte Prüfung auch schon fast sieben Jahre zurückliege. Er sei ihr einziges Kind, und sie seien verzweifelt, dass er kaum außer Haus gehe, außer um spezielle Nahrung zu kaufen, und stundenlang eigenbrötlerisch sein Essen zubereite. »Sie verstehen einfach gar nichts! Sie haben keine Ahnung, wie dreckig es mir gegangen ist!«

Wegen der Verletzung durch die unverständigen Eltern habe er es dann mit dem Fasten wohl etwas übertrieben – was bei der Belastung wohl nicht verwunderlich sei: Nach drei Wochen Wasserfasten sei es zu einem starken Muskelschwund und übermäßiger Schwäche gekommen, weswegen ein stationärer Krankenhausaufenthalt nötig war. Die Ärzte dort hätten ihn schließlich zum Psychiater geschickt. Das fand er eigentlich eine gute Idee: Er wolle seinen Konflikt mit seinen Eltern bearbeiten. Nein, das Essen und das Fasten seien kein Thema der Psychotherapie. Da könne er wohl eher dem Arzt etwas beibringen.

Herr R. leidet unter Orthorexia nervosa, wobei bei ihm die richtige Art des Essens richtiges Fasten bedeutet. Seine Gedanken kreisen übermäßig um das Thema, weshalb er nach 14 Jahren sein Wirtschaftsstudium immer noch nicht abgeschlossen hat. Sein Essensverhalten bekommt zunehmend eine moralische Konnotation, die Begriffe »richtig« und »falsch« werden mit großer subjektiver Gewissheit ausgesprochen. Ein Gefühl der intellektuellen Überlegenheit gegenüber den andersdenkenden Eltern und ebenfalls gegenüber dem offensichtlich unwissenden Psychiater lässt sich auch festmachen. Schuldgefühle und missionarischen Eifer kann man ebenfalls beobachten. Tragisch an diesem Fall ist die völlige Krankheitsuneinsichtigkeit – zumindest bei Therapiebeginn.

In ihrem tiefgründigen Buch »The Blessings of a Skinned Knee« analysiert die amerikanische Psychologin Wendy Mogel eine neue Ursache für Essstörungen: die Gewohnheit vieler Eltern, die Ernährung ihrer Kinder mit Argusaugen zu überwachen. Die bereits vorgestellten perfektionistischen Helikoptereltern würden ihrem Kind die Bissen ganz, ganz gesunder Lebensmittel in den Mund pipettieren, weil für ihren Sprössling nichts gut und aufwendig genug sein kann. In der Tat: Auf der Suche nach der perfekten Aufzucht konsumieren die perfektionssüchtigen Eltern nicht nur unzählige Erziehungsratgeber, sondern auch Geheimrezepte der perfekten Ernährung. Und zunehmend treibt sie die Angst, was denn nicht alles Schreckliches passieren kann, wenn die falschen Speisen gegessen werden.

Für besonders schädlich hält Mogel es, wenn individuelle Lebensmittel nicht nur nach gesund versus ungesund, sondern darüber hinaus auch als moralisch gut versus schlecht kategorisiert werden. Wenn man die Frage nach einer gesunden Ernährung zur Frage nach Gut und Böse hochstilisiert, wird die Ernährungsphilosophie zur Ersatzreligion. Ich selbst war einmal selbst auf einem Gesundheitskongress als Redner eingeladen. Vor mir sprach ein »Gesundheitskoch« über die richtige Ernährung: So viel »müssen« und »nicht dürfen«, Gebote und Verbote habe ich noch in keiner Kirchenpredigt gehört.

FALL 7-4: Das unerträgliche Studentenheim

Miriam D., eine 20-jährige Mathematikstudentin, will aus dem Studentenheim in eine eigene Wohnung ziehen. Bei der Wohnungssuche gerät sie so tief ins Grübeln, dass sie den Psychiater aufsucht. Warum sie es nicht mehr im Studentenheim aushält: »Die anderen schauen mir ständig beim Essen zu. Das bringt mich in ein Dilemma. Richtiges Essen muss gesund sein, vegetarisch, frisch, umständlich zubereitet. Ich habe keine Zeit, um so in der gemeinsamen Küche zu kochen. Wenn ich aber falsches Essen esse, dann darf mich keiner dabei beobachten.«

In der Analyse dieser Beobachtung kommt heraus, dass Miriam D. beträchtliche Schuldgefühle hat, nicht »richtig« zu kochen, wie sie es Schritt für Schritt von ihrer pedantischen Mutter gelernt hat. Dagegen zu verstoßen ist für die Tochter subjektiv eine »Schandtat«, für die sie ein Schamgefühl hegt. Deswegen darf sie niemand dabei beobachten. Miriam ist selbst völlig überrascht von dieser Emotion, die ihr in dieser Deutlichkeit keinesfalls bewusst war. Durch das Aussprechen ihrer Emotionalität kann sie erstmals geordnet darüber nachdenken. Ihr inneres Dogma lautet: »Du darfst nicht falsch essen. Wenn du aber sündigst, dann soll dich niemand sehen.« Darüber ist sie selbst höchst verwundert, da sie sich als unreligiös einstuft und »mit dem Wort Sünde gar nichts am Hut« hat.

Miriam D. weist nicht das Vollbild der Orthorexie auf, aber das »richtig« und »falsch« hat bei ihr ganz klar moralische, ja sogar religiöse Dimensionen. Dass das falsche Essen emotional zur »Sünde« wird, die schamhaft versteckt werden muss, überrascht auch die Patientin selbst. Schamgefühl für die Sünde und schlechtes Gewissen sind die logischen Folgen eines inneren Dogmas, das lange Zeit handlungswirksam war, ohne dass es der Patientin selbst bewusst war.

Das richtige Essen kann zur Pflicht werden, auch zur moralischen. Dass auch die Gesundheit zur Pflicht werden kann, ist eigentlich ein logischer nächster Schritt. Krankheit als Fehl-Leistung, die emotional wie eine Schuld erlebt wird, das ist das Problem von Sigmund B.:

FALL 7-5: Die bedrohlichen Gallensteine

Herr Sigmund B., ein 50 Jahre alter Banker, kommt zum Psychiater. Seit vielen Jahrzehnten schleppe er sich mit einer Depression durchs Leben. Er sei mit der Alternativmedizin aufgewachsen: keine Impfungen, keine Medikamente, keine OP, keine Vorsorge – deswegen habe er auch noch nie Antidepressiva genommen. Nach langem inneren Ringen und nächtelangen Internetrecherchen sei er aber zu diesem Schritt bereit, wenn sie ihm wirklich helfen würden.

Im diagnostischen Gespräch kommt schnell heraus, dass Herr B. von einem Antidepressivum profitieren könnte, und so wird ihm ein solches verschrieben. Die Medikation spricht nach zwei Wochen gut an. Herr B. fühlt sich nach drei Wochen bereits so wohl »wie schon seit Jahrzehnten nicht mehr«. Nach zwei Monaten kommt es allerdings zum Absturz. Ziemlich genau kann Sigmund B. den Tag festmachen, an dem die Depression wiederkam.

Der Psychiater versucht die Umstände dieses Tages zu rekonstruieren, und gemeinsam finden sie heraus, dass das der Tag vor einer Vorsorgeuntersuchung war: »Auf dem Prüfstand fühle ich mich nicht wohl: Vorsorgeuntersuchungen machen mir mehr Angst, als sie mir helfen.« Ganz am Boden war die Stimmung, als er eine Diagnose bekam: Gallensteine! Das Resultat ist nicht perfekt, er fühle sich, wie wenn er bei einer Prüfung versagt hätte: »Das will ich lieber nicht wissen.«

In der gemeinsamen Analyse dieser verwunderlichen Symptomatik kommt heraus, dass der Patient das innere Dogma in sich trägt, gesund sein zu müssen. Krankheit sei ein persönlicher Fehler, eine Fehlleistung, die sich eigentlich wie eine Schuld anfühle. Erschreckt erkennt Herr B., dass er Schuldgefühle hegt, weil er keine reine Gallenblase hat. Lange fragt er sich, wie solch ein unvernünftiger Gedanke sich in ihm unerkannt und unreflektiert festsetzen konnte. Da erinnert er sich, dass er in seiner langen alternativmedizinischen Zeit doch sehr davon überzeugt war, dass, wer krank ist, selbst schuld daran sei.

Kapitel 8
Der Schönheitswahn

Eine besonders moderne Form des Perfektionismus ist der imperative Zwang zum ultimativ perfekten Körper. Immer mehr Menschen (insbesondere Menschinnen) laufen unrealistischen Körper- und Schönheitsidealen nach, die extrem ungesunde Lebensweisen und unmenschliche Selbstkasteiungen zur Folge haben. Psychodynamisch fühlen sich die Betroffenen – wie bei Anorexie und Orthorexie – umso wertloser, je weiter entfernt das Phantasieziel scheint. Es bleibt aber immer unerreichbar: Wie soll eine 50-Jährige aussehen können wie eine 20-Jährige? Das SOLL eines gesunden, makellosen und jugendlichen Körpers, das die Gesellschaft vorgibt, wird für die Patienten zum erdrückenden MUSS. Und jeder Mitmensch, der zufällig diesem MUSS näher steht, wird zur Bedrohung, weil im Hintergrund ein innerer Vergleich immer mitläuft und das Denken und Handeln prägt. Dieser psychische Mechanismus ist längst zum Massenphänomen geworden, und immer weniger Menschen können sich dem entziehen.

Dass ein perfektionistisches Denkschema hinter diesem Zeitphänomen steckt, ist offensichtlich: Die meisten Perfektionismus-Fragebögen werden inzwischen im Zusammenhang mit der Magersucht erstellt, weil sich dieses zwanghaft-selbstschädigende Verhalten so am besten erklären lässt. Zu den Essstörungen gesellt sich aber neuerdings die sogenannte »körperdysmorphe Störung«: die krankhafte Angst, an einem körperlichen Defekt zu leiden. Das führt zu einem steten Anstieg der

Schönheitsoperationen. Mittlerweile werden übrigens auch immer mehr Männer durch gesellschaftlichen Druck in die Äußerlichkeitsfalle gelockt, wie der jüngst publizierte »Adonis-Komplex« beeindruckend belegt.

Diesen Krankheiten ist gemeinsam, dass leere gesellschaftliche »Ideale« einer wie auch immer gearteten äußeren Erscheinungsform völlig kritiklos übernommen und unreflektiert verinnerlicht werden. Das gilt vom Schlankheitswahn wie für den Gesundheitswahn und den Schönheitswahn. Die innerpsychische Ordnung geht verloren: Der makellose Leib steht an erster Stelle der Lebenswichtigkeit. Durch diese Überwertigkeit entwickelt sich eine Angst, diesem Ziel nicht zu genügen, eine Angst, die schnell ins Irrationale abgleitet, die Bodenhaftung verliert und zu groben Fehleinschätzungen der eigenen Körperlichkeit führen kann. Deswegen werden weder Mühen noch Kosten gescheut, den geforderten Idealen möglichst nahe zu kommen. Scheitern diese Bemühungen – und sie müssen scheitern –, kann das den Patienten das Leben zur Hölle machen.

Adonis auf der Couch

Starke Männer quälen sich täglich stundenlang in Fitnessstudios, um eine Muskulatur aufzubauen, die in freier Wildbahn gar nicht vorkommt. Dass sie mit ihrem Erscheinungsbild offenbaren, dass sie ihre Zeit nicht mit Bücherlesen und der geistigen Vervollkommnung verschwenden, ist ihnen vielleicht nicht bewusst und wohl nicht besonders wichtig. Ab einer gewissen Muskelmasse kann man auch eine künstliche hormonelle Nachhilfe nicht mehr ganz verleugnen. Das hat zur Folge, dass das zuständige Organ für Männlichkeit, das normalerweise das entsprechende Sexualhormon ausschüttet, in die Arbeitslosigkeit entlassen wird und dementsprechend zusammenschrumpft.

Trotz dieser bekannten Tatsachen hat es lange gedauert, bis diese Untergruppe der besonders männlichen Männchen psychiatrisch näher untersucht wurde. Das ist in jüngster Zeit nachgeholt worden, und es zeigte sich, dass hinter exzessivem Bodybuilding oft eine besondere Variante des Perfektionismus steckt. Dessen inneres Dogma besagt, dass sich Männlichkeit vor allem an der Muskulatur bemisst: Je mehr Muckis, desto männlicher, je männlicher, desto potenter, je potenter, desto attraktiver. Umgekehrt gilt dann: Je weniger Muskeln, desto mehr muss man befürchten, abgelehnt, ausgestoßen und verachtet zu werden. Viele dieser Muskelprotze neigen deswegen zum langfristig schädlichen Anabolika-Missbrauch für den kurzfristigen Erfolg.

FALL 8-1: Die Ängste des Adonis

Der 25-jährige Sportstudent Anton B. kommt zum Psychiater. Nach umständlichen Einleitungen gibt er sich einen Ruck und kommt zum eigentlichen Grund seiner Konsultation: Er habe die Panik, bisexuell zu sein. »Und bi zu sein ist eigentlich noch schlimmer als schwul.« Grund für diese Angst gebe es rein rational eigentlich wenig: Er habe über Jahre eine Frau nach der anderen gehabt. Mit seinem durchtrainierten Körper sei ihm das auch nicht schwergefallen. Im Fitnessclub habe er regelmäßig Bekanntschaften geschlossen. Jetzt habe sich seine Freundin wegen seiner ständigen Untreue von ihm getrennt: »Da musste ich mir halt Ersatz suchen.«

Doch dann habe ihn Panik überkommen, weil er im Moment keine Lust mehr auf Frauen habe. Und da schoss ihm die Frage in den Kopf, angesichts seines ungewohnten Desinteresses: Was ist, wenn ich plötzlich schwul wäre? Homosexualität habe er sich aber dann aufgrund seiner Vorgeschichte selbst ausreden können, aber dass er eventuell bisexuell sei, das gehe ihm nicht mehr aus dem Kopf. »Meine Freunde im Fitnessstudio würden mich verachten. Bei denen wäre ich out, wenn ich bi wäre!« Vorsichtig beobachtet sich Anton B. seither selbst und nimmt wahr, dass er dem Cornetto-Oberkörper seiner Trainingskollegen manchmal einen bewundernden Blick hinwirft. Das verunsichert ihn zunehmend. Er trainiere sechs Stunden pro Woche und nehme auch Anabolika sowie entsprechende Eiweißgetränke zu sich. Trotz beachtlicher Muskelpakete habe er vor dem Spiegel immer wieder Angst, dass er aussehe »wie ein Zahnstocher«. Dann lasse er sich von seiner Mutter (!) bestätigen, dass er kein »Znirchterl« (in Deutschland »Spargeltarzan«) sei.

Anton B. hat panische Angst davor, vor seinen Kollegen als zu wenig männlich dazustehen. Die Meinung der anderen ist sehr wichtig für ihn – eine Zentralmotivation des Perfektionismus. Die perfektionistische Sorge treibt ihn zu immer schrilleren Phantasien. Seine Angst davor, homosexuell zu sein – hier würde übrigens das Wort homophob passen –, hat absolut kein Fundament. Aber eine kleine Beobachtung – mangelndes sexuelles Interesse – triggert in ihm eine Kaskade der Angstphantasien, die im Irrationalen enden. Wie die Aufforderung »Denken Sie jetzt auf keinen Fall an einen rosaroten Elefanten« erst den Gedanken produziert, so verursacht seine starke Abwehr des irrationalen Gedankeninhalts erst die dramatische Ausformung seiner Angst. Wäre Homosexualität für ihn und seine Kumpels gar kein Problem, würde er kühl darüber nachdenken und schnell zum Schluss kommen, dass er zwar im Moment weniger Lust auf Frauen habe, er aber deswegen keinesfalls homosexuell oder bisexuell ist. Die Angst plustert seine Phantasien erst so richtig auf.

Anton B. hat ein gestörtes Selbstbild – und zudem eine erhebliche Körperschemastörung: Ähnlich wie ein magersüchtiges Mädchen sieht er im Spiegel irrigerweise eine Körperform, die ihn zur Verzweiflung treibt. »Zahnstocher« zu sein ist für ihn so bedrohlich wie für die Anorektikerin ihre vermeintlich fetten Oberschenkel. Es quält ihn die, an seiner persönlichen Idealvorstellung gemessene, nur unzureichende Ausprägung der Muskulatur. Das frei gewählte »SOLL« seines Körperideals ist für ihn zum bedrohlichen »MUSS« geworden.

Herr B. leidet am »Adonis-Komplex«, einer Form der körperdysmorphen Störung, die praktisch nur bei Männern vorkommt. In der Fachwelt wird das Phänomen mit recht komplizierten Ausdrücken wie »Muskeldysmorphie«, »Muskelsucht« oder »Bigorexia« beschrieben. Die Krankheit wurde in den 1990er Jahren vom bekannten US-amerikanischen Psychiater Harrison Pope an der Harvard-Universität entdeckt. Fast immer findet man bei Betroffenen folgende Muster: (1) hoher Grad an Perfektionismus, (2) geringes Selbstwertgefühl, (3) Unzufriedenheit mit dem eigenen Körperbild und interessanterweise (4) schlechte oder gar keine Beziehung zum Vater. Diese Störung der Wahrnehmung des eigenen Körperbilds kann wie bei Anton B. so weit gehen, dass sich sogar ein ausgeprägt muskulöser Bodybuilder als jämmerlich schmächtig empfindet, als Zahnstocher oder Znirchterl.

Venus auf der Couch

Was Anton B. als Mann erlebt, das erlebt die attraktive Elena F. als Frau. Äußerlich ist sie vom Leben in vielerlei Hinsicht verwöhnt. Innen jedoch ist sie gequält von einem perfektionistischen Anspruch, dem nur der Superlativ genug ist.

Fall 8-2: Die größten Brüste und die engste Taille der Welt

Elena F., 23 Jahre alt, stammt aus einer wohlhabenden Familie eines europäischen Nachbarlandes. Sie spricht ein gutes Deutsch mit interessantem Akzent, ist elegant gekleidet und hat eine attraktive Figur. Frau F. kommt zum Psychiater, weil sie unter extremen Stimmungsschwankungen leide: »Ich bin oft wahnsinnig schlecht drauf, weiß aber nicht, warum.« Ihre Familie empfehle ihr schon lange, sie möge etwas dagegen machen, am besten einen Psychiater der Wiener Schule zu Rate ziehen. Und jetzt sei sie eben da. Eigentlich sei in ihrem Leben alles bestens, »keine Ahnung, warum ich mich ständig selbst runtermache«. Sie habe vor einem Jahr geheiratet, ihre Ehe sei sehr glücklich, die Beziehung zur Mutter und den drei Geschwistern gut. Ihr Vater sei früh verstorben, aber das belaste sie eigentlich nicht mehr. An den habe sie kaum noch Erinnerungen. Sie studiere interessehalber Biologie, aber ihr Mann habe Geld genug, dass sie wohl niemals berufstätig sein müsse. In jüngeren Jahren habe sie mit Bulimie zu tun gehabt, aber das letzte Erbrechen liege nun schon fast drei Jahre zurück. Alles bestens also. Woher dann die Stimmungsschwankungen?

Mehr und mehr kommt in den Therapiesitzungen eine große innere Unzufriedenheit »an und mit allem« heraus: »Ich habe das Gefühl, es reicht halt nicht.« Schlüsselerlebnis war letztlich eine dramatische Stimmungsschwankung am Abend vor einem Arztbesuch: Da habe sie in ihrer Heimatstadt noch an einem Empfang teilgenommen, und plötzlich, wie aus heiterem Himmel, sei ihre Stimmung im Keller gewesen. Nach Detailanalyse der Situation trat der Stimmungsumschwung genau zu dem Zeitpunkt ein, als die 28-jährige Frau des Bürgermeisters den Raum betrat. Die sei jahrelang an Anorexie erkrankt gewesen. Sie sei auch jetzt noch extrem dünn und habe sich zudem die Oberweite operativ vergrößern lassen. Der Anblick des fremden Frauenkörpers habe sie sofort zum Figuren-Vergleich getrieben: »Und wie sehe ich dagegen aus?« – Daran sei sie schier verzweifelt.

Frau F. konnte an dieser Situation einen Anspruch an sich selbst aus ihrem Unterbewusstsein ziehen und formulieren. Das innere Dogma lautete: Ich muss die größten Brüste und die engste Taille auf diesem Event haben. Als der Psychiater fragt, ob es ihr etwas ausmachen würde, wenn in einer anderen Stadt eine Frau mit extremeren Dimensionen herumlaufen würde – präzisiert sie, über sich selbst erschreckend: »Ja, nein, doch: Ich muss die größten Brüste und die engste Taille der Welt haben.«

Bei Elena F. zeigt sich, was ein unbewusstes inneres Dogma im Leben eines intelligenten Menschen anstellen kann. Es ist stark wirksam, sowohl in den Emotionen also auch im Verhaltensbereich. Umso stärker, je weniger es im Bewusstsein ist. Nur ins Unbewusste abgetaucht kann es der kognitiven Kontrolle – der klaren, nüchternen und emotionslosen Analyse des Kopfes – entgehen. Deswegen ist das innere Dogma in der Regel inhaltlich irrational und widervernünftig. In einer ganz anderen Patientin fand der Psychiater zwei paradoxe innere Dogmen: »Ich brauche ganz dringend eine Bikinifigur« und: »Jeden Abend eine Tafel Schokolade ist das Minimum, damit ich mich wohl fühle«.

Eine Psychotherapie holt solche ungesagten und damit unreflektierten Sätze an die Oberfläche und legt sie auf den Tisch. Mit dieser Offenlegung tun sich gerade verkopfte Menschen schwer, denn die können gar nicht glauben, dass so schwachsinnige Prinzipien in ihnen wirksam sein können. Ausgesprochen ist das innere Dogma dann aber nur noch halb so mächtig, denn es wird ohne Zutun des Therapeuten offensichtlich, dass die innere Forderung irrational, absurd und unerfüllbar ist. Je intensiver über die Inhalte des inneren Dogmas reflektiert wird, desto schneller schmilzt es dahin wie Schnee in der Sonne.

Frau Elena F. verstand schnell, dass es bei circa vier Milliarden Geschlechtsgenossinnen auf dieser Welt schwierig sein könnte, sowohl die größten Brüste als auch die engste Taille zu haben. Gleichzeitig wurde ihr klar, dass diejenige, die den Wettbewerb gewinnen würde, damit nicht notwendigerweise das attraktivste Weibchen auf dem Planeten ist. Sowohl bei der ersten wie auch bei der zweiten anatomischen Zielvorgabe ist ein exzessives Maß für das andere Geschlecht eher bedrohlich als attraktiv.

Das Problem der Elena F. ist damit aber noch nicht vollständig gelöst. In ihrem Alltag und besonders in ihrer Ehe ist sie durch ihre Emotionalität schwer beeinträchtigt. Mit Hilfe der Methode des assoziativen Aufschreibens wird das pathologische Denkmuster ohne Selbstzensur erkennbar.

FALL 8-3: Schweinchen-Arme und monströse Oberschenkel

Elena F. hat massive Probleme mit der eigenen Körperlichkeit. Als ihr eine Freundin so nebenbei gutmütig sagte, sie – Elena – habe eben »eher weibliche Formen«, reagierte sie zutiefst gekränkt, denn das klang für sie nach »fetter Trampel«. Obwohl sie wusste, dass ihre Freundin nie etwas Böses über sie sagen würde. Ihr eigener Mann habe sie noch nie nackt gesehen, und Sex könne sie nur haben, wenn es stockfinster sei. Von ihrem letzten Badeurlaub auf den Seychellen existieren Fotos von ihr im Bikini. Die habe sie noch nie angeschaut, weil ihr das so einen Schmerz bereiten würde. Auch vor ihrem Mann habe sie diese Fotos versteckt, obwohl er die Bilder selbst aufgenommen habe. Auf keinen Fall möchte sie die Bilder mit ihm zusammen anschauen: »Lieber sterbe ich!«

Nach einigen Therapiestunden war sie so weit, 16 ausgewählte Fotos mit ihrem Mann gemeinsam wortlos anzuschauen. Beide Ehepartner schreiben ihre Gefühle und Gedanken auf einen Zettel. Sie schrieb insgesamt sieben Seiten, er eine. Hier eine Auswahl der Notizen:

Foto 1, ER: »Ah, Seychellen, herrliches Wetter, wolkenloser Himmel. Dürfte eher Anfang des Urlaubs gewesen sein, denn meine Maus ist noch ganz blass. Hübsche Beine!«

Dasselbe Foto 1, SIE: »Er sieht bestimmt als Erstes meine fetten Oberschenkel. Sie springen ihm sicher sofort ins Auge. Meine Angst ist, dass er sie noch nie richtig betrachtet hat und erst jetzt realisiert, was für einen fetten Trampel er geheiratet hat. Außerdem meine Waden, weil sie auf diesem Bild von unten zu sehen sind. Normalerweise sieht er sie immer von vorne, und das ist der einzige erträgliche Anblick. Das muss für ihn ein enormer Schock sein. Seine Augen spiegeln bestimmt seine Abscheu wider. Ich trau mich gar nicht recht, ihm in die Augen zu schauen. Meine Arme sind auch irrsinnig fett getroffen auf dem Bild. Wenn er sich meine Oberschenkel genau ansieht, verlässt er mich bestimmt sofort.«

Foto 2, SIE: »O Gott, mein Bauch steht auf diesem Bild so schrecklich hinaus. Sieht wie der Bauch einer Schwangeren aus. Das kann ihm einfach nicht gefallen. Es wäre völlig absurd, irrational, wenn ihm dieser Bauch und dieser Körper gefallen würden. Es ist einfach schlicht unmöglich. Meine Seite ist auch so breit! Bei den anderen Mädchen ist die Seite immer schlank und zierlich. Nur bei mir macht sie 90 Prozent des Bildes aus. Und dieser Hüftspeck hängt völlig unkontrolliert über mein Bikiniunterteil. Das kann ihm einfach nicht gefallen. Das geht einfach nicht. Es ist menschlich völlig unmöglich, dass ihm oder irgendeinem anderen Menschen auf der Welt dieser Körper gefällt. Diese widerlichen fetten Schweinchen-Arme und meine übergroßen, hässlichen, monströsen Oberschenkel. Das kann er gar nicht übersehen. Diese Hässlichkeit springt einem förmlich ins Gesicht. Außerdem steht die hintere Wade so hässlich hervor. Die lässt sich, wie bei normalen Mädchen, nicht von der vorderen abdecken. Das kann dem Milan einfach nicht gefallen. Wahrscheinlich fragt er sich gerade, wie er sich jetzt am besten und schnellsten davonstehlen kann.«

Foto 2, ER: »Pool. Gesicht verdeckt: absichtlich oder Sonnencreme? Schlechtes Foto, weil links zu dunkel und rechts zu hell! Gelber Bikini.«

Foto 4, ER: »Nice! TOP-Figur, schlanker Bauch. Busen sieht kleiner aus als sonst, weil im Wasser. Geile Kombination: schwarzes Top und gelbe Hose. Blauer Helm schwimmt im Pool – HAHA! Traumfrau – sexy Body.«

Foto 4, SIE: »Das sind keine weiblichen Rundungen, sondern ein fettes, breites Schwein. Meine Hüften stechen einfach so heraus. Meine hässlichen Oberschenkel nehmen ¾ vom gesamten Bild in Anspruch. Da fällt mir nur WÄH, WÄH, WÄH ein. Das kann doch nicht normal sein. Das ist nicht normal. Und dieses breite Panoramabecken. Das übertrifft jedes weibliche Becken auf der Welt. Neben ihm sehe ich aus wie ein fettes Schwein, und jeder Mensch denkt sich das, wenn wir zusammen vorbeigehen.«

Mitten drinnen in den Aufzeichnungen tut sich ein therapeutischer Lichtblick auf. Der Humor beginnt sich ein klein wenig zu regen: »Langsam macht mir die Stille meines Mannes richtig Angst. Wir haben jetzt sechs Fotos angesehen. Er ist zwar noch nicht schreiend aus dem Fenster gesprungen, aber meine Angst, die Abscheu in seinen Augen zu sehen, ist einfach noch zu groß. Obwohl, eigentlich sehe ich da gar nichts. Ich weiß nicht warum, aber ich kann nur schmunzeln, wenn ich ihm in die Augen sehe. Er wirkt völlig entspannt und nicht so, als würde er jede Sekunde aufspringen, davonlaufen und schreien: Du widerlicher Elefantenoberschenkel, ich will dich nie mehr wiedersehen!«

Endlich kommt es zur Wende in den Bauchgefühlen von Elena F.: Die Selbstverachtung dominiert nicht mehr alles. Der Kopf hat die Oberhoheit wiedergewonnen und kann die Gefühle relativieren. Und ab und zu sogar auslachen.

Elena F. leidet an der sogenannten »körperdysmorphen Störung«. Das ist die krankhafte Angst, hässlich und missgestaltet zu sein. Die Krankheit wird deswegen auch »Dysmorphophobie« oder »Missgestaltsfurcht« genannt. Sie ist eine wahnhafte Überzeugung, dass mindestens ein Körperteil verunstaltet sei. Und das, obwohl dieser objektiv eigentlich normal ausschaut oder maximal einen kleinen Defekt hat, der nicht der Rede wert ist. Trotzdem besteht subjektiv die Gewissheit, hässlich zu sein und einen ästhetischen Mangel zu zeigen. Erstbeschreiber dieser Störung ist der italienische Psychiater Enrico Morselli – der übrigens ein persönlicher Freund von Sigmund Freud war und einen ausführlichen Briefwechsel mit diesem unterhielt. Morselli hat später die Psychoanalyse in Italien eingeführt.

Während das 1891, im Jahr der Entdeckung, nicht mehr als eine Rarität war, entwickelt sich Dysmorphophobie zunehmend zu einer Gesellschaftskrankheit: Ungefähr sechs Prozent der Frauen erfüllen alle Kriterien für die Krankheit, weitere 18 Prozent zeigen ernste Anzeichen. Und die Häufigkeit steigt rasant, insbesondere unter jungen Leuten. In einer Befragung unter »gesunden« Studenten stimmten 70 Prozent mindestens einem der drei Diagnosekriterien zu und 28 Prozent sogar allen dreien.

Elena F. schämt sich subjektiv für ihre »Elefantenoberschenkel« und ihr »Panoramabecken«, die objektiv von Dritten nicht wahrzunehmen sind. Andere Patienten leiden unter leichten Hautunreinheiten, Unebenheiten des Gesichts, einer subjektiv störenden Konfiguration von Lippen und Nase, einer angeblich entweder zu groß oder zu klein geratenen weiblichen Brust, einem vermeintlich verkümmerten Penis. Manchmal kommt es auch zur Angst, das gesamte körperliche Erscheinungsbild sei missgestaltet. Eine besondere Form des Perfektionismus ist die sogenannte »Eigengeruchsparanoia«: Hier fürchten Patienten, wie ein Iltis zu stinken und dafür verachtet und ausgestoßen zu werden. Deswegen gehen sie kaum noch aus dem Haus.

Körperdysmorphe Patienten erwarten, wegen dieses schrecklichen und beschämenden Defekts von (allen) anderen verspottet und verachtet zu werden. Sie gehen davon aus, dass die Reaktion der anderen sie wiederum unheimlich beschämen wird – ein Zustand, der unbedingt vermieden werden muss! Hochinteressant ist, dass Elena F. ihre »Mängel« unmittelbar mit dem Abgelehntwerden durch den eigenen Mann assoziiert, obwohl der doch die körperlichen Vorzüge seiner Frau hinlänglich kennen sollte und ausdrücklich bewundert. Sie geniert sich, ihm die Fotos zu zeigen, die er von ihr geschossen hat! Hier kommt die irrationale Angst des Perfektionisten durch, abgelehnt zu werden, weil man nicht genügt. Wie bei Anton B. (Fall 8-1) treibt die Angst die Phantasie immer weiter ins Irrationale ab.

Solche Patienten kommen relativ selten zum Psychiater, viel öfter trifft man sie beim Dermatologen oder Schönheitschirurgen. Frau F. ist auch gar nicht wegen der körperdysmorphen Symptome zum Psychiater gekommen, sondern in erster Linie wegen der für sie unerklärlichen Gefühlsschwankungen.

Zu Beginn der Pubertät haben sowohl Mädchen als auch Buben sehr oft eine kurze körperdysmorphe Phase, in der sie übermäßig besorgt sind um ihr körperliches Erscheinungsbild und mit ihrem Äußeren hadern. Das ist in dem Alter normal und legt sich meist bald wieder. Bei wenigen Jugendlichen steigert sich das aber in den Folgejahren, bis es zur manifesten Krankheit wird. Zum Arzt gehen die meisten erst im jungen Erwachsenenalter. Oft findet man bei ihnen eine zwanghafte, selbstunsicher-vermeidende oder hypochondrische Persönlichkeitsstruktur. Die Betroffenen neigen in der Regel zu Depression, Sozialphobie, Essstörungen und Sucht – lauter weitverbreitete Störungen, die die Dysmorphophobie mit dem Perfektionismus teilt.

Die Missgestaltsfurcht ist tatsächlich eine Ausprägungsform des Perfektionismus: Das SOLL – ein makelloser Leib – wird verabsolutiert und zum MUSS gemacht. Die phantasierte Folge des Nicht-Erreichens ist die Verspottung, die soziale Ausgrenzung, die Vereinsamung. In dieser Dynamik gleicht sie der Anorexie und natürlich auch dem Adonis-Komplex. Der unerwünschte »Defekt« wird – wie bei den beiden anderen genannten Störungen – durch die Angst so intensiv in den Vordergrund gerückt, weil der Patient davorsteht wie das Kaninchen vor der Schlange.

Die Folge ist, wiederum vergleichbar mit den beiden anderen Krankheiten, dass sich die Selbstwahrnehmung irrational verzerrt. Die Magersüchtige sieht sich im Spiegel bedrohlich dick, der Adonis sieht sich im Spiegel bedrohlich schmächtig, der Körperdysmorphe sieht seine Nase im Spiegel bedrohlich missgestaltet. Und bedrohlich ist es nur, weil die Spannung zwischen dem SOLL und dem IST nicht ausgehalten werden kann. Erst der Druck des MUSS verursacht die Fehlwahrnehmung, die Körperschemastörung.

Patienten mit körperdysmorpher Störung sind im partnerschaftlichen Umgang oft schwierig und haben insofern in der Regel belastete Beziehungen. Aber das gilt ja im Grunde für jeden Perfektionisten. Bei Elena F. etwa ist die Sexualität durch ihre Psychopathologie stark eingeschränkt und ihr nur bei absoluter Dunkelheit möglich. Sie möchte nicht, dass ihr Mann sie sieht, wie Gott sie geschaffen hat. Und das, obwohl der Mann seine Frau sehr attraktiv und sexy zu finden scheint. Das geht so lange gut, solange der Mann nicht genau diesen Wunsch immer zwanghafter in seinem Kopf hat: endlich seine Frau nackt zu sehen.

Auch teure Badeurlaube sind für sie kein Vergnügen, und man kann sich gut vorstellen, dass solche Einschränkungen die Beziehung auf Dauer belasten können (was uns im Fall von Elena F. allerdings nicht bekannt ist). Dysmorphophobe können sich oft schwer auf ihren Partner und seine Wünsche einstellen, weil sie zu sehr mit sich und ihren eigenen Ängsten beschäftigt sind. Sie erwarten vom Partner ein hohes Maß an Flexibilität, das sie selbst keinesfalls aufbringen. Oft werden sie letzten Endes abgelehnt, weil sie vorher zu viel Angst davor hatten, abgelehnt zu werden.

Umgekehrt kann man sich gut vorstellen, dass ein falsches Wort des Partners die körperdysmorphe Symptomatik zur Explosion bringen kann. Der Dysmorphophobe steht aufgrund seines phantasierten Defekts ohnehin subjektiv mit dem Rücken zur Wand und reagiert hochsensibel auf jegliche Aussage, die den Defekt thematisieren könnte. Solch ein unbedachtes Wort kann in der totalen körperlichen Verweigerung und dem Auszug aus dem gemeinsamen Schlafzimmer enden. Das findet sich auch im normalen Leben: Jeder Mann weiß, dass er Scherze über das Gewicht und das Äußere seiner Frau unter allen Umständen unterlassen muss, und sei es noch so absurd und noch so lustig gemeint.

Doch die körperdysmorphe Störung macht auch vor dem zweitschönsten menschlichen Geschöpf nicht halt: Viele Männer fürchten, dass ihr Genital zu klein ist. Angeblich soll jeder zweite diese leisen Ängste ganz tief drinnen in der Brust hegen. Meistens ist diese Angst übrigens unbegründet, aber das ist nicht der Platz, um urologischen Trost zu spenden.

FALL 8-4: Einfach zu mickrig

Benedikt E., ein 19-jähriger Mechanikerlehrling, kommt zum Psychiater. Er habe einen quälenden Komplex: Sein Penis sei viel zu klein. Seine Gedanken würden immer um die Tatsache kreisen, dass er nach seiner jetzigen Einschätzung zu früh mit dem Masturbieren begonnen habe. Deswegen, so befürchtet er, sei das Organ dann in der Pubertät nicht mehr gewachsen. Oder zumindest nicht so, wie es hätte wachsen sollen. »Diese Gedanken begleiten mich schon lange. Ich habe auch lange mit niemanden darüber sprechen können. Seit ich bei einem Urologen war, weiß ich zwar, dass ich da unten normal entwickelt bin. Aber es kommen immer wieder Ängste auf.« Er habe bis heute den Kontakt mit dem weiblichen Geschlecht so weit wie nur irgend möglich vermieden – aus Angst, sich zu blamieren.

Störungen wie bei Benedikt E. treten in der psychiatrischen Praxis bei weitem häufiger auf, als man vermuten könnte. Mit Sicherheit hat sich bei ihm das Problem zu Beginn der Pubertät manifestiert und sich dann – vielleicht durch Tabuisieren – relativ lange halten können. Man darf hoffen, dass hier das Leben das nötige Korrektiv schafft. Benedikt E. hat insgesamt eine gute Prognose, aber er kann sich auch dem Leben und der Liebe verschließen: Manche Patienten isolieren sich zunehmend von ihrer Umgebung, sind kontinuierlich gehemmt in ehelichen Intimkontakten und haben zu große Angst, sich wirklich zu binden und hinzugeben. Sie schieben den vermeintlichen Schönheitsmangel vor, um den Mitmenschen aus dem Weg zu gehen, obwohl sie sich sehnlichst das Gegenteil wünschen. Aber die Angst vor Ablehnung ist größer als die Bereitschaft zum Risiko.

Adam R. (Fall 7-3) konnte »wegen der Gasentwicklung« nicht unter Menschen sein. Das glaubt er bis heute. Weil er angeblich nicht unter Menschen sein kann, sei er in die innere Emigration gegangen. In Wirklichkeit hat er sich aber ziemlich sicher aus Angst vor Ablehnung selbst isoliert, bevor er überhaupt die Erfahrung der sozialen Ächtung gemacht hat. Herr R. hat die Produktion der Darmgase (die er damals höchstwahrscheinlich auch überproportional wahrgenommen hat) mit sozialer Ablehnung gleichgestellt. Damit ist er mit seiner Selbstisolation nur den anderen zuvorgekommen, die ihn – alles in seiner Phantasie – ohnehin ausgestoßen hätten. Da seine damalige Annahme aus dieser Angst heraus niemals falsifiziert werden konnte, ist er 15 Jahre später noch immer dieser Meinung.

Im sozialen Rückzug wird zwar die phantasierte unerträgliche Qual vermieden, Zielscheibe des Spotts anderer Personen zu werden, aber es tritt dadurch trotzdem keine Symptomlinderung ein, weil der Betroffene niemals durch gegenteilige Erfahrung seine irrige Annahme (Defekt = Verachtung plus Spott) korrigieren kann. Dadurch können schwere depressive Verstimmungen und suizidale Krisen die Folge sein. Diese gigantische Kaskade der Selbsttäuschung ist ein Drama vieler Menschen mit einem phantasierten Defekt. Die Geschichte von Paul Watzlawick über den Mann, der alle zehn Sekunden in die Hände klatscht, um die Elefanten zu vertreiben (im Kapitel 3 dieses Buches erzählt), bringt diesen Mechanismus auf den Punkt: Die Angst verhindert den Realitätscheck und damit die Korrektur einer irrigen Interpretation.

Operative Angsttherapie

Die neuen Ängste führen zu einer neuen Nachfrage – und die bringt einen neuen Markt zum Boomen: die Schönheitschirurgie. Spätestens seit in vielen TV-Shows über Botox philosophiert wird, ein italienischer Ex-Ministerpräsident feierlich von einer Schönheitsoperation zur nächsten schreitet und bei vielen Pop-Sternchen eine Brust-OP so alltäglich ist wie Zähneputzen, ist der Boom der künstlichen Verschönerung endgültig bei uns angekommen. Dank verschiedener Arten und Größen der Implantate kann der Wunschbusen heute einfach im Katalog ausgesucht werden. Geld für Führerschein oder Reisen nach dem Abitur ist total out: Was sich die neuen Volljährigen heute wirklich wünschen, ist ein neuer Busen oder eine schönere Nase. Die ultimative Verschönerung als Abi- beziehungsweise Maturageschenk! Die

Zahl solcher Operationen hat sich in den vergangenen zehn Jahren verdoppelt. In Deutschland finden heute schon zehn Prozent aller Schönheits-OPs an 18-Jährigen statt – Tendenz steigend.

Jährlich setzen sich Hunderttausende Deutsche, Österreicher und Schweizer freiwillig der schmerzhaften Behandlung mit Spritzen, Skalpell oder Saugkanülen aus. Laser, Silikon oder chemische Peelings sollen viele dem herrschenden Schönheitsideal näher bringen. Denn dieses ist in vielen Köpfen schon lange kein SOLL, sondern bereits ein imperatives MUSS geworden. Die Zahl der ästhetischen Eingriffe in Deutschland ist allein bei den plastischen Chirurgen in Deutschland von 178 000 im Jahr 2004 auf 200 000 im Jahr 2005 und 500 000 im Jahr 2011 gestiegen. Jährlich sind die Zahlen so zuletzt um gut zehn Prozent gewachsen, das entspricht dem Trend in den USA, die uns da noch immer »voraus« sind.

Schönheitschirurgen haben in erster Linie weibliche Kunden, aber auch Männer legen sich zunehmend unters Messer. Frauen klagen in erster Linie über Probleme mit ihren Lippen, dem Gesicht, den Brüsten, der Hüfte, dem Gewicht und der Nase, Männer sind häufiger über ihr Genital, die Muskulatur und den Haarausfall unglücklich. Logischerweise lassen sich deswegen Frauen häufiger operieren. Nach Angaben der Deutschen Gesellschaft für Ästhetisch-Plastische Chirurgie werden 80 Prozent der Schönheitsoperationen an Frauen vorgenommen – und rund ein Drittel ist unter 30 Jahre alt. Bei den Brustimplantaten sind die 20- bis 29-jährigen Frauen sogar die größte Gruppe. Unvorstellbare 80 Prozent der unter 30-jährigen Österreicherinnen würden sich laut Umfragedaten einer Kosmetikfirma der Schönheit wegen unters Messer legen. Alarmierend sind auch Zahlen aus Deutschland, denen zufolge sich jedes fünfte Kind zwischen neun und 14 Jahren schon eine Schönheits-OP wünscht.

Das Geschäft mit der Schönheit ist im Steigen. Es sind marktwirtschaftliche Faktoren, die die Schönheitsindustrie stimulieren: Chirurgen verdienen daran. Aber selbst wenn Jugendliche an einer schiefen Nase leiden, löst eine Operation das Problem oft nicht. Eine Empfehlung der EU aus dem Jahr 2012 sieht vor, keine Brustimplantationen oder »unnötigen« kosmetischen Eingriffe bei unter 18-Jährigen ohne medizinische Indikation durchzuführen. Die deutsche Regierung plant in der Zwischenzeit sogar schon das Verbot von medizinisch nicht notwendigen Schönheitsoperationen bei Minderjährigen. Das ist ein gutes Zeichen, löst aber das gesellschaftliche Problem nicht: Die Deutsche Gesellschaft der Plastischen, Rekonstruktiven und Ästhetischen Chirurgen (DGPRÄC) gibt an, dass lediglich 1,3 Prozent der ästhetischen Eingriffe an Minderjährigen durchgeführt werden. Der Rest des Wahnsinns geht ungehemmt weiter.

Die Verbraucherzentrale Hamburg stellte 2012 empört fest, dass in einer Umfrage mehr als 90 Prozent der befragten bösen Schönheitschirurgen nur an der Operation und dem damit zu verdienenden Geld interessiert waren, nicht aber an ihrer Patientin und ihren möglichen, auch psychosozial bedingten Motiven, sich für eine Brustvergrößerung zu entscheiden. Operiert wird laut einer investigativen *FAZ*-Recherche fast immer: Selbst 14 Jahre alte Mädchen können inzwischen ihre Körbchengröße dauerhaft verändern lassen.

Dieser Trend ist nicht aufzuhalten. Offensichtlich leidet die ganze industrialisierte Welt an einer kollektiven körperdysmorphen Störung. Kaum jemand scheint mehr mit dem Natürlichen zufrieden zu sein. Selbst wer schön zu sein scheint, will immer noch schöner werden. Was sich einstmals nur Hollywood-Diven leisten konnten, ist inzwischen zu Discounter-Preisen überall zu haben. In Brasilien oder den Vereinigten Staaten ist die Brustvergrößerung das beliebteste Geschenk zum Abitur. In Kalifornien ist sie ein Statussymbol für Frauen der Mittelschicht. Der »natural look« kommt dort mittlerweile aus der Mode. Man(n) soll sehen, was Frau sich im Dekolleté geleistet hat.

Was für die plastische Chirurgie eine operationswürdige Deformität ist, die eine Schönheitsoperation rechtfertigt, ist stark modeabhängig und mitunter auch eine simple Frage des Geldes.

Der eingebildete Kranke

Im internationalen Katalog der Krankheiten der Weltgesundheitsorganisation WHO, dem ICD-10, wird die körperdysmorphe Störung als eine Variante der Hypochondrie angesehen. Dort ist sie in der Tat gut aufgehoben, weil sie viel mit der Hypochondrie gemeinsam hat. Hypochondrie gab es schon immer. »Der eingebildete Kranke« ist eines der berühmtesten Theaterstücke von Molière. Der Hypochonder Argan bildet sich komisch-grotesk ein, krank zu sein. Er zieht diverse Ärzte zu Rate, die die Einzigen sind, die ihm (aus Eigennutz) seine offensichtlich eingebildete Krankheit abnehmen und ihn im Krankheitsverhalten unterstützen.

Wie der Hypochonder beobachtet auch der Dysmorphophobe sich selbst ganz genau: Er ist auf sich selbst, seine Symptome, Wehwehchen und kleinen Leiden zurückgeworfen. Während die Selbstbeobachtung beim Hypochonder auf körperliche Sensationen und eingebildete Krankheiten ausgerichtet ist, richtet sie sich beim Dysmorphophoben auf das äußere körperliche Erscheinungsbild. Beide sind ausgesprochen beratungsresistent und recht uneinsichtig für die adäquate Deutung ihrer Beschwerden. Der Hypochonder will eine entsprechende Therapie für seine – von ihm selbst diagnostizierte – Krankheit. Der Dysmorphophobe will seinen Defekt wegoperieren. Und nur der Arzt, der den beiden recht gibt, ist ein wirklich guter Diagnostiker. Die anderen Ärzte verstehen schlichtweg ihr Handwerk nicht.

FALL 8-5: Die gefährliche Besserung

Der 35-jährige hypochondrische Patient Rudolf H. verweigert über Monate jegliches Psychopharmakon, obwohl er gleichzeitig gegen den Rat der Ärzte sämtliche Sinusitis-Medikamente (Mittel gegen Nasennebenhöhlenentzündung) wie Bonbons einwirft. Vor allem schwört er auf homöopathische Mittel, denn die sind ja bekanntlich gesund. Aber es wird immer schlimmer. Dass er depressiv ist, will er nicht akzeptieren: »Ich fall nur deswegen in Antriebslosigkeit und Depressionen, weil ich ständig eine Erkältung habe.« Frau H. macht Druck, denn ewig könne er auch nicht im Krankenstand bleiben. Verzweifelt schreibt sie dem Psychiater E-Mails, in denen sie ihn auf dem Laufenden hält. Zum wiederholten Mal versucht der Psychiater sein Fachwissen anzubringen und eine psychopharmakologische Therapie, ergänzend zur gewünschten psychotherapeutischen, zu verordnen. »Nein, Antidepressiva sind ein Unglück, ich will es ohne

sie schaffen. Da gehe ich lieber tanzen oder in das Fitnesscenter. Antidepressiva: Das bedeutet Scheitern!«
Trotzdem bespricht Herr H. den beleidigenden Vorstoß seines Psychiaters mit dem Homöopathen seines Vertrauens. Sehr zur Verwunderung und Verärgerung des Patienten gibt dieser dem Psychiater recht. Nach so langer Zeit müsse man eben auch diese Mittel ausprobieren. Als Rudolf H. schließlich zu seinem Beichtvater geht, um Orientierung zu bekommen, schließt sich dieser an: »Nehmen Sie das um Gottes willen!« Der Patient empfindet jetzt eine Wut im Bauch, weil »ich es nicht ohne Medikamente geschafft habe, da rauszukommen«. Und Wut gegen die Ärzte, »die nicht wissen, wie es mir wirklich geht«.
Seine Frau schickt dem Psychiater erneut eine E-Mail, um über das dramatische Ringen zu berichten: »Rudolf nimmt seit Mittwochabend Ihre verordneten Medikamente! Er hat sich mit allen Mitteln dagegen gesträubt, die Medikamentation zu beginnen. Es kostete mich viel Kraft und Energie, ihn zu überreden, endlich die Mittel zu nehmen. Erst klagte er über Durchschlafstörungen, dann wieder über beginnende ›Magenschmerzen‹, und schließlich steigerte er sich in eine total ablehnende Haltung hinein. Er meint: ›Es wird ja nur ALLES ZUGEDECKT, ich weiß nicht, wie ich mich BEHANDELN SOLL!‹ Jetzt fährt er ganz nervös mit dem Auto zu Ihnen, weil er nicht weiß, wie er Ihnen gegenüber reagieren soll!«
In der Therapiesitzung bekennt Rudolf H. schließlich: »Ich nehme jetzt Ihre Tabletten. Ich habe auch einen enormen Antrieb bekommen zum Arbeiten.« Der Psychiater will gratulieren ... Der Patient unterbricht: »Ich habe sofort dagegen angekämpft. Meine Bedenken waren, wenn ich Vollgas gebe, dass es mich dann zurückwirft mit meiner Erkältung ... Das habe ich geschafft.«

Rudolf H. erinnert ein wenig an die unfreiwillige Komik seines literarischen Artgenossen Argan. Ganz klar tritt in der Fallbeschreibung seine Halsstarrigkeit zutage, mit der er Ärzte und Priester in erster Linie dafür benutzt, seine Selbstdiagnose zu bestätigen. Wer dem Patienten nicht bedingungslos recht gibt, weiß nicht, wie es ihm wirklich geht. Nachdem er widerwillig das Antidepressivum nimmt, das von allen Autoritäten, die er dagegen mobilisieren wollte, abgesegnet wird, verspürt er dessen Wirkung. Da die Besserung nicht wirklich erwünscht ist, unterdrückt er diese – denn das normale Leben könnte ja seine (hypochondrischen) Symptome mehren.

Kapitel 9
Perfektionismus in Erziehung und Partnerschaft

Der Mensch ist kein Lebewesen für sich allein, sondern ein Rudeltier, ein soziales Wesen, ein »Zoon politikon«, wie Aristoteles formuliert hat. »Der Mensch wird am Du zum Ich«, sagte auch der jüdische Religionsphilosoph Martin Buber. Denn erst am Du erkennt man, wie man sein kann und was in einem steckt, im Positiven wie im Negativen. Perfektionismus kann dem Betroffenen lange verborgen bleiben, aber spätestens in einer engen Partnerschaft und gar als Vater oder Mutter kommt diese rigide Denkstruktur unweigerlich heraus. Je besser jemand seinen Perfektionismus reflektiert, desto besser kann man diesen beherrschen, korrigieren und vielleicht sogar sinnvoll einsetzen. Verdrängter Perfektionismus hingegen wird ein unangenehmer Störsender, der die Beziehung blockiert.

Der Perfektionist in der Partnerschaft

Der Perfektionismus eines Menschen kann entweder nach innen oder nach außen gerichtet sein. Dementsprechend spricht man – wie im Kapitel 4 schon ausgeführt – vom »introvertierten« und »extravertierten« Perfektionismus. Die Übergänge sind fließend, und beide Formen sind in einer Partnerschaft auf unterschiedliche Weise spürbar. Der eher introvertierte Typ ist unerbittlich gegen sich selbst und kann die eigene Person in ihrer

Fehlerhaftigkeit nicht annehmen. Er leidet an sich selbst. Wie dieser Typ die Ehe beeinträchtigen kann, wird am Beispiel der körperdysmorphen Störung (etwa im Fall 8-3, »Schweinchen-Arme und monströse Oberschenkel) gut erhellt. Beim extravertierten Perfektionismus hingegen müssen die anderen die vom Perfektionisten formulierten Regeln erfüllen – vor allem der Ehepartner. Dieser kommt im Laufe der Beziehung immer weiter in Zugzwang, immer mehr in Bedrängnis, weil noch dazu die Regeln und ihre Wichtigkeit sich im Alter stark vermehren. Was der Ehepartner leistet, ist niemals gut genug. Irgendwann platzt ihm dann der Kragen, sehr zur Verwunderung des Perfektionisten.

Weil der Perfektionist sich aus einer inneren Not heraus schwertut, sich selbst in seiner Fehlerhaftigkeit wahrzunehmen, weil er diesen Aspekt seiner Existenz gut verdrängt hat, kann er meist auch nicht verstehen, geschweige denn akzeptieren, dass sein Partner Fehler macht. Die eigene Fehlerverdrängung führt in Kombination mit der überhöhten Erwartung an den anderen zu einer unangenehmen zwischenmenschlichen Dynamik mit einem übergenauen Blick auf die Fehler des anderen. Der Ehepartner des Perfektionisten fühlt sich überfordert: Nie kann er es ihm recht machen! Der Perfektionist fühlt sich missverstanden: Er meint es doch so gut! Das kann schließlich bei beiden in Verbitterung münden und die Beziehung schwer belasten. Wie im Fall von Lotte U., die über ihr Leben mit ihrem »schrecklichen Mann« und den »schrecklichen Kindern« verbittert:

FALL 9-1: Feedback nach einer Paartherapie

In einer Paartherapie, bei der jeder behutsam seine Anliegen an den anderen richten konnte, war es ein Anliegen von Frau Lotte U., dass ihr Mann, ein Arzt, endlich mit dem Alkohol aufhören und nach dem Nachtdienst zügig nach Hause kommen soll, »weil sie schließlich nicht alles allein machen« könne. Die Anliegen des Mannes Erich U. waren, dass seine Frau ihn nicht immer bei jedem Glas Wein zum Alkoholiker stempeln und ihm auch ein wenig Freizeit gönnen solle. Man müsse doch Verständnis dafür haben, dass er nach einem anstrengenden Nachtdienst ohne Schlaf nicht auch noch bügeln könne. Nach seinem Bluttest habe er ganz normale Leberwerte. Trotzdem lasse sich seine Frau nicht von der Idee abbringen, dass er Alkoholiker sei. Diese Blutanalyse inklusive CDT-Parameter übergibt er dem Psychiater, der der Frau aus ärztlicher Sicht erklärt, dass mit diesen Werten ein Alkoholismus eigentlich auszuschließen ist. Ein paar Tage später erhielt der Psychiater eine E-Mail von Frau U.

»Sehr geehrter Herr Professor! Die Aggressionen, Lügen, Aufschiebungen von wichtigen Arbeiten häufen sich bei meinem Mann Erich wieder so, dass ich schon wieder fast täglich von seinen plötzlichen Wutanfällen träume oder dass ich ihn im Traum verlasse.

Bei unserer Tochter Lena (10 Jahre) wurde nun Legasthenie und ADHS festgestellt. Unser Sohn Lorenz (25 Jahre) hat diese Probleme ebenfalls, so wie ich sie erlebt habe und erlebe, und ich glaub sogar um einiges stärker! Ich hab von Lenas Therapeutin auch einen Beurteilungsbogen bzgl. ADHS (mit 20 Fragen) für Erwachsene erhalten, den ich für Erich ausgefüllt und der Mail beigelegt habe! Ich hab mich erst jetzt in dieses Krankheitsbild et-

was eingelesen, und wenn es dies ist, glaub ich, hat Erich es im Verhältnis zu den Kindern in einer viel ausgeprägteren Form, samt der Hyperaktivität.
Außerdem möchte ich Ihnen noch mitteilen, dass ich nach unserem gemeinsamen Gespräch am 2. November sehr unglücklich wegging! Bei mir kam es so an, als sei ich an den vielen Süchten meines Mannes schuld! Erich findet oft immer wieder tolle Erklärungen, warum er süchtig handelt – und oft kommt mir sein Verhalten so vor, als würde er in mir seinen ärgsten Feind sehen.
Das Beispiel, das Erich brachte, dass er ohne Bügeln nicht fernsehen darf, fand ich sehr daneben. Aber im Gespräch mit Ihnen verschlug es mir fast die Sprache. Ich habe Erich in den letzten (10 bis 20) Jahren einmal gebeten, seine Hemden zu bügeln, nebenher beim Fernsehen, weil ich nicht mehr konnte. Und einmal hat er es mir sogar selber angeboten, weil unsere Haushaltshilfe seit Sommer krank ist! Da ich ihm wirklich viel abnehme – angefangen von zu Hause (alle Einkäufe, das Kochen, alle Versicherungen, Instandhaltungen, Bank ...), den Kindern, dem Autoservice ... bis zu den Umbauarbeiten –, erwarte ich mir schon auch von ihm ein aktive Unterstützung, wenn er mal zu Hause ist, abends bzw. am Wochenende. Oft stört es ihn sogar, wenn ich ihn bitte, seiner Tochter gute Nacht zu sagen – geschweige mit ihr zu lernen. Allerdings war es er, der unbedingt wollte, dass sie ja nicht in die Vorschule gehen soll, obwohl die Kindergärtnerinnen ihr soziales Defizit bereits sahen. Erst seit sie im Gymnasium ist, lernt er am Wochenende oder manchmal abends mit ihr, da sie es einfach alleine nicht mehr schafft und ihre Anfälle mir gegenüber zu heftig wurden.
Meist geht er sehr aggressiv mit mir um, und wenn ich mir

diesen Ton nicht gefallen lasse, diskutieren wir dann ewig, ob er nun aggressiv war oder ob nur ich das so wahrgenommen habe. Meist geht er dann wie ein beleidigtes Rumpelstilzchen ins Bett, spricht nicht mehr mit mir, und am nächsten Tag tut er meist so, als ob nichts gewesen wäre. Er ist dann wieder nett, verständnisvoll und liebesbedürftig.
Mein Mann liebt alles Neue, Aufregende, Herausfordernde, nur keine Routinetätigkeiten bzw. Alltagstätigkeiten – dazu gehört sogar das Zähneputzen! Letzten Samstag schliefen wir uns nach der Krankenhaus-Weihnachtsfeier lange aus, brunchten und hatten es nett und gemütlich (da unsere Tochter bei Verwandten übernachtete) bis Mittag. Dann ging Erich ins Spital, weil er eben wieder viele Arztbriefe zu diktieren hatte, da er wie meistens während der Woche viele Patienten und wenig Zeit für Administratives gehabt hatte. Aber als ich um ca. 15:15 Uhr ins Spital kam, um nach ihm zu schauen, da saß er mit zwei Kollegen in der Cafeteria und plauderte! Somit war die dringende Arbeit auch wieder nicht getan ... und ich war wieder enttäuscht, weil er nach dem guten, erholsamen Vormittag gleich wieder auf »Erholung« gegangen war!
Ehrlich gesagt, bei drei so egoistischen, suchtanfälligen und verlogenen Personen in der Familie komme ich wirklich immer wieder mal ans Ende meiner Kräfte und Geduld. Ich dagegen wurde (samt vier Geschwistern) sehr streng zu Arbeit, Ehrlichkeit, Genauigkeit angehalten und von meinem Vater sehr lieblos und mit körperlichen Strafen erzogen!

Es ist Frau U. ein großes Anliegen, ihrem durchaus erfolgreichen Mann eine Krankheitsdiagnose anzuhängen. Zuerst ist es Alkoholismus und dann – das ist derzeit modern – ADHS, oder auch noch multiple Süchte. Die Wahrheit kann man anhand dieser Mail nicht herauslesen und die andere Seite der Geschichte nur vermuten. Wir können jedenfalls sicher sein, dass die Beschreibung des Mannes und der Kinder von Lotte U. ganz anders lauten würde. Erich U. ist bestimmt kein Heiliger – und die Heiligkeit kann leider auch keine Psychotherapie bewirken. Aber er ist sicherlich auch nicht das Monster, das Frau U. in ihm sieht. Auch die Kinder bekommen ihr Fett ab, so dass am Ende nur Lotte U. ohne Fehl und Tadel bleibt.

Lotte U. kann die fruchtbare Spannung zwischen dem SOLL ihrer Idealvorstellungen und dem IST ihres Daseins nicht zum persönlichen Wachstum nutzen. Für sie ist diese Diskrepanz immer ein bedrohlicher Vorwurf, und so wird ihr persönlicher Anteil schöngefärbt, während der Mann – und auch die Kinder – den schwarzen Peter bekommen. Ihre Persönlichkeitsentwicklung stagniert dadurch, denn warum soll gerade sie sich denn verändern? So entwickelt sich von der Mutter ausgehend eine unpersönliche Kälte in der Familie, die man zwischen den Zeilen mit Händen greifen kann. Frau U. nimmt das selbst wahr – allein, es fehlt ihr an der richtigen Einschätzung der Lage: Anstatt in sich zu gehen, glaubt sie, durch immer schrillere Kassandrarufe die Wende einleiten zu können. Doch in Wirklichkeit vergiftet sie genau damit zunehmend die Familienatmosphäre.

In ihrem gesamten Schreiben fehlt jedes selbstkritische Wort, wie es durchaus in Ehekrisen typisch ist, wenn man sich verrannt hat und glaubt, mit dem Rücken zur

Wand zu stehen. Ihr Fokus liegt auf den anderen: Wenn Mann und Kinder sich anders verhalten würden, dann würde es mit der Familie endlich bergauf gehen. Wie sehr sehnt sie sich danach! Lotte U. lebt in ihrer Wahrnehmung letztlich fehlerlos »mit drei so egoistischen, suchtanfälligen und verlogenen Personen in der Familie«, wobei sie hingegen »sehr streng zu Arbeit, Ehrlichkeit und Genauigkeit erzogen« wurde. Dass sie sich schon immer als Opfer gefühlt hat, könnte man aus dem kurzen Nebensatz ablesen, dass sie vom »Vater sehr lieblos und mit körperlichen Strafen erzogen« wurde.

Frau U. ist sehr darauf bedacht, sich im zwischenmenschlichen Kontakt keine Blöße zu geben. Sie erlebt die Darstellung ihres Mannes in der Paartherapie als Bloßstellung und hat das dringende Bedürfnis, das dem Psychiater gegenüber richtigzustellen. Sie muss das letzte Wort haben. Das ist wichtig für sie, um die bedrohliche Sichtweise ihres Mannes zu entkräften und die Kontrolle über den Prozess zu bewahren. Es empört sie, in Frage gestellt zu werden. Die Angst vor Bloßstellung lässt sie wenig spontan, unmenschlich und herzlos wirken. Stattdessen agiert sie in den letzten Jahren zunehmend halsstarrig und rigide. Von außen wirkt sie zudem besserwisserisch und kalt. Rationale Argumente – wie der Bluttest – stören ihr Erklärungsmodell und werden aus der Erinnerung gelöscht: »Bei mir kam es so an, als wäre ich an der Alkoholsucht meines Mannes schuld!« Bei dem Satz ist bemerkenswert, wie sehr es sie ärgert, selbst in Frage gestellt zu werden: Sie ging deswegen nach der Therapiestunde »sehr unglücklich« weg. »Aggressionen« und »plötzliche Wutanfälle« nennt sie die unwirschen Reaktionen ihres Mannes auf ihr Trommelfeuer an Vorwürfen.

Die Übergriffigkeit

Ein bemerkenswertes Defizit von Perfektionisten im Umgang mit anderen ist das fehlende Wahrnehmen fremder Grenzen. Daraus resultiert notwendigerweise eine Übergriffigkeit, die weder absichtlich erfolgt noch böse gemeint ist. Die dem Perfektionismus zugrunde liegende Ichhaftigkeit bewirkt eine Asymmetrie der Wahrnehmung: Nicht zwei Personen werden auf gleicher Augenhöhe wahrgenommen, die einander begegnen und gegenseitig ihre Interessen und Grenzen achten (das wäre sachlich), sondern überproportional wird die eigene und nur schemenhaft die andere Person gesehen. Viktor Frankls wunderschönes Zitat *»Nur das kranke Auge sieht sich selbst«* ist hier die passende Metapher. Die verzerrte Optik bewirkt, dass letztlich die Sensibilität für die Grenzen des Gegenübers unzureichend ausgeprägt ist.

Der Perfektionist fühlt sich nicht prinzipiell seinem Gesprächspartner gegenüber höherwertig und überlegen – das ist eher die Gefühlswelt des Narzissten. In diesem Zusammenhang ist ein Zitat des deutschen Politikers Hans-Dietrich Genscher interessant: »Ich habe schon vor dem Unterausschuss gesagt, dass ich der größte Außenminister aller Zeiten bin – ich konnte nicht anders, ich stand unter Eid.«

Im Gegensatz dazu hat der Perfektionist lediglich den Fokus derart auf sich selbst gerichtet – auf sein Interesse, seine Weltsicht, seine Probleme –, dass der Übergriff wie von selbst passiert. Der Eingriff in das fremde Leben, das Einmischen in Dinge, die ihn nichts angehen, die indiskrete Frage, die den anderen in Verlegenheit bringt: Das alles fließt wie selbstverständlich aus dem Lebensgefühl des Perfektionisten.

Der Perfektionist behauptet nicht mit stolzgeschwellter Brust, dass er keine Fehler habe – er hat nur vor lauter Angst den Scheinwerferkegel seines Bewusstseins von seiner Fehlerhaftigkeit weggerichtet. So erlebt er sich selbst – ohne das groß zu reflektieren – als fehlerlos und bemerkt sich aber gleichzeitig umgeben von fehlerhaften Menschen. Deswegen fühlt er sich verpflichtet, bei anderen einzugreifen, die Welt um sich herum helfend zu verbessern. Dass andere ihn deswegen als besserwisserisch wahrnehmen, kann er nur ganz schwer nachvollziehen.

FALL 9-2: Das Trauma der widerrufenen Einladung, Teil 1
Die 27-jährige Astrid D., ein Einzelkind, widerruft nach einer schlaflosen Nacht eine am Vorabend gegebene Zusage an ihre 60-jährige Mutter Gertrud, die sie und ihre Familie fünf Tage lang in Wien besuchen wollte. Die Mutter, in der Schweiz lebend, hatte den Besuch in einem Telefonat vorgeschlagen. Daraufhin entsteht ein überraschend heftiger Streit, bei dem beide Ehemänner zwar hinter ihren jeweiligen Frauen stehen, aber nicht aktiv eingreifen. Danach versucht Herbert, Astrids Ehemann, die Wogen in einer E-Mail zu glätten:

»Liebe Schwiegereltern,
ich möchte Euch den gestrigen Vorfall aus meiner Sicht beschreiben. Angefangen hat die ganze Geschichte schon viel früher. Als wir damals nach Wien übersiedelten, haben Astrid und Gertrud mehrmals in der Woche telefoniert. Mir fiel damals auf, dass Astrid nach solchen Gesprächen oft kraftlos und bedrückt war, obwohl im Ge-

spräch eigentlich nichts Besonderes vorgefallen war. Nach langen Überlegungen haben wir herausgefunden, dass es einfach die fordernde und vorwurfsvolle Art von Gertrud war, die Astrid die Energie raubte. Sie hatte das Gefühl, sich ständig ihrer Mutter gegenüber rechtfertigen zu müssen. Im Lauf der Zeit wurde das zu einem Problem in unserer Ehe, und ich drängte darauf, den wöchentlichen Rhythmus beim Telefonieren einzuführen. Dies brachte eine Verbesserung, und das Problem war, wie es schien, gelöst.

Nun zum aktuellen Vorfall: Gertrud möchte uns fünf Tage zusätzlich zu den bereits vereinbarten Tagen besuchen und schlägt das in einem Telefonat am Sonntagabend überraschend vor. Zuerst sagen wir zu. In der Nacht auf Montag spürt Astrid, dass ihr der Besuch ähnlich viel Kraft kosten wird wie damals die Telefonate und sagt am darauffolgenden Montag den zusätzlichen Besuch wieder ab. Für unsere Familie bin ich darüber ausgesprochen froh, da wir gerade jetzt alle Kraft brauchen, um den Anforderungen mit den Kindern gerecht zu werden. Darauf explodierte Gertrud. Ich verstehe nicht, warum das zu so einer Aufregung führt, zumal Gertrud mehrmals betonte, wir sollten es doch sagen, ob uns die zusätzlichen Besuchstage passen.

Dass Du, Gertrud, uns nun Enkelkinderentzug vorwirfst, empört mich schon sehr. Ich verstehe es deshalb nicht, da Du erst von September bis November für ca. fünf Wochen bei uns warst (wofür wir sehr dankbar sind) und wir Euch zu Weihnachten für mehrere Tage eingeladen haben. Das bedeutet, dass Du in den letzten Monaten mehr als sieben Wochen bei uns gelebt hast. Wenn das Enkelkinderentzug sein soll, dann verstehe ich Deine Erwartungen an uns nicht. Dass sich der neuerliche Besuch nun aufgrund

von Krankheit, Skiurlaub und Evas Besuch um vier Wochen verschiebt, liegt nicht allein an uns.
Den Vorwurf, dass wir ›Gertrud nur zum Helfen holen‹ kann ich einerseits verstehen. Wenn daraus aber folgt, dass wir nicht die Freiheit haben sollen, einen zusätzlichen zu dem bereits vereinbarten Besuch abzusagen, dann war die Motivation zu helfen meines Erachtens nicht die richtige.
Einen Gedanken (meine Sichtweise) möchte ich Euch noch mitteilen: Es war schon öfter der Fall, dass Gertrud nach längerem Nichttelefonieren anruft und enttäuscht ist, dass sich Astrid so lange nicht gemeldet hat. Das erzeugt einen unangenehmen Druck. Meist hat Astrid dann auch am selben Abend oder spätestens an den darauffolgenden Tagen zurückgerufen. Beim kommenden Besuch ist es auch so, dass Gertrud gerne länger als die zwei, drei Tage zu Besuch gekommen wäre. Dadurch, dass Astrid abgesagt hat, wird vielleicht der schon lange geplante Besuch nicht ausgesprochen harmonisch ablaufen. In beiden Fällen hätte sich Gertrud gerne mehr Entgegenkommen von Astrid gewünscht. Dadurch, dass Du, Gertrud, die Initiative übernimmst, folgt in beiden Fällen die Enttäuschung. Würdest Du Dich auf das beschränken, was von Astrid kommt, dann denke ich, wären beide Begegnungen, sei es am Telefon oder Besuche, schöner. Ich denke, dass auch Eure Mütter es so gehalten haben, auch wenn sie sich vielleicht mehr Kontakt gewünscht hätten und deswegen öfter Schmerzen durchleben mussten.
Eigentlich habe ich die Aufzeichnungen ursprünglich nur für mich gemacht, um Ordnung in meine Gedanken zu bringen. Da mich die ganze Geschichte aber genauso betrifft, möchte ich auch, dass Ihr wisst, wie ich dazu stehe.
Liebe Grüße, Euer Schwiegersohn Herbert«

Der Schwiegersohn Herbert spielt eine hilfreiche Rolle für seine Frau, da er ohne Beschuldigung, aber mit großer analytischer Kraft die Dinge auf den Punkt bringt. Er nimmt Emotion aus dem System und ermöglicht ein Nachdenken, das die Schwiegermutter teilweise auch zu nutzen weiß.

Auch Gertrud D. ist keinesfalls ein malignes Exemplar einer übergriffigen Mutter, da gibt es viel Schlimmeres. Sie merkt nur nicht, dass sie mit Forderungen und Vorwürfen die junge Familie auf Trab hält, vor sich hertreibt und sich selbst mit unheimlicher Kraft in das Leben und in die Familie der Tochter drängt. Die war lange Zeit zu schwach, um sich wirkungsvoll abzugrenzen. Denn sie ist mit dieser Mutter aufgewachsen. Und die Mutter ist natürlich auch eine nützliche Hilfe in der Kinderbetreuung, das ist verführerisch.

Psychodynamischer Hintergrund ist, dass die Mutter die einzige Tochter ein Leben lang vergöttert hat und sie hierarchisch klar vor ihren eigenen Mann gestellt hat. Schon ihre Mutter hat das genauso gehandhabt: Bis zu deren Tod war die Großmutter von Astrid ihrer Mutter wichtiger als der eigene Mann. Für die Ehe der Eltern war das eine schwere Belastung, der schwache Vater war – wie sein Schwiegervater – mehr und mehr ein Fremder im eigenen Haus.

Als die 20-jährige Tochter Herbert kennenlernte, ließ sich die Mutter von Anfang an alle intimen Einzelheiten der Beziehung berichten, wies aber die Tochter an, diese Mutter-Tochter-Gespräche vor dem zukünftigen Schwiegersohn geheim zu halten. Ein schwerer Schlag für die Mutter war das berufsbedingte Wegziehen der jungen Familie in das ferne Wien. Gertrud D. hatte bereits den Nachbargrund zu ihrem Haus erstanden, damit ihre Tochter dort unter Mamas Fittichen ihre Enkel großzieht. Damit endet auch das ungesunde Naheverhältnis der beiden Frauen. Ein Schock für die Mutter ist es, als die frischverheiratete Astrid ihr eröffnet, dass sie ab sofort keine Geheimnisse mehr gegenüber ihrem Mann haben wolle – auch nicht mit ihrer Mutter. So kam es zu den oben genannten täglichen mühsamen Telefonaten, bei denen die Mutter auch immer wieder ihr Bedauern äußerte, dass die junge Familie nicht in ihrer Nähe blieb.

Die Schwiegermutter Gertrud D. antwortet einen Tag später ihrem 45-jährigen Schwiegersohn:

FALL 9-2: Das Trauma der widerrufenen Einladung, Teil 2

»Liebe Kinder!

Ich möchte zu Deinem Schreiben Stellung nehmen. Ich habe den längeren Besuch bei Euch angeboten, weil ich glaubte, Euch eine Freude zu machen und wieder einmal helfen zu können, wie schon so oft. Ich hatte den Eindruck, dass die Zeit im Herbst, als ich bei Euch geholfen habe, auch für Euch gut gelaufen ist und ich keineswegs eine Belastung für Euch war. Ich erspare mir jetzt aufzuzählen, wie sehr ich mich für Euch aufgeopfert habe. Das wisst Ihr sehr gut, auch wenn ich wenig Dank von Euch erhalte. Nicht dass ich das erwarten würde, ich helfe gerne, aber andere Kinder sind ihren Eltern für viel weniger Hilfe viel dankbarer und schließen sie nicht von ihren Enkelkindern aus! Meine Geschenke nehmt Ihr an – und dann werft Ihr mir die Tür vor der Nase zu!

Für mich wäre eine Absage am Sonntagabend wirklich okay gewesen, das habe ich auch mehrmals im gestrigen Gespräch mit Astrid betont. Als ich dann aber am Montagmorgen erfuhr, dass ich doch nicht willkommen bin, war ich wirklich betroffen und konnte mir einfach nicht erklären, was der Grund des Widerrufes der Einladung war. Dann haben mich die Gedanken den ganzen Tag nicht mehr losgelassen. Ich rief daher am Dienstag in der Früh nochmals an. Ich war wirklich emotional erregt und bekam wieder keine für mich befriedigende Antwort, dass ich den Grund verstanden hätte, warum zuerst ja und dann nein.

Es ist für mich unerträglich, immer warten zu müssen, was von Dir, Astrid, kommt und dass meine Initiative oft negativ aufgenommen wird. Ich will ja nur das Beste für Dich! Zum Thema ›unsere Mütter‹ möchte ich noch sagen, dass meine Schwiegermutter auch immer Forderungen an mich stellte, es war wirklich nicht so, dass sie nur auf unsere Einladung hin zu uns kam. Mit meiner Mutter habe ich mich immer allerbestens verstanden. Wir waren ein Herz und eine Seele, wie es für eine Tochter und ihre Mutter eigentlich ganz normal sein sollte. Auch darüber habe ich heute Nacht noch einmal nachgedacht.

Ich wollte Euch auch noch sagen, dass ich Euch verzeihe und nach wie vor bereit bin, Euch zu helfen.

Noch zum Anfang Deiner Mail: Es erstaunt mich sehr, dass meine Anrufe Astrid so fertigmachen sollen. Was soll denn so belastend sein an Telefonaten zwischen Tochter und Mutter? Das ist doch das Natürlichste der Welt! Wenn sie das fertigmacht, dann ist das doch nicht normal! Und ich soll wieder daran schuld sein? Sicher nicht! Ich denke, ich verhalte mich nicht anders als andere Mütter auch. Und zur Gegenwart: Es war mir auch jetzt nicht bewusst, dass der ›Ablösungsprozess‹ (komisches Wort!) noch immer nicht beendet sein soll, aber wenn mir Astrid das am Montag am Telefon gesagt hätte, dann

wären uns allen wahrscheinlich viele Tränen und trübe Gedanken erspart geblieben.
Grüße, Gertrud«

Gertrud D. ist von ihrem Mann »enttäuscht« – nachdem sie, wie ihre Mutter, seine Entwertung vorangetrieben hatte – und hängt sich ganz in die Hege und Pflege ihrer Enkelkinder. Die Beziehung zu ihren Enkeln wird zum wichtigsten Inhalt ihres Daseins. Über jedes vernünftige Maß werden Spielsachen und Kleidung für die Kinder gekauft, nicht ohne diese Geschenke auch als Druckmittel zu verwenden: »Meine Geschenke nehmt Ihr an – und dann werft Ihr mir die Tür vor der Nase zu!«

Das Problem der Gertrud D. ist, dass sie emotional unersättlich ist, weil sie nicht in sich ruht. Es ist für ihre Tochter nicht möglich, sie zufriedenzustellen. So sind die ständigen Vorwürfe an die Tochter Ausdruck eines missglückten Lebens. Was die Mutter unbewusst am meisten schmerzt, ist, dass die Tochter die Familientradition der Männerentwertung nicht weiterführt. Dadurch fürchtet Gertrud D. um ihre Machtposition. Denn sie sitzt zwischen allen Stühlen: Ihren Mann hat sie entwertet, ist nicht mehr an einer tieferen Beziehung zu ihm interessiert – und ihre Tochter verweigert die quasipartnerschaftliche Nähe, die die Mutter erwartet und selbst mit ihrer Mutter unter Ausschluss ihres Mannes gelebt hatte. In Ermanglung von Nähe wirft sie sich jetzt in einer ungesunden Weise auf ihre Enkelkinder, die aber erfreulicherweise weit weg sind.

Die Übergriffigkeit von Gertrud D. ist also durch ein instabiles Wertesystem in der Familie motiviert, das sie von ihrer Mutter übernommen hat und von ihrer Tochter mit Selbstverständlichkeit erwartet. »Mit meiner

Mutter habe ich mich immer allerbestens verstanden. Wir waren ein Herz und eine Seele, wie es für eine Tochter und ihre Mutter eigentlich ganz normal sein sollte.« Ein Weiteres tut die perfektionistische Persönlichkeitsstruktur, die rechthaberisch und selbstkritiklos andere energetisch aussaugen kann. Aber richtig aufgeladen wird die Übergriffigkeit durch die emotionale Bedürftigkeit, mit der sie das Innenleben ihrer Tochter als ihr rechtmäßiges Eigentum und ihre gefühlsmäßige Heimat wahrnimmt. Die Nähe, die sie von ihrer Tochter fordert, steht ihr nach ihrem Selbstverständnis zu.

Bemerkenswert im Antwortschreiben ist der Selbstbetrug: »Ich habe den längeren Besuch bei Euch angeboten, weil ich glaubte, Euch eine Freude zu machen und wieder helfen zu können, wie schon so oft.« Im ersten Absatz nimmt man vor allem die Abwehrmechanismen Fremdbeschuldigung und Selbstmitleid wahr. Auch die Selbstdarstellung, dass eine sofortige Ablehnung des mütterlichen »Vorschlags« kein Problem gewesen wäre, aber die Rücknahme der Zusage sieben Stunden später sie so gekränkt habe, ist irrational und entbehrt jeder Logik. Bemerkenswert die Umdeutung der Selbsteinladung als »Einladung« des jungen Paares.

Übergriffigkeit und der Kampf ums Enkelkind gehen noch schlimmer. Hier ein besonders dramatischer Fall:

FALL 9-3: Kampf ums Kind

Die 26-jährige Anna F. kommt wegen massiven Konflikten mit ihren Eltern zum Psychiater und nimmt dabei ihren 8-jährigen Sohn Julian mit. Da der biologische Vater von Julian schnell nach Bekanntwerden der Schwangerschaft das Weite gesucht hatte, blieb Anna bei ihren Eltern. Sie

konnte so ihre Karriere in Angriff nehmen, während ihre Mutter Margarete sich sehr gerne und intensiv des Kindes annahm. Da Anna ihr einziges Kind war, Margarete sich aber immer einen Sohn gewünscht hatte, ging so irgendwie ein unerfüllt gebliebener Wunsch doch noch in Erfüllung. Die Bindung zwischen Großmutter und Enkel wurde mit der Zeit eng, so dass sich Anna immer mehr als fünftes Rad am Wagen – und teilweise sogar wie die ältere Schwester ihres Sohnes – fühlte. Das fand sie zwar etwas seltsam, störte sie allerdings nicht besonders, da sie ohnehin mit ihrem beruflichen Fortkommen beschäftigt war.

Die erste Disharmonie trat ein, als Anna beschloss, auszuziehen, und sich auch tatsächlich gleich eine Wohnung mietete. Die Großmutter stellte daraufhin unumwunden klar, dass es für Julian das Beste wäre, bei ihr zu bleiben. Denn schließlich gehe es um das Wohl des Kindes und nicht um die emotionale Befriedigung der Kindsmutter. Man einigte sich nach zähen Diskussionen auf einen Kompromiss: Der damals 6-jährige Julian zog zwar schließlich doch zu seiner Mutter, wurde aber von der Oma weiter von der Schule abgeholt und verbrachte den Nachmittag bei den Großeltern. Häufig allerdings kam es dann so, dass die Großmutter den Knaben abends nicht mehr zu seiner Mutter brachte, und er übernachtete in seinem alten Kinderzimmer. Das störte Anna zwar, aber sie war zu schwach, um sich dagegen aufzulehnen.

Das Problem zwischen Anna und ihren Eltern verschärfte sich, als Anna endlich den Mann fürs Leben fand. Die Beziehung zu ihrem Freund Franz wurde ernster und enger, bis schließlich die Hochzeit in Erwägung gezogen wurde. Es war der Großmutter ein Dorn im Auge, dass der Enkel mit der Tochter und ihrem neuen Freund gemeinsam Dinge unternahm. Durch Franz erkannte Anna erst die Absurdität der Familienkonstellation und pochte mehr auf ihre Rechte als Mutter. Immer häufiger verweigerte hingegen die Großmutter, Margarete F., die »Herausgabe« des Kindes mit vorgeschobenen Argumenten: Er müsse noch Hausaufgaben machen, sei zu müde oder gar krank. So verhärteten sich die Fronten.

Julian, ein aufgeweckter Knabe, erzählt dem Psychiater, dass »Oma und Mama nicht so gut miteinander können. Sie reden sehr wenig, und wenn, dann über mich. Hauptsächlich bin ich der Zankapfel.« Die Dynamik der Beziehung von Mutter und Großmutter schildert er erstaunlich scharfsichtig: »Über Mama sagen mir die Großeltern, hauptsächlich die Oma, dass sie unmöglich ist, sie kann sich nicht benehmen, sie hat ja keine Zeit für dich, weil sie dauernd etwas mit dem Franz tut, dass sie keine Ahnung hat, wie man mich richtig erzieht. Den Opa sehe ich selten. Die Oma mag die Mama nicht.« Interessant auch seine Beobachtung der anderen Seite: »Mama redet nie schlecht über Oma, nicht dass mir was in Erinnerung ist, außer wenn die Oma mir was verbietet, was die Mama erlaubt. Oma verbietet mir zum Beispiel, dass ich zur Mama gehe. Und dann bringt sie mich auch nicht hin.«

Schließlich kommt es, wie es kommen musste: Die Situation eskaliert. Wegen einer Belanglosigkeit geraten sich Mutter und Tochter in Annas Wohnung in die Haare. Margarete F. ergreift daraufhin die Hand ihres Enkels und will mit ihm die Wohnung verlassen. Ein wildes, schmerzhaftes Handgemenge der beiden Damen um den Knaben ist die Folge. Das Kind schildert: »Mehrmals musste ich mich zwischen die beiden werfen, fast wäre es mir gelungen. Schließlich hat Oma meine Hand gepackt und mich aus der Wohnung meiner Mutter zerren wollen. Das ist ihr

aber nicht gelungen.« Die Großmutter musste sich mit einem blauen Auge zurückziehen.
Kurz danach erstatten die Großeltern Anzeige wegen Freiheitsberaubung des Kindes, Körperverletzung der Großmutter und schalten außerdem das Jugendamt ein. Julian erzählt dem Psychiater: »Ich wünsche mir, dass ich jetzt nur sehr selten bei den Großeltern bin – ich war zu oft bei ihnen. Es war verwirrend für mich, weil ich von beiden Seiten was gehört habe und nicht wusste, was ich glauben soll. Die Großeltern gehen mir im Moment überhaupt nicht ab, sie reden entweder schlechte Sachen über Mama oder über das Fernsehprogramm. Oma und Opa haben mir nach dem Vorfall sehr viele SMS geschrieben. Ich war traurig, dass sie die Schuld auf Mama schieben.« Die Anzeige wurde abgewiesen.

Die Großmutter, Margarete F., zeigt deutliche Züge einer Perfektionistin: Es fehlt ihr jegliche Selbstkritik, dafür kritisiert sie ihre Tochter maßlos. Sie reagiert unbeweglich-rigide und stur im Umgang mit anderen. Sie wirft der Tochter vor, nur emotionale Befriedigung durch das eigene Kind zu suchen und deutet ihre eigenen, auch nicht ganz lauteren Motive als »Wohl des Kindes« um. Fremdes Abweichen von den eigenen Regeln rufen in ihr Unwohlsein hervor, das sich als aggressive Abwertung des anderen zeigt. Der hocherhobene Zeigefinger ist bei Margarete F. eine durchaus gängige Pose.

Zugegeben, Anna füllt ihre Mutterrolle nicht ideal aus. Sie verfügt aber über genügend Selbstkritik, um das auch selbst so sehen zu können. Ebenso hat sich Margarete F. zweifellos viele Verdienste um ihren Enkel erworben. Auch das kann Anna wertschätzen und anerkennen. Aber Margaretes eiserner Griff nach dem Enkel ist dadurch nicht legitimiert. Erstaunlich ist in dieser Konstellation die Hellsichtigkeit des Knaben. Wäre der Enkel wirklich der Großmutter verfallen, so könnte eine solche Geschichte durchaus anders ausgehen. Es gibt immer wieder Großmütter, die ihren Töchtern oder Schwiegertöchtern die Kinder abspenstig machen. Es ist eine wichtige Eigenschaft von guten Großmüttern, dass sie die Klugheit besitzen, sich rechtzeitig zurückzuziehen und die Rolle und Autorität ihrer Kinder und Schwiegerkinder zu respektieren. Erzherzogin Sophie, die Mutter des österreichischen Kaisers Franz Joseph, wird in den berühmten Sissi-Filmen der 1950er Jahre mit Romy Schneider und Karlheinz Böhm als solch ein unsympathisch-übergriffiger Drachen dargestellt. Sie war übrigens auch eine Tante ersten Grades ihrer Schwiegertochter.

Dass Übergriffigkeit nicht allein das Privileg der Mütter und Schwiegermütter ist, zeigt folgender Fall:

FALL 9-4: Des Vaters Wunsch

Der 35-jährige Rechtsanwaltskandidat Friedrich G. jun. kommt wegen jüngst aufgetretenen Panikattacken zum Psychiater. Nach dem Konflikt – praktisch immer steht ein unlösbarer Konflikt im Hintergrund einer solchen Problematik – muss der Psychiater nicht lange suchen: Die Freundin passt den Eltern nicht. Es ist immerhin schon die fünfte Frau, die er mit nach Hause bringt, und keine hat dem überkritischen Vater (Friedrich G. sen.) bisher gefallen. Der gibt sich besorgt: »Du sollst es einmal besser haben als wir, deswegen sollte sie vermögend sein.« Die vier ersten Freundinnen hat der Junior bis jetzt im Ver-

trauen auf die größere Erfahrung der Eltern wieder verlassen. Aber bei dieser spricht sein Herz eine so ganz andere Sprache als die »Vernunft« des Vaters.
Friedrich G. jun. ist ein Einzelkind und sehr eng mit seinen Eltern verbunden. Mit seinem Vater hat er schon vereinbart, dass der erste männliche Enkel wieder Friedrich heißen soll. Seine Eltern hatten im Streit mit beiden jeweiligen Elternpaaren gebrochen, weswegen der Junior ohne Großeltern aufwuchs. Das wolle er seinen Kindern nicht antun, das wolle er anders machen, sagt er. Deswegen suche er die Zustimmung der Eltern. Die Hochzeit habe er wegen der Kritik der Eltern schon mehrmals verschoben. »Familienplanung muss unter den besten Bedingungen stattfinden: Da müssen die Eltern mit an Bord sein.«
Sein Vater sei ein Perfektionist, der ein Leben lang viel gearbeitet habe. In der Kindheit des Patienten sei der Vater aufgrund der vielen beruflichen Pflichten viel weg gewesen, jetzt im Ruhestand fordert der Vater mehr Präsenz des 35-jährigen Sohnes: »Früher habe ich dich nicht gehabt – und jetzt wieder nicht.« Solche Sätze machen Friedrich G. jun. ein schlechtes Gewissen. Er wolle das alles perfekt unter einen Hut bringen: Vater, Mutter, Freundin, Nachwuchs.

Der Sohn entwickelt Panikattacken, weil er als Perfektionist die Anforderungen seines perfektionistischen Vaters nicht perfekt zu erfüllen weiß. Die perfekte, sprich konfliktfreie Lösung, bei der die Eltern vielleicht sogar bei der Zeugung der Nachkommenschaft »mit an Bord« sein müssen, wird er nicht finden – weil es sie nicht gibt. Der perfektionistische Vater hingegen ist im zwischenmenschlichen Umgang überkritisch, übergriffig und versucht, das eigene »Ideal« dem Sohn überzustülpen. Der Logotherapeut und Buchautor Reinhard Deichgräber fasst salopp zusammen, dass es Perfektionisten oft an Güte und Milde, Duldsamkeit und Toleranz fehlt: Sie sehen überall Fehler und Mängel, sehen sich selbst umgeben von »Bummlern und Dränglern, Rasern und Falschparkern«.

Erlernte Hilflosigkeit

Der Druck der Eltern auf das Kind kann sehr groß werden. Die Tragik des hilflosen Hochstaplers im ersten Kapitel (Fall 1-3) zeigt, wohin die Diskrepanz zwischen elterlicher Erwartung und kindlichem Erfüllen führen kann. Der Mutter des Hochstaplers ist das Gute nie gut genug, deswegen erhöht sie ständig den Erwartungsdruck auf ihren willensschwachen Sohn. Die Ansprüche sind bald unerreichbar, das Scheitern wird von der Mutter aber aggressiv abgewehrt und nicht zur Kenntnis genommen. Denn sie kämpft eigentlich um ihre eigene Integrität: Ein mittelmäßiger Sohn lässt in ihrer Sicht auf eine schlechte Mutter schließen. Perfektionistische Eltern drängen oft ihre Kinder durch unerfüllbare Forderungen in die Lüge.

Was eine perfektionistische Erziehung auch noch bewirken kann, sieht man am Fall der Elisabeth R., die dem Perfektionismus ihrer Eltern noch weniger entgegenzusetzen hat als der hilflose Hochstapler im ersten Kapitel:

FALL 9-5: Die Krankheit, die das Leben verunmöglicht

Die 40-jährige, stark übergewichtige Elisabeth R. kommt in Begleitung ihrer Eltern zum Psychiater. Die Eltern bitten, dass sie – der Vater 78, die Mutter 73 Jahre alt – zum Erstgespräch mitkommen können, damit der Psychiater einen besseren Blick auf die Familiensituation bekomme. Elisabeth nickt zustimmend. Die drei geben an, dass Elisabeth, ein Einzelkind, seit Jahren an einer schrecklichen Angststörung leide, die sie so unglücklich mache, dass sie viel essen müsse. Auch habe sie keinen Mann, was sie zusätzlich traurig mache. Infolge des Übergewichts (etwa 140 kg) habe sie wenig Bewegung, weil ihre Knie so schmerzen. Sie hätten bereits alle Koryphäen von Wien abgeklappert. Niemand habe ihr bisher helfen können.

Die Eltern kümmerten sich um Elisabeth. Die Mutter führe den Haushalt, wasche, putzte, koche, gehe einkaufen. Der Vater verwalte die Güter und arbeite trotz seines Alters immer noch bis spät in der Nacht. Und Elisabeth? Sie würde nur schlafen, essen und fernsehen. Nein, sie lese nichts, helfe nicht im Haushalt, gehe auch nicht außer Haus – weil sie halt nicht könne. Da sind sich alle drei einig. Sie sei bereits in Invaliditätspension. »Wissen Sie, Herr Professor, das ist die Krankheit! Meine Tochter ist überhaupt nicht faul«, erklärt der Vater. »Machen Sie auch Hausbesuche?« Die Liste der Medikamente umfasst zwölf Zeilen – täglich müsse Elisabeth 23 Tabletten zu sich nehmen. Der Auftrag an den Psychiater sei, eine Tablette zu finden, die Elisabeth endlich heilt.

Der Psychiater erklärt, dass es die Wunderpille in dieser Form leider nicht gibt und dass durch die Vermeidung jeder Änderung und Bewegung die Angst immer größer wird. Deshalb sei es wichtig, Schritt für Schritt den Handlungsspielraum von Elisabeth zu vergrößern. Für den Va-

ter klingt das gut – er hatte einmal eine Depression durch harte Arbeit überwunden. Die Tochter bleibt skeptisch, die Mutter noch skeptischer.
In der Folge beginnt Elisabeth unter der Aufsicht der Eltern an sich zu arbeiten. Der Satz »Die Krankheit ist so schwer, das kann sich gar keiner vorstellen« ist ihr ständiger Begleiter. Als Fernziel wird definiert, dass Elisabeth für sich selbst sorgen muss ab dem Tag, an dem sich die Eltern nicht mehr um sie kümmern können. Dazu gehören einkaufen, Essen kochen, Haushalt erledigen – alles Aufgaben, vor denen die Patientin eigentlich gar keine Angst hat. Abnehmen fände sie auch nicht schlecht, das wird aber nicht extra in den Fokus genommen.
Irgendwann kann der Psychiater Einzelgespräche durchsetzen. Der Vater bringt und holt seine Tochter zu jeder Therapiestunde mit dem Auto. Als erstes Ziel vereinbart der Psychiater mit der Patientin, sich das Frühstück selbst zuzubereiten. Doch das scheitert an der frühaufstehenden Mutter. Die Aufgabe, der Mutter bei der Zubereitung des Mittagsessens zu helfen, kann ebenfalls nicht umgesetzt werden, weil die Mutter keine Hilfe benötigt. Ebenso das Staubsaugen, Aufräumen des Hauses, Wäschewaschen und Bügeln. Überall hier kann die Tochter nicht in die Domäne der Mutter oder deren Angestellten eindringen. Als der Psychiater schließlich beide Frauen zum Gespräch bittet, erklären beide einmütig, dass »die Krankheit« diese Aufgabenteilung einfach verunmöglicht, und wahrscheinlich habe der Psychiater falsche Vorstellungen von dem schrecklichen Ausprägungsgrad der Erkrankung.
Der Psychiater bittet nun die beiden Frauen ihrerseits um Vorschläge, wie man die Unselbständigkeit der Patientin reduzieren könne. Kein Vorschlag kommt. Ob man es

nicht mal mit Einkaufen probieren solle? Das nächste Geschäft ist etwa 500 Meter vom Wohnhaus der Familie entfernt. Schrittweise ausgedehnte Übungsspaziergänge sollen diese Distanz schließlich überbrücken helfen. Die Damen halten das für möglich. Schließlich müsse Elisabeth ja auch zum Arzt gehen. Nach einer Woche berichtet die Patientin von über 50 erfolgreich zurückgelegten Metern, in der zweiten Woche sind es bereits 100. Nach zwei Monaten bestätigt Elisabeth freudestrahlend das Erreichen des Supermarktes, auch die mitgekommenen Eltern sind begeistert. Zu viert wird die Leistung der Patientin gefeiert. Gemeinsam überlegt man neue Pläne – die Selbständigkeit der Patientin scheint zum Greifen nahe.
Doch dann stockt der Erfolgslauf. Die weiteren, von der Patientin selbst festgesetzten Ziele können nicht mehr erreicht werden. Niedergeschlagenheit macht sich breit bei Eltern und Patientin. Der Psychiater versucht die Runde aufzumuntern: »Schaun Sie, mit dem Einkaufen haben Sie schon Ihr Leben verändert! Das ist auf jeden Fall ein großer Erfolg, den Ihnen keiner mehr nehmen kann.« Da hält es der Vater nicht mehr aus: »Herr Professor, da haben wir Sie leider angeschwindelt, um die Elisabeth zu schützen. Sie hat es nie weiter als 20 Meter vor das Haus geschafft.« Die beiden Damen erröten verlegen. Der Psychiater staunt.

Martin Seligman führte in den 1970er Jahren den Begriff der »erlernten Hilflosigkeit« ein, um die Depression zu erklären: Diese Hilflosigkeit ist im Fall der Elisabeth R. die richtige Beschreibung. Elisabeth ist völlig unselbständig, und die »Liebe und Fürsorge« der Eltern halten sie in diesem Zustand. Die Mama von Elisabeth R. hat ihr Kind emotional gebraucht und durch ihre »Overprotection« künstlich in kindlicher Unselbständigkeit gehalten, denn sie hatte keine Alternativen. Andere Frauen haben Enkel, die ihre Fürsorgebedürfnisse stillen können.

Helikoptereltern, die immer fürsorglich über ihrem (Einzel-)Kind kreisen, wollen ihrem Prachtexemplar alles Schwere im Leben ersparen, ihnen jeden Wunsch von den Augen ablesen, werden alle Launen ihres Kronprinzen tolerieren und sogar fördern, und ihn am Ende zur Vorlesung in die Uni begleiten. Der dänische Familientherapeut und Bestsellerautor Jesper Juul verwendet dafür auch den humorvollen Ausdruck »Curling-Kinder«: Denn wie bei dieser seltsamen Wintersportart werden ihnen von den übermotivierten Eltern alle Hindernisse aus dem Weg geräumt. Sie rutschen auf der spiegelblanken Fläche des Lebens widerstandslos weiter. Die perfektionistischen Eltern ersparen ihren Söhnen und Töchtern sogar den Anblick eigener Trauer, etwa beim Tod der Großeltern. Solche Kinder wissen in der Einschätzung Juuls nichts über andere Menschen und nichts über sich selbst. Sie wissen nicht, was es heißt, traurig oder frustriert zu sein, sie kennen deshalb kein Mitgefühl, keine Empathie.

FALL 9-6: Das Retortenbaby

»Ich bin ein Retortenbaby«, eröffnet die 23-jährige Clara F. ihr Erstgespräch mit dem Psychiater. Sie sei in den vergangenen zwölf Monaten eigentlich durchgehend krank gewesen. Tatsächlich trägt die Patientin bei frühsommerlichen Temperaturen ein Stirnband, auch in der ärztlichen Praxis. Dieses ständige Kranksein belaste sie derart,

dass sie jetzt auch schon psychisch angeschlagen sei. Die Patientin unterbricht ihre Ausführungen mit lautem Weinen. Dann läutet ihr Mobiltelefon. »Entschuldigung, das ist wichtig!«, wendet sie sich kurz an den Arzt. Dann hebt sie ab: »Ja, Mama, ich bin schon da! – Ja, die Straßenbahn hab ich gleich gefunden, die Station war eh dort, wo du gesagt hast. – Ja, er ist ganz nett, aber ich bin gerade erst hereingekommen. Ja, eh nett! Klar, ich ruf dich gleich nachher an. Bussi, hab dich lieb!«
Der Psychiater fragt, ob sie glaube, dass die Psyche bei den Erkrankungen eine Rolle spielen könnte. Nein, natürlich nicht. Die Ärzte wüssten schon gar nicht mehr weiter, aber sie habe eine Nasennebenhöhlenentzündung, das spüre sie. Das kann man nicht immer im CT erkennen – habe sie im Internet gelesen. Das wirke sich auf den ganzen Körper aus. Und natürlich mache das einen fertig. Wieder Weinen. Schluchzend erzählt sie, nachdem sie sich halbwegs gefangen hat: Sie sei ein Einzelkind, das die gesamte Last der elterlichen Erwartungen tragen müsse. Sie studiere Jura, weil der Vater sich immer einen Juristen in der Familie gewünscht habe. Sie hatte lauter Einser in der Schule, weil das der Mutter sehr wichtig gewesen sei. Sie sei immer wohlbehütet gewesen, alle Schwierigkeiten seien von den Eltern weggeräumt worden – nur die Krankheiten bekämen sie jetzt nicht in den Griff. Die Stunde vergeht, die Patientin verabschiedet sich. Durch die eben geschlossene Türe hört der Psychiater: »Hallo Mama, ja, war eigentlich eh ganz gut …«

Clara F. ist noch ganz eng von ihrer Helikoptermutter behütet. Wie die Curlingspieler vor dem rutschenden Curlingstein das Eis blank polieren, so sollte auch Clara

F. auf der spiegelblanken Fläche des Lebens, die die Mama glatt gerieben hat, widerstandslos dahingleiten. Bis sie die Hypochondrie der überbehüteten höheren Tochter einholt. Wie im Familiendrama »Die Glasmenagerie« von Tennessee Williams zieht sich die Tochter – im Theaterstück heißt sie Laura – in ihre eigene Traumwelt zurück. Die schüchterne Laura, die im wahren Leben außerhalb der Familie gänzlich zu scheitern droht, hat ihren Fluchtpunkt in der Welt ihrer Glasmenagerie, einer Sammlung von zerbrechlichen Glastierchen, gefunden. Clara F. hat dafür ihre Krankheit.

Religiöser Perfektionismus

Religion ist ebenfalls eine Beziehung: eine Beziehung zu Gott. Auch in diese kann sich der Perfektionismus schleichen, auch hier kann er sein Unwesen treiben. Religiöser Perfektionismus ist an sich ein bemerkenswertes Phänomen, denn Religion im Allgemeinen und die Gottesbeziehung im Besonderen sollten eigentlich angstlösend wirken. Schon der bekannte Psychoanalytiker Fritz Riemann hat in der Einleitung zu seinem Weltbestseller »Grundformen der Angst« Religion als einen effizienten Weg beschrieben, Angst zu bewältigen. Obwohl selbst Agnostiker, konstatiert Riemann der Religion, dass sie helfen kann, die Angst zu ertragen *»und sie vielleicht für unsere Entwicklung fruchtbar zu machen«*. Dasselbe traut er übrigens auch der Wissenschaft zu. Und der Magie.

Da Angst die Wurzel des Perfektionismus ist, sollte Religion den Perfektionismus zumindest wirkungsvoll abmildern. Klar: Wovor sich ängstigen, wenn man sich in Gott geborgen weiß? So ist religiöser Perfektionismus eigentlich ein Widerspruch in sich, letztlich eher ein Hinweis mangelnden Glaubens und Vertrauens in einen Schöpfergott, der zumindest aus Sicht der monotheistischen Religionen sein Geschöpf wohlwollend im Sein erhält.

Trotzdem schmilzt perfektionistisches Denken bei religiösen Menschen nicht immer dahin wie Schnee in der Sonne. Der Grund ist, dass der Perfektionist sich prinzipiell damit schwertut zu glauben, dass er liebenswert ist. Damit kann er auch nicht seinem Glaubenssatz vertrauen, dass Gott ihn ohne Gegenleistung liebt, ihm grundsätzlich wohlwill oder ihm gratis Barmherzigkeit zuteil werden lässt. Durch die Hintertür verschafft sich der Perfektionismus so Platz in der Religion: im Irrglauben, dass auch vor Gott nur die Leistung zählt. Perfektionismus setzt also der Verinnerlichung des Glaubens einen rigiden Widerstand entgegen.

Perfektionisten verwechseln die Ebene des Handelns mit der des Seins und hoffen, aufgrund von reger und rastloser Tätigkeit würdiger zu werden, bis sie irgendwann doch perfekt vor Gott stehen. Wer etwa zu viel von christlichen Werten und zu wenig von Geborgenheit in der väterlichen Liebe Gottes spricht, fördert diesen Leistungsstress im Glaubensleben. Die Geborgenheit in der Liebe Gottes ist aber nicht von einer Leistung abhängig. Sie ist in erster Linie unverdient und wird denen geschenkt, die sich im Bewusstsein ihrer Unvollkommenheit an Gott wenden und entsprechend handeln.

Gordon Allport hat die bereits erwähnte intrinsische von der extrinsischen Motivation auch im religiösen Leben unterschieden: *»Die intrinsische Motivation dient* *der Religion, während die extrinsische sich der Religion bedient«*, so lautet seine lapidare Kurzfassung. Damit ist gemeint: Man kann in die Kirche gehen, um gesehen und anerkannt zu werden oder um zu beten. Damit erinnert diese Aufteilung an die Spannung zwischen sachlichem und ichhaftem Denken bei Fritz Künkel. Intrinsische Religiosität ist von der Sache (in diesem Fall von Gott) begeistert und erfüllt, extrinsische Religiosität hingegen schielt auf den eigenen Vorteil: Was denken die anderen? Der US-amerikanische Psychologe Patrick R. Steffen von der Brigham Young University hat kürzlich den Zusammenhang mit dem Perfektionismus bewiesen. Er stellte 2013 eine hochinteressante Studie vor, bei der extrinsische Religiosität statistisch ganz eng mit sämtlichen Perfektionismuswerten assoziiert ist.

FALL 9-7: Die perfekte Nonne, Teil 1

Schwester Silvia ist eine 35-jährige hagere Klosterschwester in einem strengen braunen Ordenskleid, das ihr Haupthaar vollständig verdeckt. Sie beklagt beim Erstkontakt mit dem Psychiater ein frühmorgendliches Erwachen und eine Vielzahl von körperlichen Beschwerden, wegen denen sie schon bei einigen Ärzten war, die sie immer wieder auf einen Psychiater verwiesen hätten. Nun wage sie sich in die Höhle des Löwen.

Sie habe immer schon schlechte Nerven gehabt, »jede Art von Ungerechtigkeit greift mich an«. Sie könne aufgrund ihrer Sensibilität keine Spielfilme sehen und weise eine generelle Schreckhaftigkeit auf. In letzter Zeit leide sie zudem an einem Schwankschwindel und einem undefinierten Angstgefühl. Sie sei mit ihrer Ordensberufung zufrieden, aber der Lebensstil als Angehörige ihrer Ge-

meinschaft sei ihr zu anstrengend. Damit hadere sie: »Man hätte mich von Anfang an aussortieren müssen.« Ihre Eigenanalyse: »Ich setze mich selber unter Druck, einem Ideal zu entsprechen, das für mich zu groß ist. Ich kann Belastungen nicht so tragen wie andere. Ich habe das ganze Leben auf eine Karte gesetzt: meine Gemeinschaft. Und da habe ich Angst, nicht in guten Händen zu sein. Ich bin als Lehrerin und Pastoralassistentin nicht so erfolgreich, sprühend, dynamisch, fleißig, effizient, charismatisch, liebevoll, brillant, demütig, selbstlos – also bei weitem nicht so erfolgreich, wie ich mir eine Nonne vorstelle –, wie ich mir das erträumt habe. Ich habe meine Persönlichkeit mit dem Ordenseintritt abgelegt. Es besteht eine immense Diskrepanz zwischen meiner Fassade und meinem jämmerlichen Inneren – ich fühle mich wie die Asterixfigur bei den Goten, die den dicken Mantel ablegt und dann jämmerlich dürr darunter aussieht.«

Schwester Silvia weist Zeichen einer Neurasthenie auf, das ist eine »Nervenschwäche« mit hypochondrischen Zügen. Sie hat bereits eine hohe Selbstreflexion, weswegen ihr Satz »Ich setze mich selber unter Druck, einem Ideal zu entsprechen, das für mich zu groß ist« schon zur Diagnose führt. Dass sie hier SOLL mit MUSS verwechselt, ist naheliegend. Angst, sich hinzugeben und zu vertrauen, kommt heraus. Weiter vergleicht sie sich ängstlich mit ihren Mitschwestern und hadert mit sich selbst: »Ich habe meine Persönlichkeit mit dem Ordenseintritt abgelegt.« Bemerkenswert ist, dass sie ihre Maske schon bei Therapiebeginn benennen kann: »Es besteht eine immense Diskrepanz zwischen meiner Fassade und meinem jämmerlichen Inneren.«

Da der Perfektionist seine Fehlerhaftigkeit schwer aushält und sogar verdrängt, tut er sich in der Rolle als Geschöpf vor seinem Schöpfer schwer. Er will nicht als fehlerhafter Sünder vor Gott stehen. Die Rolle des Bedürftigen, Bittenden ist für ihn zu unsicher. Das will er tunlichst vermeiden. Viel lieber würde er sich ohne Barmherzigkeit und Gnade den Himmel erarbeiten: Ein unverdientes Geschenk ist schon bedrohlich, weil es Abhängigkeit bedeutet. Deswegen kann er sich schwer mit der Rolle des Beschenkten abfinden. Schon früh hat die Kirche diese Haltung als »Pelagianismus« verurteilt. Der eifrige Mönch Pelagius bzw. dessen fanatischer Schüler behauptete um das Jahr 400, dass es möglich sei, ohne Fehler zu sein, wenn man sich nur ganz fest anstrengt. Die Idee wurde übrigens schon damals von seinem Zeitgenossen Augustinus bekämpft, der alles andere als ein perfektes Curriculum Vitae aufzuweisen hatte.

Die innere Haltung des Pelagianismus weiterentwickelt, steht der Perfektionist vor der quälenden Frage: »Was denkt Gott von mir? Habe ich versagt, wenn ich Fehler habe?« Er kann leicht zum unausgesprochenen inneren Dogma kommen: »Ich muss tadellos vor ihm stehen, dann muss ich mir nichts von ihm verzeihen lassen, dann hänge ich nicht mehr von seiner Güte und Willkür ab.« Diese Selbsterlösungssehnsucht hat das Gottvertrauen nicht mehr nötig.

Der Psychiater und katholische Priester Johannes B. Torello beschreibt scharfsichtig den »religiösen Neurotiker«, bei dem er wohl den Perfektionisten meint: *»Angst ist die Triebfeder seines Handelns. Er weist Sicherheitsdenken und eine paradoxe Spiritualität auf: unkeusche Keuschheit, egozentrischen Altruismus, blöde Eitelkeit und verbale Selbstzerfleischung, religiösen*

Wunderglauben und engherzigen und berechnenden Rationalismus. Er verwechselt das vollkommene Ideal mit Fehlerlosigkeit, liebt das idealisierte Ich, nicht das Ideal, ist hart und unnachgiebig den anderen und nachgiebig sich selbst gegenüber. Er erfüllt vor allem ›seine Pflicht‹: Das Motiv der Pflicht ist stärker als das Motiv des Guten. Die Aufrichtigkeit mit sich selbst ist mangelhaft: Er sucht im Seelsorger Bestätigung und Mitleid, nicht Führung. Seine Selbstbeobachtung lautet: ›Wie gut bin ich doch, wenn es mich so betrübt, nicht gut zu sein.‹«
Torello bringt die innere Widersprüchlichkeit des Perfektionisten gut auf den Punkt, die auch viel mit mangelnder Selbstreflexion, Selbstbetrug und Beratungsresistenz zu tun hat. Perfektionisten verlieren im Glaubensleben oft den Blick aufs Wesentliche. Vor lauter Bäumen sehen sie den Wald nicht mehr. Biblisch gesprochen: Sie sieben die Mücken und verschlucken das Kamel. Sie reduzieren Spiritualität auf moralische Vorschriften, Gebet auf Leistung.

FALL 9-7: Die perfekte Nonne, Teil 2

Weitere Selbsteinschätzungen der Schwester Silvia: »Ich bin eine mittelmäßige, introvertierte Nonne, die sich lange für eine hochbegabte Extravertierte gehalten hat. Ich habe Kontaktfreude vorgetäuscht, damit lande ich in einem Erschöpfungszustand.«

»Innerlichkeit: Hab ich probiert, geht bei mir aber gar nicht. Da habe ich offensichtlich was falsch gemacht. Meine Erfahrung ist, ich kann mich hauptsächlich auf mich selbst verlassen, ich muss mich um mich selbst kümmern.«

»Ich bin gegen meine Gemeinschaft verbittert: Meine theologische Ausbildung ist schlecht gewesen, ich hätte

das Zeug zu mehr gehabt, oder vielleicht bin ich eh so dumm, dass ich nichts wirklich kapiere ... Man fördert mich nicht, benutzt mich nur als billige Arbeitskraft, verheizt mich. Ich habe mein Erbe in den Orden gesteckt ... Meine Art von Persönlichkeit wird nicht gefördert, die Oberin versteht mich nicht, mag mich nicht, ich bin ihr lästig, zu kompliziert. Sie mag die einfachen Gemüter viel lieber, die machen ihr keine Probleme ... Die Oberen haben mein Leben verpfuscht, und das Leben meiner Mitschwestern ... Ich fühle mich nutzlos.«

Torello beschreibt *»blöde Eitelkeit und verbale Selbstzerfleischung«*, und genau passend dazu sinniert Schwester Silvia 30 Jahre später die Sequenz »Ich hätte das Zeug zu mehr gehabt, oder vielleicht bin ich eh so dumm, dass ich nichts wirklich kapiere«. Die Verbitterung – das Gefühl, ungerecht behandelt worden zu sein mit einer deutlichen Portion Fremdbeschuldigung – ist ein klassischer Hinweis auf Perfektionismus mit Fehlerverdrängung. Schwester Silvia fühlt sich ungeliebt: »Die Oberin versteht mich nicht, mag mich nicht, ich bin ihr lästig, zu kompliziert ...«

Perfektionistische Religiosität ist missverstandene Religiosität: Gott lässt sich nicht nach dem eigenen Bild konstruieren. Fälschlicherweise sprechen manche Religionspädagogen heute gerne vom »Gottesbild« – anstatt von einer lebendigen Gottesbeziehung. Innere Freiheit ist einerseits die Folge und andererseits die Voraussetzung für eine gesunde Spiritualität: Nur in Freiheit kann man glauben, nur in Freiheit lieben, nur in Freiheit ja sagen zu Gott. Ohne innere Freiheit ist eine lebendige Gottesbeziehung unmöglich. Umgekehrt führt wiederum das Vertrauen auf Gott und die echte Gottesbeziehung zur inneren Freiheit, ermöglicht erst Selbstdistanzierung und Selbsttranszendenz.

Dem Perfektionisten ist der Sprung in diese Freiheit zu ungewiss, zu gewagt, zu riskant – eben wegen seiner angsterfüllten Sehnsucht nach bombensicherer Unantastbarkeit. Da geht er lieber auf Nummer sicher und verkriecht sich in penibler, unpersönlicher Regelbefolgung. Damit läuft er Gefahr, zu spiritueller Oberflächlichkeit, Werkgerechtigkeit, Anonymität in der Gottesbeziehung und fehlender Innerlichkeit abzugleiten. Wenn Augustinus von Hippo (immerhin ein katholischer Heiliger!) sagt: »*Liebe und tue, was tu willst*«, bekommt der religiöse Perfektionist aus oben genannten Gründen einen existenziellen Schwindel.

Torello, der übrigens auch katalanische Gedichte schrieb, meint weiter über den Perfektionisten in fast lyrischer Form: »*Seine Egozentrik verhindert echtes inneres Wachstum, echte Verinnerlichung, echte Askese, echte Nächstenliebe. Er verwechselt Schüchternheit mit Demut, Frigidität mit Keuschheit, Sentimentalität mit Andacht, Angst mit Klugheit, dümmliche Gutmütigkeit mit Güte, Nachgiebigkeit mit Verständnis, Bequemlichkeit mit Friedfertigkeit, Untätigkeit mit Milde, Mittelmäßigkeit mit Mäßigung, Herrschsucht mit Eifer, Aberglaube mit Glaube, Lust mit Sünde.*«

Die junge Therese von Lisieux, gestorben 1897 mit 24 Jahren, hat den »kleinen Weg« entdeckt, der als die beste Therapie des religiösen Perfektionismus angesehen werden kann. Selbst Perfektionistin, hat sie bemerkt, dass sie nicht zu großen Heldentaten und Leistungen taugt, sondern dass sie den kleinen, unscheinbaren Weg zu Gott beschreiten muss, bei dem sie keinen öffentlichen Applaus erntet. Es geht ihr aber nicht nur um den Verzicht auf große Leistungen, sondern darum, sich entgegen den eigenen Bauchgefühlen ganz Gott zu übergeben, sich vollständig zu überlassen, zu schenken, hinzugeben.

Dem um sich selbst besorgten Perfektionisten, der im Sicherheitsdenken steckenbleibt, ist in der Heiligen Schrift der Christen eine beeindruckende und tröstliche Stelle gewidmet: *»Sorgt euch nicht um euer Leben und darum, dass ihr etwas zu essen habt, noch um euren Leib und darum, dass ihr etwas anzuziehen habt. Ist nicht das Leben wichtiger als die Nahrung und der Leib wichtiger als die Kleidung? Seht euch die Vögel des Himmels an: Sie säen nicht, sie ernten nicht und sie sammeln keine Vorräte in Scheunen; euer himmlischer Vater ernährt sie. Seid ihr nicht viel mehr wert als sie? Wer von euch kann mit all seiner Sorge sein Leben auch nur um eine kleine Zeitspanne verlängern? Und was sorgt ihr euch um eure Kleidung? Lernt von den Lilien, die auf dem Feld wachsen: Sie arbeiten nicht und spinnen nicht. Doch ich sage euch: Selbst Salomo war in all seiner Pracht nicht gekleidet wie eine von ihnen. Wenn aber Gott schon das Gras so prächtig kleidet, das heute auf dem Feld steht und morgen ins Feuer geworfen wird, wieviel mehr dann euch, ihr Kleingläubigen? Macht euch also keine Sorgen und fragt nicht: Was sollen wir essen? Was sollen wir trinken? Was sollen wir anziehen? Denn um all das geht es den Heiden. Euer himmlischer Vater weiß, dass ihr das alles braucht. Euch aber muss es zuerst um sein Reich und um seine Gerechtigkeit gehen; dann wird euch alles andere dazugegeben. Sorgt euch also nicht um morgen; denn der morgige Tag wird für sich selbst sorgen: Jeder Tag hat genug eigene Plage.«* Die 2000 Jahre alte Schrift weist auf das Hier und Jetzt hin, wendet sich gegen pathologisches Sicherheitsdenken und fordert zu einem Gottvertrauen auf, das dem perfektionistischem Denken diametral entgegengesetzt ist.

Nachdem viel über religiösen Perfektionismus gesagt wurde, sollte noch abschließend festgestellt werden, dass gesunde Religiosität geradezu ein Gegengift für starres perfektionistisches Denken ist. Ein Patient berichtet, wie ihm die religiöse Rückbesinnung gutgetan hat und die dunklen Wolken des Perfektionismus wegtrieben:

FALL 9-8: Religion bringt den Perfektionismus zum Schmelzen

»Ich fand nach langer religiöser Abstinenz den Weg zurück zu meinem Glauben. Bei den täglichen Gebetszeiten und den geistigen Übungen nach Ignatius von Loyola lernte ich in den Begegnungen mit Menschen und in der Natur wieder bewusst wahrzunehmen und hinzuhören sowie neu Vertrauen zu fassen. Ich begann, alle Menschen, die mir im Alltag begegneten, mit anderen Augen zu sehen, und versuchte, auch manchmal das Gute, deren Bestimmung und Platz in unserer Gesellschaft bewusst wahrzunehmen. Alle Schöpfung hat ihren Sinn, und jeder von uns trägt das Gute in sich – oftmals nur hinter einem Vorhang verborgen, bedeckt oder sogar bis zur Unkenntlichkeit vergraben.

So erlebte ich nun auch bewusst die Schattenseiten meines Charakters und lernte diese zu akzeptieren und anzunehmen. In der Phase des Anschauens meiner Fehler entschloss ich mich, nach 17 Jahren wieder zur Beichte zu gehen. Es war unglaublich befreiend und erleichternd, all meine Fehler vor Gott klar auszusprechen und einzuge-

stehen. Ja, es stimmt, ich war müde geworden, um Verzeihung zu bitten. Nun aber tat ich es. Dies war mir Ansporn, auch mir selbst vergeben zu können. Ich fasste mir ein Herz und verfasste Briefe an meine ehemaligen Freundinnen, in denen ich alles ausdrückte, was mir jahrelang auf der Seele lag. Ich lernte, geduldiger mit mir selbst und im Umgang mit anderen zu sein. Barmherziger mit mir und mit anderen Menschen. Vor allem meine Freundin und meine Eltern erlebten dies hautnah mit.
Ich lernte meine guten und schlechten Eigenschaften im Umgang mit Menschen bewusster zu erleben und zu unterscheiden und versuchte in alltäglichen, kleinen Dingen Gutes zu tun und die Sonnenseiten meines Charakters hervorzuheben und mich vor Entscheidungen bewusst nach dem Guten zu fragen.«

Der Patient schildert, dass er durch den neu erstarkten Glauben wieder Vertrauen fassen konnte. Das ist für einen Perfektionisten ein wirklich großer Schritt. Auch das positive Wahrnehmen des Nächsten ist eine Heilung der perfektionistischen Fremdbeschuldigung und Verbitterung. Endgültig über den Schatten gesprungen ist er dann aber mit dem Satz: »So erlebte ich nun auch bewusst die Schattenseiten meines Charakters und lernte diese zu akzeptieren und anzunehmen.« Dafür braucht eine Psychotherapie ein geschlagenes Jahr! Dass er dann das alles noch bei einer Beichte bekennt, macht diesen Wandel psychologisch nachhaltiger – das Aussprechen vor einem Dritten stabilisiert die selbstreflexive Haltung. Danach räumt er auch noch mit seiner Vergangenheit auf und schrieb allen seinen Ex-Freundinnen – na, die werden sich gewundert haben!

In der Tat tut Religiosität der Psyche gut, auch wenn Sigmund Freud noch irrigerweise der Ansicht war, dass es sich dabei um eine Krankheit – eine kollektive Zwangsneurose – handle. In den zurückliegenden Jahrzehnten sind Hunderte wissenschaftliche Studien über die Korrelation von Religiosität und psychischer Gesundheit gemacht worden, die auch in anerkannten wissenschaftlichen Journalen veröffentlicht wurden. 2012 hat der US-Psychiater Harold Koenig von der Duke University die empirische Forschung im 1000 Seiten dicken Wälzer »Handbook of Religion and Health« zusammengefasst: 72 Prozent der Studien kommen zum Ergebnis, dass Religion sich positiv auf die Psyche auswirkt, nur 16 Prozent zeigen eine negative Korrelation, und bei zwölf Prozent ist kein Zusammenhang erkennbar. Besonders hilfreich ist Religiosität laut wissenschaftlichen Statistiken bei der Bewältigung von Traumata und Sucht sowie in der Selbstmordprophylaxe.

Teil III

Die Maske fallen lassen

Kapitel 10
Psychotherapie: Von der Selbsterkenntnis zur Änderung der Bauchgefühle

Psychotherapie basiert auf dem Prinzip, dass der Mensch sich prinzipiell ändern kann. Wenn auch nicht immer ganz so leicht. Deswegen benötigt er auch die Begleitung eines Experten. Eingefleischte Gewohnheiten, liebgewonnene Marotten und festgefahrene Denkmuster machen einem zu oft das Leben schwer – und noch mehr den Menschen, mit denen man zusammenlebt. Das gilt nicht nur für Perfektionisten, aber besonders für sie. Therapeuten können aber nur helfen, wenn der Klient wirklich etwas ändern will im eigenen Leben: idealerweise sich selbst und nicht irgendjemand anderen (denn das bleibt meistens Utopie).

Insofern ist der Wunsch nach persönlicher Optimierung für ein menschliches Wesen normal und nicht schon Ausfluss eines krankhaft perfektionistischen Anspruchs oder eines superpotenten Über-Ichs. Ja, auch das Streben nach Perfektion ist eigentlich Kennzeichen von gesunder Lebendigkeit: Wer das Interesse an persönlicher Verbesserung völlig verloren hat, hat sich selbst aufgegeben und baut naturgemäß ab. Persönliche Besserung besteht aber beim Perfektionisten genau darin, seinen Perfektionismus abzulegen. Denn der macht ihm das Leben schwer.

Während die vor fast 100 Jahren entwickelten Persönlichkeitsmerkmale »Big Five« noch von einer recht starren psychischen Verfasstheit ausgingen, belebt Martin E. P. Seligman, einer der bekanntesten Psychologen unserer Tage, im 21. Jahrhundert spannende griechisch-römische Erkenntnisse wieder neu. Er befreit sie gekonnt vom jahrtausendealten Staub und weiß sie stimmig in die neueste psychologische Forschung einzubauen. Klar, die Psyche des Menschen verändert sich über die Generationen nicht, und brillante Beobachtungen bleiben auch nach Jahrhunderten zutreffend. Seligman betont – in Anlehnung an die alten Griechen und im Gegensatz zum Konzept der Big Five (das Fünffaktorenmodell der Persönlichkeitspsychologie, das den Menschen nach Neurotizismus, Extraversion, Offenheit für Erfahrungen, Verträglichkeit und Gewissenhaftigkeit bewertet) –, dass ein Charakterfehler kein Schicksal ist und dass lebensnützliche Eigenschaften, wie die schon beschriebene Gewissenhaftigkeit, erwerbbar sind.

Schon Sokrates, Platon und Aristoteles schwärmten davon, dass man sich durch Bemühung – harte Arbeit an sich selbst! – vervollkommnen kann. Die persönliche Optimierung nannten sie »Arete«: die Vortrefflichkeit einer Person oder auch die hervorragende Qualität einer Sache. Man könnte auch »Exzellenz« dazu sagen, davon war ja bereits die Rede. Der psychotherapeutische Auftrag führt Klienten wie Therapeuten also mitunter zur Philosophie der alten Griechen. Für Sokrates, dessen intellektuelles Ringen um die richtige Lebensführung kreiste, war die Arete überhaupt der zentrale Begriff. Ein Leben gemäß dieser Exzellenz zu führen, hielt Sokrates für das höchste Ziel jedes Menschen: Perfektion als Verpflichtung! Das Perfektionsstreben gehört also doch irgendwie zum Menschen wie das Fliegen zum Vogel. Der Wille zur Vervollkommnung macht den Menschen erst zum Menschen. Nur mit einem attraktiven SOLL vor Augen kann das IST reifen.

Die antiken Denkschulen betrachteten die Arete nicht als Selbstzweck, sondern als Weg zur Erlangung des langfristigen Glücks, des geglückten Lebens schlechthin, der sogenannten »Eudaimonie«. Genau diese Nachhaltigkeit ist das letzte Ziel einer anständigen Psychotherapie, und Forscher wie Martin Seligman stellen die Eudaimonie in den Mittelpunkt ihrer Forschungstätigkeit. Während manche Neurobiologen am grünen Tisch »Glück« noch immer recht holprig auf die zufällig richtige Hormonmischung aus Endorphinen, Oxytocin, Dopamin und Serotonin im Gehirn zurückzuführen versuchen, ist für die klassische Philosophie – und eben auch für die moderne Psychologie – ein gelungenes, ja gutes Leben gleichzusetzen mit dem selbstverantwortlichen Erwerb der Arete.

Das Wort Arete spielt in der Psychotherapie noch eine untergeordnete Rolle. Dort finden wir aber neuerdings den Begriff »Weisheit«, der nach Michael Linden, dem Entdecker der posttraumatischen Verbitterungsstörung, die erwerbbare Fähigkeit ist, unlösbare Lebensprobleme zu verarbeiten oder zu ertragen. In Alltagssprache übersetzt bedeutet das, dass man durchaus lernen kann, sich nicht immer saudumm anzustellen und sich damit selbst ein Bein zu stellen.

Dass jeder Mensch glücklich sein will, wussten die alten Griechen auch schon. Und dass jeder seines Glückes Schmied ist, auch: Die geheimnisvolle Arete ist der

Schlüssel dazu. Aristoteles hat das meisterhaft durchdacht: Er eröffnet damit auch der modernen Psychotherapie neue Horizonte. Der geniale Philosoph aus dem vierten vorchristlichen Jahrhundert nennt die Arete »Tugend« und definiert sie als eine dauerhafte innere Lebenshaltung (»Habitus«) – im Gegensatz zu einer isolierten Handlung. Eine Schwalbe allein macht noch keinen Sommer, ein Baum keinen Wald. Aber wenn man einen Wald will, muss man einen Baum nach dem anderen pflanzen: Eine innere Haltung erwirbt man sich durch immer wieder neues und mühevolles Einüben der gewünschten Handlung (Baum pflanzen) – bis es zur Haltung wird (Wald).

Den Verhaltenstherapeuten und Behavioristen kommt dieses Konzept der Erwerbbarkeit durchaus bekannt vor, konditionieren sie doch ihren Pawlowschen Hund zu immer neuen akrobatischen Zirkusstücken. Doch im Gegensatz zum süßen Tierchen des Iwan Pawlow ist die aristotelische Tugend die Folge einer freien eigenen Entscheidung, die dann zu einem größeren Handlungsspielraum führt. Während dem Hündchen beim Glockenschlag unwillkürlich das Wasser im Maul zusammenläuft, entscheidet sich der Tugendhafte selbst dazu, immer die Wahrheit zu sagen – was ihm mit zunehmender Praxis immer leichter fällt, aber nie ohne seinen Willen stattfindet. Während also der russische Verhaltensforscher die unfreien Verhaltensweisen seines Tieres manipuliert, vervielfacht der Tugendhafte seine Verhaltensoptionen.

Damit ist der Gegensatz zwischen dem gesunden Perfektionsstreben und dem Leiden des Perfektionisten beschrieben: Im Perfektionisten läuft ein starres, unfreies, angstgetriebenes Uhrwerk ab, das dem Menschen eine

Verhaltensweise aufzwingt, die ihm selbst am meisten schadet.

Aristoteles unterscheidet auf dem Weg zum Glück dreierlei Güter: die äußeren, die körperlichen und die seelischen Güter. Äußere Güter sind etwa Herkunft, Kinder, Reichtum, Freundschaft, Ehre und günstiges Schicksal. Die seien vom zufälligen Glück – der Eutychia – abhängig und eigentlich nicht zwingend notwendig, um ein glückliches Leben zu führen. Körperliche Güter sind Schönheit, physische Stärke, Sportlichkeit und Gesundheit. Die kommen zum Teil von Eutychia, sind zum Teil selbst erarbeitet und auch ganz nett, aber ebenfalls nicht notwendig für das langfristige Glück. Auf äußere und körperliche Güter ist der Perfektionist scharf. Die seelischen Güter hingegen sind die Tugenden, und die ermöglichen die Eudaimonie – das geglückte Leben, das damit jedem Menschen offensteht, nicht nur den Reichen und Schönen dieser Welt. Tugend ist die Leichtigkeit im Tun des Guten und wird durch Übung erworben, unabhängig von der Eutychia. Ein geglücktes Leben hängt laut Aristoteles also nicht vom Zufall ab.

Seligman erforscht die Eudaimonie, die Wissenschaft vom geglückten Leben, und hat auf diese Weise die »Stärken und Tugenden« in seiner »positiven Psychologie« eingeführt. Er wollte nicht immer nur auf die Defekte des Menschen pochen: *»Gemütszustände zu behandeln, die das Leben unglücklich machen, hat die Aufgabe in den Hintergrund gedrängt, Gemütszustände auf- und auszubauen, die das Leben lebenswert machen«*, schreibt er im Vorwort seines Bestsellers »Der Glücks-Faktor. Warum Optimisten länger leben«. Hier nennt er sechs Kategorien von menschlichen Stärken: Weisheit und Wissen, Mut, Liebe und Humanität, Gerechtigkeit, Mäßigung, Spiritualität und Transzendenz. Sie ähneln frappant den Kardinaltugenden der vorchristlichen Antike.

Dem langfristigen Glück (der Eudaimonie) steht die kurzfristige Befriedigung gegenüber. Sie ist nicht notwendigerweise ihr Antagonist, steht ihr aber manchmal recht sperrig im Wege. Eis schlecken macht nicht unbedingt langfristig glücklich, es befriedigt bestenfalls momentan. Das ist keine moralische Wertung, sondern eine trockene Beschreibung. Suchtverhalten geht in der kurzfristigen Befriedigung auf, wird von ihr in unvernünftige »Versuchung« geführt und bewirkt einen Verlust an Kontrolle. Dem Süchtigen ist das Morgen egal, er will jetzt Befriedigung. Die aristotelische Tugend verweist die Befriedigung auf den richtigen Platz und gibt ihr nur nach, wenn sie dem langfristigen Glück nicht im Wege steht. Auch Sigmund Freud erkennt das, wenn er Triebaufschub, Triebverzicht und Sublimierung als Grundlage jeder Kultur bezeichnet.

Immanuel Kant und die Psychotherapie

In den sechs Stärken und Tugenden nach Martin Seligman ist der Mensch umso freier, je mehr er davon hat. Und die sind – das kann man nicht genug betonen angesichts 100 Jahren pessimistischer Psychologie – auf- und ausbaubar. Auch perfektionistisches Denken und perfektionistisches Handeln sind kein Schicksal, sondern abänderbar – mit oder ohne Therapeut. Sicherlich gibt es beim menschlichen Verhalten einen Einfluss von Genen und Erziehung, von Talent, Neigung und Veranlagung, aber im Wesentlichen ist eine »Tugend oder Stärke« selbst erworben. Das ist großartig – und in der Psychologie ziemlich neu: Durch seine Handlungen prägt sich der Mensch selbst, formt das, was Gene und Umwelt grundgelegt haben, zu seinem eigenen Charakter.

Bei jedem psychotherapeutischen Prozess, bei dem der Klient wirklich etwas verändern will, läuft im Hintergrund eine Dynamik ab. Zuerst muss der Mensch durchschauen, wie seine innere Uhr tickt. Erkennen, dass da etwas in ihm anders ist, als er in seinem Selbstbetrug konstruiert hat. Zum Beispiel erkennt er eines Tages, dass er viel weniger tolerant ist, als er immer von sich angenommen hat. Oder viel fauler, falscher oder lüsterner.

Nur wer versteht, was in den Bauchgefühlen abläuft, kann dazu vernünftig Stellung beziehen und gegebenenfalls das Ruder herumreißen. Ferdinand G. hat die seltsame Angst, Kirchen zu betreten, und fasst seine Erkenntnisse aus den ersten Therapiestunden zusammen:

FALL 10-1: Selbsterkenntnis

»Meine Angst vor Kirchengebäuden ist im Grunde Angst zu sterben, und zwar weil ich Angst davor habe – das ist mir jetzt peinlich aufzuschreiben –, in die ›Hölle‹ zu kommen. Das ist total skurril, weil ich eigentlich Agnostiker bin. Ich sage ›Hölle‹, um mich über mich lustig zu machen, aber meine unlogische Angst ist tatsächlich ein immerwährender, nie endender, ewiger schmerzhaft-schrecklicher Zustand. Das ist das bescheuerte innere Dogma, das für mich völlig neu ist. In einer Angstsituation fange ich an, mich selbst zu beobachten, und bekomme Angst vor diesem ewigen schlechten Zustand. Diese Selbstbeobachtung – und zwar nur diese – führt dann zu einem Schwindelgefühl und einer seltsamen optischen Wahrnehmung.

Ohne diese Selbstbeobachtung treten der Schwindel und die anderen negativen Symptome nicht auf.
Als Folge der Angst und der Selbstbeobachtung kommt es zur Derealisation, es fühlt sich dann alles so ›unecht‹ an. Diese Angstreaktion ist ein sogenanntes Bauchgefühl, das durch die Hintertür hereinkommt und die betroffene Person – in diesem Fall mich – dann komplett überrascht und überwältigt. Dieses Bauchgefühl entsteht aber nur wegen meines inneren Widerspruchs, also der unbegründeten Angst vor der Hölle. Angstpatienten wie ich überschätzen im Allgemeinen die eigentliche Gefahr, stufen also deren Wahrscheinlichkeit viel zu hoch ein und schränken sich somit selbst enorm ein. Die Angst wird zudem größer, wenn man wegsieht bzw. sie zu ignorieren versucht.«

Ferdinand G. beginnt in der Therapie, seine Angst kritisch zu hinterfragen. Und da erkennt er, dass er Todesangst hat, weil er befürchtet, dass er danach in »einen immerwährenden, nie endenden, ewigen schmerzhaftschrecklichen Zustand« kommt. Als er wahrnimmt, dass er als Agnostiker eigentlich Höllenangst hat, ist er fassungslos, erstaunt und – fasziniert. Genau dieses intellektuelle Staunen aber bringt einen Denkprozess in Gang, den die Angst bis jetzt gelähmt hat: Höllenangst will er definitiv nicht haben, passt nicht zu ihm, das ist lächerlich.

Sich selbst als »faul« wahrzunehmen – und nicht mehr als gelassen, gechillt, in sich ruhend – ist ein Meilenstein in der persönlichen Weiterentwicklung. Erst durch diese Einsicht beginnt eine Offenheit für Änderung. Denn warum um alles in der Welt sollte sich jemand ändern, der gelassen und in sich ruhend durchs Leben geht und den verrückten Workaholics beim Kaputtarbeiten zuschaut? Diese Selbsterkenntnis ist sprichwörtlich »der beste Weg zur Besserung«. Aber damit ist der Patient noch nicht am Ziel. Denn dann kommt aufgrund dieser Erkenntnis der Entschluss: Ich will so nicht sein. Ich will das ändern, will diese unpraktische oder peinliche Angewohnheit beenden und mir eine andere, nützliche Gewohnheit zulegen. Erst im letzten Schritt kommt die Einübung der ausgewählten Stärke oder Tugend.

FALL 10-2: Die Braut, die sich nicht getraut hatte

Die 23-jährige Krankenschwester Lore H. konnte sich nicht zur Hochzeit durchringen, obwohl es keine Gründe gegen die Heirat gab (Fall 1-1).

In der Therapiestunde erkannte sie den Perfektionismus als Wurzel ihrer Problematik. Sie war sich nicht hundertprozentig sicher, ob die Ehe gutging – und wollte so lange warten, bis sie sich ganz sicher war. Schlagartig wurde ihr klar, dass es für das Leben und ihre Zukunft keine hundertprozentige Sicherheit geben kann und dass in ihrem Fall Abwarten bedeutete, nicht zu leben und nicht zu lieben. Als sie diese Zusammenhänge erkannte, konnte sie sich einen Ruck geben und die Blockade der Bauchgefühle überwinden. Mittlerweile ist Lore H. glücklich verheiratet und erwartet sogar schon ihr zweites Kind.

Der Fall Lore H. zeigt beispielhaft: Erst die Analyse der emotionalen Situation – die korrekte Diagnose – ermöglicht ihr, über ihren Schatten zu springen. Denn sie erkennt die Widerstände nicht mehr als Warnsignal einer

Intuition, sondern als irriges Bauchgefühl des Perfektionismus. Das innere Dogma (»Ich kann erst heiraten, wenn ich 100 Prozent sicher bin, dass es gutgeht«) ist entlarvt und entmachtet worden. Ein anderer junger Mann mit lang anhaltendem Liebeskummer entdeckte folgendes inneres Dogma als Ursache seiner Qual: »Rosi ist die Beste, und nur sie kann mich glücklich machen, ohne sie gibt es für mich kein Glück auf Erden.« Rosi wollte aber nichts von ihm wissen. Erst die rationale Überprüfung und die Beurteilung als falsch und unpraktisch machte ein neues Glück mit Evi möglich.

Der Weg zur erwünschten Tugend unterscheidet vier Stufen. Die sollen hier anhand der Mäßigkeit erklärt werden. Alltagsbeispiele aus der psychiatrischen Praxis wären hierzu ein Suchtverhalten, Verfressenheit oder pathologische Faulheit. Mit dem Studenten Raphael M. erarbeitete der Psychiater kürzlich in diesem Sinne das Therapieziel, nicht mehr jeden Tag bis 15 Uhr zu schlafen. Die vier Stufen können aber leicht auf jede andere Tugend angewandt werden, zum Beispiel auf die Aufrichtigkeit, den Fleiß, die Toleranz.

Die »unterste« Stufe ist die Unmäßigkeit, die als Gegenpol zur Tugend früher auch als »Laster« bezeichnet wurde. In ihr gefangen, erkennt man die Vorzüge der Tugend nur sehr unscharf. Diese wird schwerlich als sinnvolles Ziel wahrgenommen: Die Trauben hängen einfach zu hoch. Die Unmäßigkeit bereut nichts und lässt sich schwer von anderen korrigieren. Die innere Grundhaltung wird in der Philosophie mit »malitia« bezeichnet, ein »Nein!« des Herzens. Als plakatives Beispiel nehmen wir den oben genannten Studenten, der ein kleines Problem mit der Morgenstunde hat. Im Stadium der Unmäßigkeit liegt Raphael M. bis mittags im Bett und findet nichts dabei. Dass er berufliche Verpflichtungen hat, ist ihm im Bett egal – deswegen bekommt er aber recht bald größere Schwierigkeiten, die er vielleicht sogar auf das Unverständnis der Umwelt zurückführt.

Die zweite Stufe ist die Unbeherrschtheit. Das wäre auf Latein »incontinentia«, ein recht lustiger Begriff, der zunächst an gelbe Flecken in der Unterhose denken lässt. Die Unbeherrschtheit ist deutlich unbequemer als die Unmäßigkeit. Denn hier sieht unser Held schon ein, dass er »eigentlich« besser aufstehen sollte. Es regt sich ein Unwohlsein, ein Unbehagen, vielleicht schon so was wie ein schlechtes Gewissen. Er weiß, er sollte eigentlich anders handeln. Raphael M. stellt sich den Wecker, weil er willig ist – aber leider ist das Fleisch schwach. Bei der Unbeherrschtheit ist der Wille zur Veränderung vorhanden, aber sehr schwach ausgeprägt. Er lässt sich viel eher von außen korrigieren, hat mehr Einsicht in sein »unvernünftiges« Verhalten, gibt leichter seinen Fehler zu. Grundhaltung seines Willens ist die Schwachheit (lat. infirmitas). Im Ansturm der Leidenschaften passiert, was eigentlich anders geplant war. Während sich der Patient im Stadium der Unmäßigkeit in seinem Unvermögen suhlt, geht er in der Unbeherrschtheit an seine (engen) Grenzen – und scheitert daran.

Der nächste Schritt Richtung Tugend ist die Beherrschtheit. Lateinisch folgerichtig »continentia«: ein mühsamer, angestrengter Zustand. Hier merkt unser Held, dass er seiner Aufstehschwäche mit den üblichen Mitteln nicht mehr Herr werden kann, und greift zu außerordentlichen Maßnahmen. Sein Leidensdruck ist in der Zwischenzeit so groß geworden, dass Raphael M. beginnt, auf den gordischen Knoten einzuschlagen. Er stellt etwa im ganzen Haus Wecker auf, die im Abstand von fünf Minuten läuten, und bittet seine Mutter, ihm die Decke wegzureißen und einen Kübel Wasser über den Kopf zu leeren, wenn er nicht bis Punkt 7 Uhr unter der Dusche steht. Mit massiver Anstrengung und expliziter Hilfe von Eltern, Geschwistern und einer rüstigen Großtante schafft er es so eines Tages, zur angestrebten Zeit unter der Dusche zu sein und pünktlich in der Vorlesung zu erscheinen.

Einerseits ist Raphael M. jetzt stolz auf das mühsam Erreichte, aber andererseits fragt er sich, ob das jetzt ewig so weitergehen wird, weil dann das Leben keinen Spaß mehr macht. Viele Sportsfreude brechen hier ihre Bemühungen ab, weil sie ihnen schlichtweg zu anstrengend sind. Bei der allgemein akzeptierten Abnehm-Askese kommt es jetzt zum entmutigten Jojo-Effekt: Man lässt die Zügel kurz schleifen – und schon sind wieder fünf Kilo Speck mehr um die Hüften. In der Philosophie sagt man, die Ordnungskraft der Vernunft hat in diesem Stadium das Wollen bereits durchformt, aber noch nicht das sinnliche Begehrungsvermögen. Im psychodynamischen Modell bedeutet das, dass das Herz sich langsam die durchaus vernünftigen Kopfargumente zu eigen gemacht hat, die Bauchgefühle davon aber noch nichts hören wollen, lustlos hinterherhinken und sich noch nach Kräften sträuben. Auf Deutsch: verkrampftes, lustloses Wollen.

Die Tugend hingegen – die Mäßigung in unserem Fall – ist die Leichtigkeit im Tun des Guten: Der Wecker läutet, unser Held springt voll Freude kraftvoll aus dem Bett. Wie wir das aus unserem Alltag kennen. Oder besser noch – Raphael M. wacht 60 Sekunden vor dem Läuten bereits von selbst auf! Hier haben wir die vollendete Verwirklichung: Erkennen, Wollen und Begehren – also Kopf, Herz und Bauch – sind gleichermaßen geprägt von der vernünftigen Ordnung. Das Bauchgefühl ist auf die neue Linie des Herzens eingeschwenkt, der Mensch ist mit sich selbst im Reinen, alle drei inneren Kräfte ziehen wieder an einem Strang. Die Tugend, die erwünschte Lebenshaltung, ist erworben. Und womit man sich das Langschlafen abgewöhnen kann, kann man sich auch den Perfektionismus abgewöhnen.

Angst abarbeiten

Noch klarer wird dieser psychodynamische Prozess, wenn man das ängstliche Vermeidungsverhalten betrachtet. Der Patient mit Höhenangst vermeidet natürlich Höhen (Stufe 1). Dann sieht er ein, dass das unpraktisch ist, und will es zwar irgendwie ändern, traut sich aber nicht (Stufe 2). Der Therapeut erklärt ihm den Angstmechanismus, d.h. dass die Angst kleiner wird, wenn man sich ihr stellt, und so überwindet der Patient sich erstmals und klettert auf allen vieren die Stufen zum Wiener Stephansturm hinauf, mit zusammengebissenen Zähnen (Stufe 3).

Sehr schnell wird spürbar, was der Therapeut vorhergesagt hat: Die Angst schwindet bei Konfrontation, und das Verscheuchen der Angst beginnt Spaß zu machen. Schnell ist das Therapieziel erreicht, und der Patient tanzt auf der Spitze des Turmes einen Wiener Walzer (Stufe 4). Manche Therapien von Höhenangst brauchen auf diese Weise nicht mehr als zwei Stunden, um die Angst zu knacken. Denn innen drinnen ist die Angst hohl, deswegen fällt sie so schnell in sich zusammen. Sie lebt davon, dass man sie nicht allzu sehr hinterfragt, sondern höllischen Respekt vor ihr hat.

Im psychodynamischen Prozess des Perfektionismus findet man die Angst vor der eigenen Fehlerhaftigkeit. Die ist wesentlich weniger greifbar als Höhenangst, aber genauso therapierbar, wenn sie verstandesmäßig erfasst ist. Die Angst muss in der Perfektionismus-Therapie erfassbar werden, sie muss auf dem Tisch liegen, intellektuell bearbeitbar sein. Das mag die Angst überhaupt nicht, weil sich dann zeigt, dass ihre Logik irrational und ihre Argumente falsch sind: dass der Kaiser gar keine Kleider anhat.

Darum führt jede Psychotherapie des Perfektionisten über die Grunderkenntnis, dass er an Perfektionismus leidet, zur Erkenntnis, worin dieser besteht, welche Auswirkungen er hat und dass es ein leichteres Leben wäre, wenn er ihn loswerden könnte.

Der schon erwähnte ekklesiophobe (kirchenängstliche) Ferdinand G. entschließt sich nach einer Therapiestunde aus freien Stücken zu einer Expositionsübung:

FALL 10-3: Angstkonfrontation

»Da ich nach der Therapie erschöpft bin, halte ich es für einen guten Zeitpunkt, mich direkt in eine Angstsituation zu begeben. Dazu wähle ich als Ziel den nahe gelegenen Stephansdom. Auf dem Weg dorthin bemerke ich bereits eine relativ starke Angst (auf der Angstskala 8 von 10 möglichen Punkten), diese taucht dann auch später im Stephansdom wieder auf, wird aber in relativ kurzer Zeit wieder schwächer (Angstskala: 3 Punkte), wobei sie nie den Wert 8 überschreitet. Dies reicht für mich aber aus, um schon eine erste Erkenntnis zu gewinnen, und zwar: Ich habe wirklich Todesangst in einem solchen Moment, und das ist wirklich total irrational! Absolut nicht zu glau-

ben! Und noch besser: Wenn ich mich exponiere und nicht fliehe, ebbt sie ab.«

Das Wort »Tugend« hat oftmals einen sehr unlustigen Klang, nach mühsamer Beherrschung und freudloser Pflichterfüllung mit zusammengebissenen Zähnen. Das ist ein Missverständnis. Nur die Vorstufe der Tugend – die »continentia«, die angestrengte Beherrschtheit – schmeckt bitter wie unlustige Selbstdisziplin und masochistisch anmutender Drill. Der Tugendhafte hingegen sagt mit einer Leichtigkeit, ohne innere Verkrampfung und ohne »Versuchungen« die Wahrheit, ist aus seinem Innersten heraus hilfsbereit, freundlich, tolerant, gerecht, tapfer, respektvoll, klug oder geordnet. Er hat sich diese Haltung erworben, hat sich darum bemühen müssen, hat hart gegen einen inneren Widerstand ankämpfen müssen – aber jetzt ist er Sieger, hat das Ross gezähmt: Es geht ihm plötzlich leicht von der Hand.

Freiwilligkeit als Voraussetzung für eine Therapie

Eine Psychotherapie ohne Einsicht in den Angstmechanismus muss scheitern. Nehmen wir wieder die Höhenangst als Beispiel: Wenn der Patient aus Angst vor dem Therapeuten (!) mit zusammengebissenen Zähnen die Angst vor der Höhe aushält, dann ist keine Verbesserung der Höhenangst zu erwarten. Erst wenn der Patient vollständig versteht, warum die Exposition sinnvoll ist, und dann auch selber hundertprozentig die Konfrontation mit der Angst will, ohne gedrängt zu werden, erst dann ist ein Therapieerfolg zu erwarten.

FALL 10-4: Die Angst vor der Schwester

Die 40-jährige Patientin Anita D. ist tief religiös und genießt es, jeden Tag den Gottesdienst zu besuchen. Ab und zu ist dieser jedoch im Nachbardorf, und da geht sie nicht, obwohl sie zur Messe fährt, wenn sie im übernächsten Dorf gefeiert wird.

In der Analyse entdeckt sie eine Angst, dass ihre weniger fromme jüngere Schwester ihren Messbesuch mitbekommen könnte. Denn die wohnt mit ihrer Familie genau in diesem Dorf. »Sie könnte sich ja was denken ...« Was sie sich genau denken kann, ist für Frau D. auch nach wiederholter Nachfrage nicht schlüssig formulierbar. Der Therapeut klärt sie über die Eigenschaften des Vermeidungsverhaltens auf: Dadurch breitet sich Angst nur aus. Heftig bestätigt die Patientin, dass auch schon der Messbesuch im übernächsten Dorf ihr zunehmend schwerer falle. Sie erkennt: »Was denken die Leute« ist keine gesunde Motivation menschlichen Verhaltens. Man muss sich auch gar nicht rechtfertigen, denn es gibt Grenzen der Intimität. Über ihr religiöses Innenleben muss sie der Schwester gar keine Rechenschaft geben. Der Therapeut erklärt das Prinzip, dass die Angst immer kleiner wird, wenn man sich ihr stellt.

Seufzend antwortet die Patientin: »Na, dann MUSS ich das wohl meiner Schwester sagen.« – Der Therapeut verneint: »Sie müssen nicht! Sie können es sagen, wenn sie selbst das wollen, weil sie selbst erkennen, dass sie so die Angst besiegen wollen. Sonst hat es keinen Sinn: MÜSSEN bringt gar nichts – Angst kann man nicht mit Angst bekämpfen, Zwang nicht mit Zwang.«

Immanuel Kant, der die »Pflicht« als oberste Moral gesehen hat, ist einer der prominentesten Vertreter der unlustigen Verwechslung von »habitus« mit »continentia«, von verinnerlichter Tugend mit angestrengter Selbstkasteiung. *»Pflicht ist die Notwendigkeit einer Handlung aus Achtung fürs Gesetz«*, lautet ein Zitat von ihm, das nicht gerade vor Humor sprüht. Pflicht muss bei Kant das Motiv für das Handeln sein, nicht Freude, Abwendung von Übel oder die Erkenntnis des Guten. Aus dem Privatleben des berühmten Philosophen wird berichtet, dass sein Diener Lampe ihn um 4:45 Uhr wecken und notfalls mit Gewalt zum Aufstehen zwingen musste, damit Kant um 5 Uhr seine zwei Tassen Kaffee trinken und eine Pfeife rauchen konnte. Eiserne Pflicht- und Planerfüllung liegen hier vor.

Einer der wichtigsten Unterschiede zwischen der Tugend und ihren Vorstufen ist der Grad der Freiheit: Je mehr sich der Mensch Richtung Tugend bewegt, desto freier wird er. Folglich kann die Unfreiheit des Perfektionismus schwerlich etwas mit Tugend zu tun haben, auch nicht mit der Kardinaltugend der Mäßigung. Denn dem Perfektionisten mangelt es an Freiheit. Weil er von seiner Angst vor Ablehnung und seiner Panik vor Demaskierung seiner Fehlerhaftigkeit getrieben wird.

Zwischen zu viel und zu wenig

Mäßigung ist die fünfte der sechs »Stärken« in der Positiven Psychologie von Seligman. Sie ist für das Thema des Perfektionismus besonders wichtig. Einerseits hat die von der Tugend der Mäßigung erzielte gesunde Selbstkontrolle eine gewisse äußerliche Ähnlichkeit mit dem Perfektionismus. Andererseits ist das rechte Maß – die Mitte zwischen zu viel und zu wenig – genau das, was dem Perfektionisten fehlt. Also kann uns die Tugend der Mäßigung den Unterschied zum Perfektionismus spiegeln: Der Vergleich und das Offenbarwerden der Differenz führt uns tiefer darin ein, wie Perfektionismus therapiert und überwunden werden kann.

Bei der Mäßigung nach Seligman handelt es sich zweifellos um die bereits in der Antike bekannte Kardinaltugend der »temperantia«. Mäßigung und Perfektionismus bieten das äußere Bild von Verlässlichkeit, Ordnung, Selbstdisziplin und Fehlerminimierung. Diese Tugend ist vom Perfektionisten eigentlich gemeint, wenn er sich perfektionistisch verhält. Denn die Mäßigung gibt die innere Sicherheit, nach der er sich sehnt. Die »temperantia« wird vom Perfektionisten unbewusst imitiert, aber nicht innerlich vollzogen. Er kann das Ideal nicht ausfüllen, er bleibt innerlich seltsam hohl.

FALL 10-5: Multitasking

Der 25-jährige Ordensbruder Benjamin F. seufzt: »Ich muss alle meine Aufgaben gleich wichtig nehmen und hauptamtlich machen – dabei soll ich alles unter einen Hut bekommen! Wie soll das bitte gehen? Dann mach ich ja alles schlecht, davon hat ja keiner was …«

Bruder Benjamin hat die komische Sehnsucht, immer weniger immer besser zu machen, bis er schließlich nichts perfekt macht. Es fehlt ihm das richtige Maß: Es geht nicht darum, maximale Befriedigung aus einer unzweifelbar makellosen Tätigkeit zu ziehen, sondern gemeinsam mit seinen Mitbrüdern das gemeinschaftliche

Projekt voranzubringen – so gut es eben geht. Aber diesen kognitiven Sprung schafft er nicht. Kein Wunder, denn dem Perfektionisten geht es weniger um die den Umständen und Aufgaben entsprechend bestmöglich getane Arbeit, sondern unbewusst um seine persönliche Unangreifbarkeit. Je kleiner die Aufgabe ist, desto eher kann er sie unangreifbar erledigen. Perfektion ist nur sekundär sein Anliegen, es ist Mittel zum Zweck seiner Absicherung.

Bruder Benjamin sieht nicht das Ganze. Wenn er die Sakristei nicht mehr organisiert, muss sie ein anderer zusätzlich zu seinen Aufgaben übernehmen. Alfred Adler bezeichnet das mit »Gemeinschaftsgefühl«, Fritz Künkel mit »Sachlichkeit«. So kognitiv geordnet, ist der Fall des Bruder Benjamin leicht gelöst: Er soll jeder seiner Aufgaben nur die Zeit widmen, die ihm nach sorgfältiger Planung zur Verfügung steht, und aus dieser – begrenzten – Zeit das Optimum herausholen. Mehr geht halt nicht, auch wenn jede einzelne Aufgabe noch intensiver und noch besser erledigt werden könnte.

Dass die Mäßigung viel mit Ordnung zu tun hat, ist wenigen bewusst: Der griechische Originalbegriff bezeichnet aber eine ordnende Verständigkeit, und das lateinische Wort »temperare« meint »aus verschiedenartigen Teilen ein geordnetes Ganzes fügen«. Die »verschiedenartigen Teile« sind die verschiedenen Aufgaben des Ordensbruders, das »geordnete Ganze« sein geglücktes Leben. Hier hat die antike Philosophie für den Perfektionisten unheimlich Spannendes zu bieten: Sinn der »temperantia« ist nicht etwa »Disziplin« oder »Selbstkontrolle«, sondern die innere Ruhe – eine Ruhe des Herzens, das In-sich-Ruhen einer reifen Persönlichkeit. Die innere Ordnung führt dazu.

Die innere Ruhe als Folge der inneren Ordnung ist einerseits keine kurzfristige Befriedigung, keine billige Sedierung, keine phlegmatische Teilnahmslosigkeit und keine gemütliche Zufriedenheit des satten, horizontlosen Spießers. Sie steht andererseits im krassen Gegensatz zur Angespanntheit des Perfektionisten, der in sich eine ständige Unruhe mit ängstlicher Besorgtheit um sich selbst verspürt. Temperantia heißt, in sich selber Ordnung verwirklichen.

Die Mäßigung ist die einzige Seligmansche Stärke und Tugend, die auf die eigene Person bezogen ist. Weisheit und Wissen, Mut, Liebe und Humanität, Gerechtigkeit, Spiritualität und Transzendenz richten sich nach außen: So ist es zum Beispiel seinen Mitbrüdern gegenüber gerecht, dass Bruder Benjamin seine Arbeit erfüllt. Es wäre auch klug, sich in das Gefüge der Gemeinschaft einzuordnen. Bruder Benjamins Spiritualität und Transzendenz richtet sich auf seinen Gott. Mutig kann er auch nur nach außen gerichtet sein, etwa Menschen gegenüber, die ihn wegen seiner Ordenskleidung verspotten.

Die Mäßigung ist dagegen die »Innenministerin« des Bruder Benjamin, die klärt, wie er die verschiedenen – gerechten – Anforderungen an ihn in seinem Inneren verdauen, ordnen und zusammenstellen soll. Der Mäßige bewegt sich mit traumwandlerischer Sicherheit zwischen Skylla und Charybdis. Er findet den gesunden, klugen Weg zwischen dem Zuviel und dem Zuwenig, indem er jeder Aufgabe, jeder Emotion, jeder Beziehung den richtigen Platz und die richtige Zeit zuordnet. Das schafft er aber nur mit einer ausgesprochenen Sachlichkeit.

Um sich selbst innerlich zu ordnen, sich zu »mäßigen«, muss der Mensch sich selbst und seinen Zustand vernünftig, kritisch und ohne Selbstbetrug ins Auge fassen: Das bedeutet eine selbstlose, selbstkritische Hinwendung zu sich selbst – im Gegensatz zur ängstlich-ichhaften oder der selbstverliebt-narzisstischen Hinwendung zu sich selbst. Nur die erste ist selbstbewahrend und führt Odysseus sicher durch die gefährliche Meerenge von Messina, die beiden anderen betätigen den Selbstzerstörungsknopf und werden unweigerlich von einem der beiden Meeresungeheuer erfasst, die dort auf Beute lauern.

Innere Ordnung

Mäßigung heißt also, sich innerlich so zu ordnen, damit in sich selbst eine gesunde Ruhe und Gelassenheit entsteht. Aus dem Wissen, dass innen drinnen alles seinen Platz hat, alles beachtet und nichts übersehen wird, kommt es zu einer tiefen Zufriedenheit. Aufdringliche Dinge und Menschen bringen einen so nicht mehr aus dem Gleichgewicht. Die innere Ordnung ist damit eine Quelle des inneren Friedens und der inneren Freiheit. Dies alles fehlt dem Perfektionisten.

Ordnung bedeutet, sein Leben im Griff zu haben. Sich für das Wichtige immer Zeit zu nehmen, das Unwichtige hingegen kürzen oder streichen zu können. Der Perfektionist hingegen verliert sich in Nebensächlichkeiten und ist ständig im Stress, weil er zu oberflächlich denkt, zu ichhaft motiviert ist. Ordnung bedeutet die Fähigkeit zu priorisieren, oft gegen die eigene Lust und die persönliche Laune – auch wenn es einem »gegen den Strich« geht. Der Perfektionist hingegen ist maßlos: Weil er sich über Leistung und Output definiert, kann er das Gebot der Stunde nicht erkennen. Ordnung bedeutet, Wichtiges von weniger Wichtigem trennen zu können, zu erkennen, dass wir endliche Wesen sind, die nicht alles machen und nicht alles erreichen können, was wir vielleicht wollen. Bescheidenheit ist bei dieser Erkenntnis vonnöten, aber auch Zielstrebigkeit. Felix N. berichtet nach abgeschlossener Therapie:

FALL 10-6: Vertrauen ist gut, Kontrolle ist besser

»Ich bin zum Schluss gekommen, dass effizientes Arbeiten nach meinen Vorstellungen nicht möglich ist. Kein anderer kann das so machen, wie ich das haben will. Es kostet mehr Zeit, meinen Mitarbeitern zu erklären, was ich haben will, als wenn ich es selbst machen würde, so habe ich gedacht. Es war zwar gut, was ich auf die Beine gestellt habe. Doch ich hatte dabei übersehen, dass meine Chefs dieses Niveau schon lange nicht mehr gefordert hatten, sondern eigentlich nur mehr zusahen. Es wurde zum Selbstanspruch. Eigentlich wäre es meinen Vorgesetzten sogar manchmal lieber gewesen, wenn ich in der einen oder anderen Sache weniger Staub aufgewirbelt hätte und den Deckmantel über den ein oder anderen Missstand an der Universität gelegt hätte. Aber ich forderte eben Gerechtigkeit und konnte bei Missständen nicht tatenlos zusehen.

›Es muss immer und überall alles perfekt sein.‹ Dieser Satz war mir zum Leitsatz in meinem Berufsleben geworden. Ich habe geglaubt, alles selbst machen zu müssen, weil nur ich die perfekte Lösung fände. Ich habe zwar meinen Kollegen und Mitarbeitern vertraut, musste aber immer alles unter Kontrolle haben, damit nichts schiefgehen konnte.«

Felix N. war vor der Therapie der klassische extravertierte Perfektionist, der seine Mitarbeiter (unbewusst) geknechtet und überfordert hat. Und so wurde er wider Willen zum unsympathischen Kontrollfreak, dem die Leute lieber aus dem Weg gingen. Mit der Therapie lernte er, zu delegieren und mit seinen Forderungen gleichzeitig am Boden zu bleiben, sich einzufügen.

Was wir Hervorragendes erreichen können, das sollen wir auch tun, wenn es »in Ordnung« ist. Wie viel Zeit verplempert der ungeordnete Perfektionist mit den zweitwichtigsten Dingen! Er betreibt ein ziel- und sinnloses Zeitsparen als Selbstzweck, als Lebensprinzip des innerlich leeren Machers, um dann unbewusst eine aufwendige Selbstinszenierung zu arrangieren. Lebenszeit nicht zu vergeuden bedeutet hingegen, die Zeit mit dem Richtigen zu erfüllen.

»Tu, was du sollst, und sei ganz in dem, was du tust«, ist eine klassische Handlungsanleitung, die eine starke Präsenz im Hier und Jetzt fordert, nachdem eine vernünftige Priorisierung geschehen ist. Die perfektionistischen Prinzipien Organisiertheit und Fehlerlosigkeit können niemals höchstes Gut oder Selbstzweck sein, sondern immer nur Mittel zum Zweck, Weg zu einem höheren Gut. Wer kein Ziel hat, dem hilft eine (Schein-) Ordnung gar nichts.

»The Religious Orders Study« ist eine berühmte Alzheimer-Studie, die 1993 begonnen wurde und erst 2016 abgeschlossen sein wird. Aus dem bereits erhobenen Datenpool kennen wir in der Zwischenzeit einen interessanten Sachverhalt: 997 gesunde ältere katholische Geistliche wurden zwölf Jahre lang beobachtet. Dabei wurde zu Beginn der Studie mit einem Fragebogen ihre »Gewissenhaftigkeit« abgefragt. Nach dem Tod wurde das Gehirn neuropathologisch untersucht: 17 Prozent hatten eine Alzheimer-Krankheit entwickelt. Nun wurden diejenigen, die eine Demenz entwickelt hatten, mit denen verglichen, die ohne Demenz alt geworden waren. Die Erkenntnis war: Je höher die Selbstdisziplin, desto niedriger das Alzheimer-Risiko. Hohe Gewissenhaftigkeit und hohe Selbstdisziplin führten bei dieser Gruppe tatsächlich zu einer 89-prozentigen Reduktion des Alzheimer-Risikos. Ordnung im Leben führt also zur Ordnung im Hirn! Das versteht natürlich kein Neurowissenschaftler als Schuldzuweisung für Alzheimer-Patienten, bietet aber einen wertvollen Hinweis auf die Plastizität des Gehirns.

Ordnung ist ein häufiges Thema in der Psychotherapie. Viele Patienten suchen beim Therapeuten Hilfe, um ihr Leben zu ordnen. Die Ordnung hat vielerlei Dimensionen. Ordnung bedeutet erstens, die richtigen Prioritäten zu setzen. Arbeit zum Beispiel ist nicht das (ganze) Leben. Fall 6-1 (»Die Karrierefrau«) zeigt das sehr anschaulich. Es ist wichtig zu erkennen, welchen Stellenwert die Familie hat, welchen die Freunde, welchen die spirituellen Bedürfnisse – und nach diesen Erkenntnissen zu handeln.

Ordnung im Zeitmanagement ist ein weiterer Punkt und eine große Hilfe gegen beruflichen Perfektionismus. Das bedeutet, das Richtige zur richtigen Zeit zu tun. Denn Perfektionisten tun zwar manchmal das Richtige, jedoch zur falschen Zeit. Und meist noch zu lang. Man kann ruhig hohe Forderungen an die eigene Arbeit stellen, solange sie auf eine vernünftige Arbeitszeit beschränkt ist. Wichtig ist, Prioritäten zu erkennen und die Zeit danach einzuteilen. Perfektionisten tendieren dazu, eine Arbeit, für die eine Stunde vorgesehen ist, in drei Stunden übergenau zu erledigen. Sie leisten aber interessanterweise pro Zeiteinheit weniger als der innerlich Geordnete.

Neidlosigkeit

Der Mäßige ist auch gerecht. Und der Gerechte kann jedem das Seine gönnen – neidlos. Der Philosoph Josef Pieper arbeitet die Dimension der Gelassenheit angesichts der eigenen Beschränktheit schön heraus. Er beginnt mit der Perfektion: *»Eines der Güter, in denen der Mensch naturhaft die Erfüllung seines Daseins sucht, ist excellentia, Überlegenheit, Vorrang, Geltung«*, und fährt dann augenzwinkernd fort: *»Die Tugend, die den naturhaften Drang der excellentia an die Ordnung der Vernunft bindet, heißt Demut.«* Tröstend fügt er an anderer Stelle hinzu: *»Demut ist, sich selbst so sehen, wie es der Wahrheit entspricht.«* Die Wahrheit, das ist das eigene Talent – aber auch die eigene Beschränkung. Wie gut tut das, wenn – wie Pieper vorschlägt – die Wirklichkeit die Basis für eigene Selbsteinschätzung bildet. Da würden sich so einige den Besuch beim Psychiater sparen. Ein ganzes Leben kann an Selbstüberschätzung scheitern, wie im tragischen Fall 5-7 der zielstrebigen Ärztin berichtet. Da Stolz und Hochmut von einigen Autoren in direkten Zusammenhang mit dem Perfektionismus gestellt werden (siehe 5. Kapitel, 6. Zahnrad), ist die Demut als realistische Selbsteinschätzung sicherlich eine wirkungsvolle Therapieoption.

Wer die eigene Beschränktheit und Mittelmäßigkeit nicht als Faktum akzeptieren lernt, liefert sich dem Selbstbetrug maßloser Selbstüberschätzung und dem

Neid auf andere aus. In Kapitel 5 wurde der neidvolle oder selbstzerfleischende Vergleich beim 3. Zahnrad des Perfektionismus-Uhrwerks bereits vorgestellt. Neid ist der Defekt der Mittelmäßigen, die mit ihrer Mittelmäßigkeit nicht klarkommen und sie deswegen verdrängen. Er ist nicht nur äußerst unsympathisch, er wird auch in sich sofort bestraft, weil er den Menschen innerlich zerfrisst. Man hat als Neider nie einen Benefit, nicht einmal einen kurzfristigen – im Gegensatz zu anderen der sogenannten »sieben Todsünden« wie etwa Wollust, Habsucht oder Völlerei. Auch Immanuel Kant weist auf den zerstörerischen Effekt des Neides hin, der in seiner Einschätzung sowohl selbstzerstörerisch als auch fremdzerstörerisch ist. Neid hat nichts mit der Quantität des eigenen Besitzes oder eigenen Fähigkeiten zu tun: Die besitzlosen Mahatma Gandhi und Franz von Assisi haben definitiv niemandem etwas geneidet.

Glücklich ist, wer andere neidlos bewundern kann, wer so sehr in sich ruht, dass er es nicht nötig hat, sich zu vergleichen, sondern den Blick selbstlos ganz beim anderen und seiner Exzellenz haben kann.

Kapitel 11
Imperfektionstoleranz als therapeutisches Prinzip

Der Perfektionist hat ein kleines Problem: Er ist halt nicht immer perfekt. Solange alles perfekt läuft, ist er der glücklichste Mensch. Nur leider läuft's halt nie so. Was nicht hundertprozentig ist, quält ihn. Der Perfektionist kann seine eigene Unvollkommenheit nicht aushalten, denn sie durchlöchert seine Maske der Perfektion, hinter der er sich versteckt. Er kann sich selbst in seiner Fehlerhaftigkeit, Durchschnittlichkeit und Gewöhnlichkeit unmöglich annehmen. Es graut ihm vor seinem Inneren, er fühlt sich innerlich wertlos und giert deswegen nach Wertschätzung: Davon kann er aber nie satt werden. Noch so viel »Wertschätzung« kann keinen einzigen Wert erzeugen. Dadurch verliert er an Handlungsspielraum und innerer Freiheit. Psychotherapie besteht darin, den Perfektionisten mit seiner Realität zu versöhnen und ihn wieder frei zu machen, in erster Linie frei von den Ängsten, die in ihm stecken. Dann braucht er die Maske nicht mehr, dann kann er sie sinken lassen.

Perfektionisten mögen keine Therapie – und schon gar keine Therapeuten

Perfektionisten sind in der Psychotherapie oft schwierige Patienten, darüber können die meisten Therapeuten ein Lied singen. Und das ist ein langes Lied, denn Perfektionisten versuchen in der Regel am Anfang der Therapie, einen perfekten Klienten abzugeben. Sie haben dabei unrealistische Ziele, die den Erholungsprozess mehr blockieren als unterstützen. Wer unbedingt, mit äußerster Anstrengung gesund werden will, schafft es erst recht nicht. Das ist wie die Aufforderung: »Seien Sie doch endlich einmal spontan!« Der prominente Verhaltenstherapeut Albert Ellis beispielsweise stufte Perfektionisten generell als »difficult clients« ein: Sie würden eine lange und intensive Psychotherapie benötigen.

Patienten mit »sozial vorgeschriebenem Perfektionismus« zeigen eine geringe Toleranz gegenüber dem Stigma der Psychotherapie. Es ist ihnen peinlich, diesen »Canossagang zum Seelenklempner« gehen zu müssen. Ein Patient kam einmal zum Psychiater, der in einem schalldicht abgeschlossenen Doppelraum arbeitet, bei dem nur die Zwischentüre offen ist. Der Patient stand plötzlich auf und verschloss die Zwischentür – sicher ist sicher. Auf »seinen Therapeuten« ist man vielleicht in Manhattan und L.A. stolz – in Berlin oder Wien ist Therapiebedürftigkeit jedenfalls noch kein PR-Gag.

Diese Patienten tun sich besonders schwer mit der Therapiesituation, sehen die Notwendigkeit einer ärztlichen Behandlung als persönliches Scheitern an und sind in der Folge dem Therapeuten gegenüber besonders verschlossen. »Die gefährliche Besserung« in Fall 8-5 ist solch ein Beispiel, wo der Patient eine Wut im Bauch empfindet, »dass ich es nicht ohne Medikamente geschafft hab, da rauszukommen. Und Wut gegen die Ärzte, dass sie nicht wissen, wie es mir wirklich geht.«

Patienten mit »extravertiertem Perfektionismus«, also mit perfektionistischen Ansprüchen gegen andere, zeigen sich besonders misstrauisch dem therapeutischen Experten gegenüber: Sie sind skeptischer, übergriffiger und konfrontativer im therapeutischen Setting als alle anderen Patienten. Sie zeigen sich in ihrer inneren Not häufig feindselig, besserwisserisch und dominant gegenüber dem Therapeuten. Humorlos leider auch. Es gibt empirische Hinweise, dass extravertierte Perfektionisten häufiger die Behandlung abbrechen, wohl wegen ihrer hohen Erwartungen an den Psychiater. Dann wird der Therapeut in der Folge oft schlechtgeredet. Denn wer kann denn sonst schuld sein, wenn der Patient nicht genügend Fortschritte macht? Herbert S. subsummiert, was ihm in der Therapie geholfen hat.

FALL 11-1: Was man für die Therapie braucht

»Im Nachhinein betrachtet war es für meine Therapie entscheidend, dass der Psychiater mir das Gefühl gab, ihm alles unverblümt sagen und erzählen zu können und nichts verheimlichen zu müssen. Denn er bewertete und verurteilte mich nicht für mein Verhalten, sondern verwertete meine Aussagen. Ehrlichkeit zu mir selbst und zu ihm, mit meinen guten und schlechten Seiten, war in dieser Situation entscheidend.

Ein Therapeut kann nur dann therapieren, wenn der Klient ihm klar sagt, wo der Schuh drückt. Wenn ich es anfangs noch verkopft formulierte, bohrte er so lange nach, bis er eine authentische, emotionale Aussage hatte. Er schälte meine Erklärungsmodelle von meinem emotionalen Erleben ab. Dadurch war es mir möglich, von meinen starren Welterklärungen Abstand zu bekommen und neue Zusammenhänge zu sehen.

Ich hatte zu Beginn der Therapie unbewusst versucht, mich nicht bloßzustellen, mich nicht zu blamieren. Es war mir gar nicht bewusst, wie wichtig es für mich war, was der

Arzt von mir denkt. Dadurch habe ich eben versucht, nichts Unlogisches zu sagen, und musste erst verstehen, dass die ›inneren Dogmen‹ eben unlogisch sind, weil sie emotional sind. Aber genau das machte mich krank.«

Es ist hilfreich, wenn Perfektionisten in der Therapie langsam lernen, kleine Verbesserungen zu erkennen und zu schätzen. Wegen des »Alles-oder-nichts«-Prinzips kann es aber passieren, dass sie in der zweiten Stunde recht unzufrieden mit einem ganz neuen Problem kommen, und angesprochen auf das große dramatische Problem der ersten Stunde, antworten sie lapidar: Ach ja, das ist gelöst. Keine Freude, kein Erstaunen, kein Wertschätzen des Fortschritts – das hemmt natürlich den Therapieerfolg auf lange Sicht. Manchmal muss der Psychiater nach einiger Zeit seine Notizen der ersten Stunde vorlesen, damit der Patient den Fortschritt erkennen kann. Überwundene Probleme werden schnell vergessen – und die eigene Leistung der Überwindung damit geringgeschätzt.

Viele Patienten müssen sich überhaupt erst daran gewöhnen, Psychotherapie als einen graduellen Prozess anzusehen, bei dem sich die Dinge langsam entwickeln. Die Psyche ist eben kein mechanisches Getriebe, bei dem das Problem durch ein wenig Herumschrauben umgehend gelöst werden kann. Eine gute – sprich sachliche – therapeutische Beziehung ist eine wichtige Bedingung für den Therapieerfolg.

Der perfektionistische Patient kann andererseits auch dadurch blockiert werden, dass er hohe Erwartungen des Therapeuten vermutet oder gar beginnt, die eigene Therapieentwicklung mit derjenigen anderer Patienten zu vergleichen. »Der Patient, der nicht gut genug war« (Fall 5-4) zeigt das recht anschaulich.

Imperfektionstoleranz: die Maske sinken lassen

Imperfektionstoleranz ist das Zauberwort der Perfektionismustherapie: Der Patient muss lernen, die eigene Unvollkommenheit auszuhalten. Imperfektionstoleranz bedeutet, das innere Dogma der »unbedingt notwendigen Wertschätzung« als falsch zu entlarven: Wir sind eben nicht so viel wert, wie wir wertgeschätzt werden. Denn der innere Wert der eigenen Person ist unabhängig von äußeren Beifallskundgebungen. Mit dieser Erkenntnis kann der Perfektionist seine Maske der Perfektion fallen lassen, denn die war ihm ja ohnehin nur Mittel zum Zweck.

Imperfektionstoleranz bedeutet die Selbstannahme mit aller Fehlerhaftigkeit, Durchschnittlichkeit und Gewöhnlichkeit. Sie bedeutet das Tolerieren der Diskrepanz zwischen SOLL und IST im eigenen Leben als gesunde Spannung, die persönliche Entwicklung erst möglich macht. Imperfektionstoleranz verhindert das vorschnelle Entwerten des SOLL und garantiert, sich nach einem realistischen und sinnvollen SOLL auszustrecken.

Imperfektionstoleranz ist eine erwerbbare Tugend, die dem Menschen seinen Handlungsspielraum zurückgibt, das Sinkenlassen der Maske, der Königsweg zur inneren Freiheit. Die alten Jesuiten hatten eine interessante Tradition: sich vom Oberen für eine Fehlhandlung, derer man sich selbst bezichtigt, eine Buße zu erbitten. Das erfordert Überwindung, denn die perfektionistische Tendenz wäre ja, dass der Obere die eigene Mickrigkeit nicht erkennen darf. Doch was ändert es eigentlich an der Mickrigkeit, wenn sie vom Oberen gewusst wird? Letztlich ein heroischer Akt von Selbstbefreiung aus den Klauen des Perfektionismus.

Imperfektionstoleranz ist die Bereitschaft zur Selbsterkenntnis, einschließlich der eigenen Neigungen und Versuchungen. Der US-Sozialpsychologe Philip Zimbardo, der jahrzehntelang die Milieu-Hypothese favorisiert hat, stellt überraschend klar, welche innere Haltung den Menschen frei macht: *»Ich bin verantwortlich: Mit der Verantwortung für seine Entscheidungen und Taten übernimmt der Handelnde das Steuer, im Guten wie im Schlechten.«*

Imperfektionstoleranz bedeutet damit auch, kritisches Feedback zuzulassen. Das perfektionistische Bauchgefühl will interessanterweise gar nicht in erster Linie gut sein, sondern vielmehr tadellos. Aus Angst vor Tadel muss es unter allen Umständen vermeiden, zurechtgewiesen zu werden. Das ist aber eigentlich recht unklug, wie schon die 2700 Jahre alten Sprüche des Judentums bezeugen: *»Wer Zurechtweisung hasst, bleibt dumm.«* Oder, auch aus nämlicher Quelle: *»Wer die Warnung nicht achtet, geht in die Irre.«* Und positiv formuliert: *»Wer Tadel beherzigt, wird geehrt.«* In der Tat ist die Gefahr für den Vogel Strauß nicht allein deswegen vorbei, weil er den Kopf in den Sand steckt. Zurechtweisung, Warnung, Tadel – also kritisches Feedback – auszuhalten und anzunehmen ist ein Königsweg aus der Sackgasse des Perfektionismus.

FALL 11-2: Der Weg zur Selbsthinterfragung

»In der fünften Sitzung gingen wir Schritt für Schritt alle Beziehungen durch und hinterfragten, ob und wo meine Eltern mit ihrer Kritik recht hatten. Durch dieses bewusste

Reflektieren sah ich mein Verhalten aus einer anderen Warte: Ich war nicht die Unschuld in Person. Ich betrachtete auch mein Verhalten in den Beziehungen kritisch.«

Der bekannte Psychologe Heiko Ernst, Chefredakteur von *Psychologie heute*, hat 2011 ein Buch mit dem Titel »Von der Aktualität der sieben Todsünden« gewagt, obgleich er mit Theologie wenig am Hut hat. Das stellt er im Vorwort unmissverständlich klar: *»Ich glaube an keinen Gott, weder an einen gütigen, noch an einen gleichgültigen.«* Als guter Ex-Katholik danke er aber Gott jeden Tag, dass Er ihn als Atheisten geschaffen habe. Warum Ernst dann trotzdem ein Buch über die sieben Todsünden geschrieben hat? *»Weil es ein einfaches und doch wohl durchdachtes System zur Beschreibung menschlicher Verhaltensweisen ist.«* Der Ansatz des Heiko Ernst ist originell und seine Aussage für die Psychologie enorm befruchtend: Hochmut/Stolz, Habsucht, Neid, Zorn, Wollust, Völlerei/Unmäßigkeit und Trägheit/Überdruss/Acedia sind auf vielfache Weise aufeinander bezogen und miteinander verwoben. Sie potenzieren sich in negativen Synergien. *»Und sie sind die Wurzel und der Stamm, aus denen alle anderen Verhaltensweisen hervorgehen, die ebenfalls als Sünden gelten: lügen, betrügen, intrigieren, heucheln, quälen, stehlen, morden … kurz: all das, was uns etwa Jorge Luis Borges in seiner Universalgeschichte der Niedertracht komprimiert vor Augen führt.«*

Die von Ernst für die Psychologie wiederentdeckten Neigungen sind vom Betroffenen nicht frei gewählt. Aus ihnen quellen, wie Ernst feststellt, andere Verhaltensweisen hervor, die auch nicht gerade sympathisch sind: *»Lügen, betrügen, intrigieren, heucheln, quälen, stehlen, morden …«*. Jede dieser sieben menschlichen Schwächen reduziert die ohnehin nicht sehr große Freiheit des Menschen zusätzlich. Die Brauchbarkeit dieses Katalogs, den Heiko Ernst für die Psychowelt aus der Versenkung geholt hat, ist offensichtlich.

Nicht jeder Mensch neigt zu den gleichen Defekten. Jeder hat seine eigenen Schwächen und Fehler. Sicherlich haben diese sowohl mit den Temperamenten als auch mit der Erziehung zu tun. Der Sanguiniker neigt wahrscheinlich weniger zu Neid, dafür zu Völlerei und Wollust. Der Choleriker ist weniger träge als zornig. Dem Melancholiker hingegen sind Neid und Habsucht näher. Schließlich neigt der Phlegmatiker zur Trägheit, doch ist ihm Zorn fremd.

Auch die Erziehung und die Umwelt spielen eine Rolle: Man kann sicherlich Neid lernen beziehungsweise anerzogen bekommen. Ebenso Wollust. Die heutigen »Sünder« sind beim augenzwinkernden Heiko Ernst übrigens keine tragischen Gestalten mehr, die ihren Leidenschaften und Lastern verfallen sind und für die Dante infernalische Strafen ersann: *»Sie treten heute als Light-Version der Sünde in Erscheinung, als Konsumdeppen und Schnäppchenjäger, als Neidhammel, als Choleriker und Streitsüchtige, als Puffgänger und Pornokonsumenten, als fettsüchtige XXL-Fresser (›horizontal Herausgeforderte‹), als Couch Potatos oder als sonnenstudiogebräunte Selbstdarsteller.«* Was allen diesen Figuren gemeinsam ist, ist die Blockade im Ist-Zustand. Sie können da nicht heraus. Möglich machen das Selbstbetrug und ein Mangel an kritischer Selbsterkenntnis.

Wohlgemerkt: Die bloße Neigung zu der einen oder anderen »Todsünde« ist durch Gene und Umwelt bestimmt. Der Neidhammel sucht sich seine Schwäche ebenso wenig aus wie der Fettsüchtige oder der Konsumdepp. Er sucht sich auch nicht seine Umwelt und Erziehung aus, die ihn vielleicht noch weiter hineindrängen in irgendein Muster. Aber man kann dieser Neigung – dieser »Versuchung«, wie Philip Zimbardo das überraschenderweise nennt – nachgeben oder nicht.

Psychotherapie soll ermöglichen, zu seinen genetischen Neigungen und Reaktionen auf seine Umwelt Stellung zu beziehen. Volker T. erzählt davon, wie er in der Therapie die Freiheit zurückgewonnen hat, mit seinen Eltern richtig umzugehen:

FALL 11-3: Beziehung zu den Eltern

»Meine Eltern wollten immer das Beste für mich. Sie wollten es besser machen, als ihre Eltern es mit ihnen gemacht haben. Sie wollten mich vor Fehlern und Unannehmlichkeiten im Leben bewahren. Sie waren aufopferungsvoll für mich da. Die Kehrseite der Medaille ist die Kontrolle über das Leben des Kindes, der Arbeit und des sozialen Umfeldes.

Nicht das Verurteilen der Situation in der Arbeit noch die Kritik an den Eigenschaften der Eltern war in der Therapie gefragt, sondern der Blick hinter die Kulissen und wie ich diese Situation verändern kann. Wo sind meine Freiheitspotenziale, meine Handlungsspielräume versteckt? Es ging nicht darum, die Arbeit aufzugeben oder den Kontakt zu den Eltern abzubrechen, sondern mein Verhalten und damit die Auswirkungen auf mein Umfeld zu beleuchten und Ansätze zur Veränderung an meinem Verhalten zu finden.

Ich selbst ließ ja schließlich die Kontrolle meiner zentra-

len Lebensbereiche durch meine Eltern jahrzehntelang zu und hörte somit oft Kritik an meiner Arbeit, am sozialen Umfeld und an meiner Partnerschaft. Mein Kernsatz der ersten Stunde war: ›Ich will, dass alles perfekt ist, bevor ich heirate. Ich will, dass unsere Kinder einen guten Kontakt zu meinen Eltern haben. Weil ich weiß, wie das ist, wenn man keine Großeltern hat.‹ Das war meine kleine Welt und der Interpretationszusammenhang. Den Einfluss meines Vaters auf mein Arbeitsleben ließ ich mit der Zeit immer weniger zu, aber seinen Einfluss, den ich auf meine Partnerschaft zuließ, war dafür enorm. Ich wollte es meinen Eltern recht machen. Und ich erntete ständig Kritik von ihnen. Keine meiner bisherigen Partnerinnen war ihnen recht.«

Der Psychoanalytiker und Freud-Schüler Albert Görres meint, es gebe zwar eine Willensschwäche, die außerhalb der Verantwortung stehe, aber man muss auch wollen wollen! Jeder Beichtvater kann bestätigen, dass die meisten Menschen mit den immer gleichen Sünden kommen, ein Leben lang gegen dieselben Fehler kämpfen müssen. Entscheidend ist nicht, ob der Sünder schon wieder in die gleiche Grube fiel, sondern wie ernsthaft er entschlossen und bemüht ist, morgen nicht hineinzufallen. Ob er also resigniert angesichts der eigenen Schwächen (»Ich kann es ja wieder beichten«) oder ob er gegen die ihm vertraute Neigung ankämpft.

Die Fehlerannahme führt zu Freiheitsgewinn, weil Fehler nicht mehr verdrängt werden müssen. Durch die Präsenz des Fehlers als solchem im Bewusstsein ist eine laufende Kurskorrektur möglich, die ein geglücktes Leben zur Folge hat.

Die Psychotherapie von Ichhaftigkeit und Fehlerverdrängung

Ein weiterer Schritt in der Imperfektionstoleranz ist das Entlarven der Ichhaftigkeit in den eigenen Handlungen und Denkstrukturen. Da die Ichhaftigkeit dem Perfektionismus zugrunde liegt, entzieht die Versachlichung des Lebens dem Perfektionismus die Grundlage: die irrationale Angst um sich selbst. Auch das ichhafte Helfersyndrom kann durch diese Technik in seiner Selbstgefälligkeit und Ichhaftigkeit entlarvt und somit gereinigt werden zur selbstlosen Hilfsbereitschaft.

FALL 11-4: Perfektionistischer Grübelzwang

»Bei Analyse und Denkaufwand hilft es mir, mich an folgende Faustregel zu halten: Findet die Analyse bzw. das Nachdenken aus Neugier oder aus Angst statt, d.h. ist sie ›angstlösend‹ oder ›angstmotiviert‹? Im angstlösenden Fall ist das Nachdenken offensichtlich sinnvoll, im angstmotivierten Fall natürlich nicht. Hier gilt es dann, den Kopf nicht weiter anzustrengen und die Gedanken ziehen zu lassen. Eine gute Übung dafür ist auch das Klavierspielen, solange kein übertriebener Ehrgeiz im Spiel ist.«

Ein wichtiger Schritt zur Imperfektionstoleranz ist die Selbstannahme nach einer geerdeten Selbsterkenntnis, die Josef Pieper Demut nennt: *»Demut gründet darin, dass der Mensch sich so einschätzt, wie es der Wahrheit entspricht.«* Der Demütige hat es nicht mehr nötig, vor sich und den anderen Masken zu tragen: Er akzeptiert seine Defekte, sieht seine fehlerhafte Menschlichkeit.

Dadurch kann aber mehr Authentizität entstehen, mit stimmigeren Begegnungen mit dem Du. Irren ist menschlich, und Scheitern gehört zum Leben! Es geht aber darum, durch eine Haltung der Selbstannahme mit seinem Scheitern und dem Lernen aus seinen Fehlern eben dieses Scheitern fruchtbar zu machen. In der neueren Literatur entdeckt man die Demut als Maskenlosigkeit neu. So zeigt zum Beispiel die US-Psychologin Brené Brown in ihrer Forschung, dass Verletzlichkeit – eine Folge der demütigen Maskenlosigkeit – stark macht. Diese Verletzlichkeit ist die Voraussetzung dafür, dass Liebe, Zugehörigkeit, Freude und Kreativität entstehen können.

Imperfektionstoleranz ist mit Humor viel leichter erreichbar. Kevin K., ein 32-jähriger Universitätsassistent, kann schon über sich selbst lächeln:

FALL 11-5: Der ichhafte Geigenspieler

»Mir macht meine aktuelle Beschäftigung in der Computergrafik Spaß, da ich diese aber im Vergleich zu meiner Unitätigkeit nicht für sinnvoll genug halte, habe ich Schuldgefühle. Hier tritt auch mein bizarrer Anspruch auf ein Nobelpreisniveau hervor: Ich könnte ja mit diesem Talent schon längst wesentlich Nützlicheres anstellen. So irre das klingt: Ich fühle mich im Grund verpflichtet, die Leistung eines Nobelpreisträgers zu erbringen. Nicht unwesentlich haben meine Eltern dazu beigetragen, die mich ständig zum Genie stilisiert haben.

Ich habe in einem Buch (»Selber Schuld!«, Fall 9) von einem ichhaften Geigenspieler gelesen, der mich einige Parallelen zu meiner Situation erkennen lässt. Der Geigenspieler dort gesteht sich selbst ein, dass er ›größen-

wahnsinnige Phantasien‹ hat: Dass er der beste Geiger auf der Welt sei, das größte Talent seit Niccolò Paganini, das die Welt je gesehen hat, dass seine Lehrer ihm in keiner Weise das Wasser reichen könnten, und so weiter … Über diese Phantasie lernt der Geiger zu lachen, und so kann er sich unter dem selbstgestellten Motto ›Dienen statt glänzen‹ wieder ins Orchester einfügen. Dies hat mir geholfen, meine aktuelle Situation doch etwas mit Schmunzeln zu betrachten, eine Erkenntnis, die bei mir sofort zu einer gewissen positiven Auflockerung führt. Was sich so anfühlt, kann nur richtig sein.«

Es hilft Herrn K. sehr, dass er über den Fall eines ichhaften Geigenspielers schmunzeln kann, weil er den Mann gut versteht. In der Folge – und das ist therapeutisch noch wertvoller – kann er die Analyse schnell auf sich übertragen. Wie gut ihm das Lachen über seine Pathologie tut, zeigt seine Beschreibung »Was sich so anfühlt, kann nur richtig sein«. Auch das innere Dogma »Ich muss den Nobelpreis haben« kann er schon mit »bizarr« beschreiben, so entmachtet er schon ein Stück weit dessen Wirkung.

Als aktive Arbeit an der eigenen Imperfektionstoleranz im Arbeitskontext wird in der Verhaltenstherapie das Einüben der Mittelmäßigkeit verwendet. Dabei nehmen die Patienten sich in einer Aktivität ein mittelmäßiges Vorbild (etwa einen Arbeitskollegen) und imitieren dessen Verhalten eine Zeitlang – oder sie verändern die Normen für eigene Tätigkeiten (für eine Woche, einen Monat) und beobachten die Folgen: Dazu wählen sie eine beliebige perfektionistische Aktivität, setzen den normalen eigenen Anspruch als 100 Prozent und reduzieren ihn dann auf 80 und schließlich auf 60 Prozent. In diesem Sinne kann in der Therapie auch verabredet werden, bewusst kleine Fehler zu machen, etwa in einer E-Mail etwas absichtlich falsch zu schreiben oder etwas klein statt groß zu schreiben, und diesen »Defekt« aushalten zu lernen (»Was denkt der Empfänger jetzt von mir?«). Die Übungen sind sicherlich hilfreich, haben aber allesamt den Nachteil, dass das hohe Ideal verlassen wird.

Für die Imperfektionstoleranz ist es entscheidend, auch einmal ein Schuldbewusstsein zuzulassen, die Schuld nicht weiter zu verdrängen und das Gefühl der Reue aus der Entscheidung zur Reue zu entwickeln. Das sieht man besonders in der Therapie von Missbrauchstätern: Erst wenn die Ausreden und die Fremdbeschuldigung aufgegeben und dem Schuldgefühl Raum gegeben wird, kommt Veränderungspotenzial auf. Das erhöht den Handlungsspielraum. Die selbstauferlegte Wiedergutmachung (»Sühne«) wäre dann die subjektive Läuterung und Reinigung von der Schuld.

Ein aktiver Schritt Richtung Imperfektionstoleranz ist das Fehlereingeständnis und die Bereitschaft zur Bitte um Entschuldigung. Das deckt sich mit der neuen Sozialpsychologie. Hierzu schreibt Philip Zimbardo: *»Wir wollen damit anfangen, das Eingeständnis von Fehlern zu ermutigen, zuerst uns selbst und dann anderen gegenüber. Sagen Sie die Zauberworte: ›Es tut mir leid‹, ›Ich entschuldige mich‹, ›Verzeih mir‹. Nehmen Sie sich vor, aus ihren Fehlern zu lernen, ein besserer Mensch zu werden.«* Worte, die noch vor zehn Jahren kein Psychologe in den Mund genommen hätte. Der 57-jährige Hans-Peter K. hat dazu vor Jahren eine prägende Erfahrung gemacht:

FALL 11-6: Experte für Ausreden

»Vor vielen Jahren hat mich mein Großvater berechtigtermaßen mit einem Fehler meinerseits konfrontiert, der für die Familie zwar nicht gefährlich, aber zumindest unangenehm war. Wie immer in solchen Fällen habe ich mich – ohne nachzudenken – versucht herauszureden, mein Handeln ganz genau begründen und damit entschuldigen wollen. Damit ich mir dessen endlich bewusst werde, hat er mich gelassen und augenzwinkernd unterbrochen mit dem Satz: ›Auch wenn du jemanden erschießen würdest, könntest du das sicher ganz genau begründen.‹ Da wurde ich nachdenklich. Bis heute klingen mir diese Worte in den Ohren und bringen mich zum Einhalt und zum Schweigen, wenn ich wieder beginne, Ausreden zu konstruieren. Dann überwinde ich mich, springe über meinen Schatten, gebe den Fehler zu und entschuldige mich, wenn es angebracht ist. Ich bin meinem Großvater sehr dankbar für diese Lehre.«

Die Entmachtung des inneren Dogmas

Bei der Veränderung perfektionistischer Denkmuster in Richtung Imperfektionstoleranz bedient sich der US-amerikanische Psychotherapeut und Bestsellerautor Elliot Cohen philosophischer Zitate der Weltliteratur, um den Perfektionisten zu entlasten und sein inneres Dogma zu entmachten. Besonders empfiehlt er hier den antiken Philosophen Augustinus von Hippo mit dem Zitat: *»Jede Kreatur ist gut, insofern sie ist – schon allein deswegen hat sie ihren Sinn, ihre Schönheit und gewissermaßen ihren Frieden.«* Das nennt er »Antidot«, also Gegengift, weil die unbewussten perfektionistischen

Dogmen durch entsprechende Autoritäten aufgeweicht werden – freilich nur dann, wenn sie vorher in der Therapie sichtbar und für den Verstand greifbar gemacht wurden.

Nach der Entlarvung des inneren Dogmas kann in der Therapie die Entscheidung zur Imperfektionstoleranz fallen, indem das Dogma umformuliert wird: Die uns bereits bekannte 23-jährige Elena F. (Fall 8-3, »Schweinchen-Arme und monströse Oberschenkel«) leidet unter extremen Stimmungsschwankungen. In der therapeutischen Arbeit stellt sich folgendes inneres Dogma heraus: »Ich MUSS die größten Brüste und die engste Taille der Welt haben.« Dieses Denken kann verhaltenstherapeutisch korrigiert werden. Das wird »kognitive Umstrukturierung« genannt, die Veränderung des inneren Dogmas. Dem kaputten Denken werden vernünftige Alternativkognitionen gegenübergestellt, in denen entweder die absolute Forderung nach der Erfüllung höchster Ansprüche umformuliert ist (»Na, klar wäre es nett, schöne Brüste und eine schmale Taille zu haben – mehr muss ich nicht unbedingt erreichen«) oder die unerreichbar hohen Ansprüche auf ein realistisches Maß gesenkt erscheinen (»Es wäre gut, wenn ich in Form bliebe, vielleicht noch 1,2 Kilo abnehme, dazu etwas mehr Bauchmuskeln bekäme. Das ist das realistische Optimum und das werde ich von mir erwarten, mehr nicht«).

Die klassische psychotherapeutische Technik des Perspektivwechsels hilft, die irrationalen MUSS-Dogmen besser zu identifizieren, zu verstehen und ihnen damit ihre negative Wirkkraft im Unbewussten zu nehmen. Es geht darum, Patienten zu ermutigen, eine Perspektive von jemandem, den sie mögen und kennen, einzunehmen. Zum Beispiel könnte man unsere Elena F. fragen:

Muss Ihre Tochter später auch die größten Brüste und die engste Taille der Welt haben? Wie? Warum nicht? Erklären Sie mir doch, warum Ihr Kind nicht Ihren eigenen Ansprüchen genügen muss. Wie würden Sie die Regel oder Norm formulieren, die für Ihr Kind gelten sollte? Was hieße das für Ihr Verhalten in der Situation, wenn Sie selbst der neuen Regel folgen würden?

Imperfektionstoleranz und Gelassenheit sind verschwisterte Tugenden. Die Psychotherapie hat die Aufgabe, das MUSS des Perfektionisten aufzuweichen, damit ein angemessenes SOLL wieder wirksam und fruchtbar werden kann. Denn das SOLL zieht das IST in die Höhe, das MUSS dagegen drückt es herunter. Die therapeutischen Empfehlungen von Albert Ellis richten sich in diesem Sinn darauf, Perfektion nicht mehr hart zu fordern (MUSS), sondern nur noch – weicher – zu wünschen (SOLL): *»Nach einigen Therapiesitzungen war John fähig, Sally ohne fordernden und herrischen Unterton um Dinge zu bitten und beim Tennis über ihre Ballfehler zwar enttäuscht, aber nicht mehr entrüstet zu sein.«*

Perfektionisten zeigen häufig erstaunliche Inkonsequenzen in ihrem Streben nach Vollendung: In manchen Bereichen existieren extreme Ansprüche, in anderen sind sie mit durchschnittlichen zufrieden: Ein Mann braucht beispielsweise zu Hause für die Säuberung eines Salats eine halbe Stunde, lässt sich aber im Urlaub im Restaurant ohne weiteres einen Salat schmecken, ohne sicherzugehen, dass der hinreichend gesäubert wurde. Auch hier hilft diese Technik, die irrationalen MUSS-Dogmen und unvernünftigen Bauchgefühle besser zu identifizieren, sich kopfschüttelnd darüber zu wundern, darüber zu lächeln und ihnen damit ihre negative Wirkkraft zu nehmen. Zentral ist für die Therapie das Zerpflücken der mächtigen Bauchgefühle, die sich durch sekundäre Rationalisierung – das heißt durch nachträgliches Logischmachen – verfestigt haben und sich unhinterfragbar geben. Antonius B. erlebt das am Beginn seiner Psychotherapie:

FALL 11-7: Bauchgefühle ungefiltert wahrnehmen und beschreiben können

»Die erste Therapiestunde besteht vor allem darin, dass ich (verzweifelt) versuche, die Angstproblematik – den Hauptgrund für meinen Besuch beim Psychiater – zu beschreiben. Dies gelingt mir nur sehr bedingt, wobei schnell klar wird, dass ich selber gar nicht so genau weiß, wovor ich eigentlich Angst habe. Nach ausführlicher Diskussion geht es um weitere Themen zu meiner Person, etwa um körperliche Symptome wie Erschöpfung.

Um den eigentlichen Grund für meine Angst herauszufinden, gibt mir der Psychiater vor, mich gedanklich in eine Angstsituation hineinzuversetzen und ihm so ungefiltert wie möglich mitzuteilen, was genau mir dabei durch den Kopf geht. Das ist für mich eine sehr wichtige Anweisung, da ich dazu tendiere, mir erst selbst Gedanken zu machen und dann eine überarbeitete Version meiner Gedanken an Außenstehende weiterzugeben. Das ist für eine genaue Bestimmung der Ursache durch den Therapeuten hinderlich. Diese Vorgehensweise bringt uns schon etwas weiter voran, der Arzt schätzt meine Problematik als Angst vor dem Tod ein. Ich bin mir zu dem Zeitpunkt noch nicht sicher. Um der Problematik weiter auf die Spur zu kommen, soll ich mich noch am selben Tag nach der Therapie bewusst in eine Angstsituation begeben und aufschreiben, was mir dabei genau durch den Kopf geht.«

Mit einem klassisch sokratischen Vorgehen, also blödem Fragen im Kommissar-Columbo-Stil, lässt sich auch das Überprüfen überhöhter Standards und befürchteter Folgen kombinieren. Ziel ist, den Patienten spüren zu lassen, wie sehr sein inneres Gefühl unlogisch und irrational ist, wie es ihn hemmt und blockiert. So fragt der Therapeut: »Sie kontrollieren also in Ihrem Beruf Ihre Berechnungen immer wieder und kommen deswegen einfach nicht zu Ende. Kontrollieren andere Personen genauso häufig wie Sie? Sind Ihre Standards eigentlich die gleichen, an denen Ihr Vorgesetzter und Ihre Kollegen Sie messen?« Der Patient antwortet dann etwa so: »Nein, mein Chef verlangt zwar gute Arbeit, aber er stellt vernünftige Ansprüche.« Darauf der Therapeut: »Das klingt so, als denken Sie, dass Ihre hohen Standards Sie davon abhalten, Probleme zu kriegen. Wie reagiert Ihr Chef denn, wenn Ihre Kollegen einen Fehler machen?«

Reduktionismus und Angemessenheit

Perfektionisten sind Reduktionisten: Sie reduzieren ihr Betrachtungsfeld immer weiter, blenden die restliche Welt aus, werden immer größere Spezialisten von immer weniger, bis sie am Ende fast alles über fast nichts wissen. Sie sind zu keinen »Quick & Dirty«-Lösungen (ein Ausdruck aus der Programmiererwelt) zu bewegen, selbst wenn die Zeit drängt und Not am Mann ist. Das Aushalten der Begrenztheit ihres Leibes, ihres Geistes und ihrer Zeit fällt ihnen schwer.

Dieser Reduktionismus hat schwerwiegende Folgen für ihr Privatleben und alles andere, was nicht direkt in ihrem Fokus liegt:

FALL 11-8: Das unanständig geputzte Bad

Einer Patientin, die darüber klagte, dass sie nie genug Zeit fände, um ihr Badezimmer gründlich zu reinigen, empfahl der Psychiater, sich doch einen festen Zeitrahmen von etwa 30 Minuten zu stecken und es dann so gut zu säubern, wie es in dieser Zeit eben geht. Als sie einwarf, dass man unter zwei Stunden kein Bad anständig putzen kann, schlug er ihr vor, es halt mal für den Anfang unanständig zu putzen. Die Patientin musste lachen und verstand.

»Quick & Dirty«-Lösungen haben für Perfektionisten einen unmoralischen Beigeschmack. Die Patientin ist auf die perfekte Reinigung des Bades fixiert und übersieht ihr restliches Leben. Es ist typisch perfektionistisch, die Kosten-Nutzen-Analyse zu engstirnig zu berechnen, denn das führt zu einer Vernachlässigung anderer wichtiger Ziele, die nicht direkt im Perfektionsbereich selbst liegen.

»Der perfekte Semesterplan« (Fall 5-6) blockiert Herrn G., der trotz hoher Intelligenz die naheliegende lebensnahe Lösung nicht finden kann, weil er an eine mathematische Lösung einer Gleichung denkt. Sein kurzsichtiges und engstirniges Haften an allen fünf Parametern (»Alles oder nichts, entweder eine perfekte Lösung oder keine«) übersieht die Hierarchie der Regeln. Perfektionisten sehen die Ordnung als Selbstzweck, sie können oft Wichtiges nicht von Dringendem unterscheiden. Deshalb fällt es ihnen schwer, Prioritäten zu setzen.

Ein wichtiger Teil der Ordnung ist die Angemessenheit. Es macht einen Unterschied, ob man millimetergenaues Arbeiten beim Holzhacken oder bei der Weltraumforschung praktiziert. Eine psychotherapeutische Technik, die Angemessenheit perfektionistischer Ansprüche zu prüfen, geht von der Alltagsrealität aus: Wir sind ja ständig in ein ganzes Netz von vielschichtigen Aufgaben verstrickt (siehe Fall 10-5, Bruder Benjamin und sein »Multitasking«). Das Bessere wird nur dort zum Feind des Guten, wo durch das Perfektionsstreben andere wichtige Ziele und damit verbundene Tätigkeiten vernachlässigt werden. In der Psychotherapie lernt der Patient, dass jedes Vorhaben in einem differenzierten Leben in ein ganzes Mosaik aus Zielen eingeordnet ist. Die Kunst ist, dem ganzen Netz gerecht zu werden, nicht einem oder zwei einzelnen Aspekten hundertprozentig. Niemand lebt perfekt, wenn dies nicht berücksichtigt wird, sondern zugunsten eines einzigen Ziels die anderen zurücktreten. In einer Hausaufgabe können sich Patienten ihr persönliches Zielnetz für einen Tag bewusst machen und danach abschätzen, wie viel Zeit sie für ihren Perfektionsbereich im Gesamtzusammenhang ihres Lebens für angemessen halten.

Man kann die ungeordnete Organisiertheit auch durch die Brille des Reduktionismus betrachten: Der Perfektionist ordnet seine Bibliothek eifrig und penibel – aber nicht nach Themen oder Autoren, sondern streng säuberlich nach der Größe oder der Farbe der Umschläge. Er reduziert die Welt seiner Bücher immer weiter, bis er zu einem eindeutigen und millimetergenauen Ordnungsprinzip kommt, das aber seinem Anspruch auf Wiederauffindbarkeit an seine Bücherwand leider nicht mehr genügt.

FALL 11-9: Die chaotische Bücherwand
Kürzlich suchte den Psychiater eine perfektionistische 32-jährige Patientin auf, die immer wieder nervös auf seine Bücherwand schielte, bis sie schließlich herausplatzte: »Ich fühle mich hier unwohl. Die Bücher sind hier nicht nach der Größe geordnet. Ich könnte das einmal für Sie tun, das mache ich gerne.« Der Psychiater entgegnete lächelnd, dass sie thematisch geordnet seien. Darauf die Patientin: »Aha, aber innerhalb der Themen muss man sie doch nach der Größe ordnen können.«

Das Durchschauen des Perfektionismus

Jeder Perfektionist hat Angst im Nacken – und diese Angst ist irrational, unlogisch und widersinnig. Aber der Angstpatient wagt gar nicht, seine Angst zu hinterfragen – aus Angst, dass sie noch größer wird. Eine Reihe von Therapieinterventionen soll dem Patienten die Widersinnigkeit des perfektionistischen Denkens vor Augen führen:

Besonders lustig ist die Imaginationsübung zum perfekten Augenblick: Die Patienten werden dabei angeleitet, sich eine wirklich wunderbare, schöne Situation aus dem eigenen Leben vorzustellen, einen der ganz besonderen Augenblicke. Daraufhin werden sie aufgefordert, sich alle Details näher anzuschauen, die noch ein wenig besser sein könnten: zum Beispiel der Strand noch menschenleerer, die Sonne ein bisschen weniger heiß. Ziel ist dabei, emotional erfahrbar zu machen, wie Perfektionismus das Erleben des Angenehmen verderben kann. Viele Varianten sind hier denkbar: Der Psychotherapeut kann auch eine eigene besondere Erfahrung vorgeben, die er dann durch perfektionistische Einschätzungen ruiniert – oder der Patient soll als Hausaufgabe zu einem schönen Erlebnis (etwa ein romantisches Date im Nobelrestaurant) alle Details auflisten, die enttäuschend waren und besser hätten sein können. Perfektionismus als Spaßverderber – hautnah erlebt!

Perfektionsstreben kostet Zeit und Mühe, und eine Analyse in der Psychotherapie richtet sich darauf, zu prüfen, wo wichtige Ziele durch den eigenen Perfektionismus blockiert werden: ob er mehr schadet als nützt. Eine zentrale Aufgabe in der Therapie mit Perfektionisten ist es, sich der negativen Konsequenzen bewusst zu werden, die mit dem eigenen Perfektionsstreben verbunden sind. Oft wird anfangs wie selbstverständlich angenommen, es habe Vorteile und es würde belohnt, wenn man nach perfektionistischen Zielen strebt. Perfektionisten sollten daher in der Therapie begreifen lernen, dass das, was sie tun, zwar nicht grundsätzlich falsch ist, aber doch relativ kostspielig.

Bei Aaron T. Beck, dem bekannten Vater der Kognitiven Verhaltenstherapie, findet sich ein solches Abwägen von Vor- und Nachteilen (z.B. Zeitverlust, Verlust an Vergnügen, berufliche Einschränkungen) des Perfektionismus. Man rennt damit allerdings nicht unbedingt offene Türen ein. Becks Patientin findet in seinem Beispiel zwar vier Vorteile, die dafür sprechen, ihren Perfektionismus aufzugeben, aber auch drei Nachteile. Das hilft dann auch nicht weiter.

Ein häufig mit perfektionistischen Ansprüchen verbundenes Konzept ist das Ausmalen von Katastrophen, wenn die eigenen oder vermuteten fremden Ansprüche nicht erfüllt werden (2. Zahnrad in Kapitel 5). Perfektionismus kippt damit schnell in Angst um, Fehler zu machen. Das Streben nach Fehlerlosigkeit ist die logische Folge, weil es befürchtete Katastrophen verhindert. Mittels eines sogenannten »Inference Chaining«, einer Kette von »Was-dann-Fragen«, sind solche befürchteten Folgen zu explorieren, die – möglicherweise überschätzte – Gefahren beinhalten.

FALL 11-10: Die Angst vor nackten Tatsachen

Der 25-jährige Oskar L. hat Angst vor spärlich bekleideten Damen auf der Straße. Er hat die quälende Sorge, dass ihm der Anblick nicht guttun könnte und dass dann eine von ihm unerwünschte Handlung »unausweichlich« sei (vgl. Fall 1-4, »Die bedrohliche Unausweichlichkeit«).
Im ersten Schritt der Therapie wird die Pseudologik der Angst herausgearbeitet. Mit »Was-dann-Fragen« geführt, erkennt der Patient, dass die Angst eine irrationale und unlogische Phantasie ist. Er hatte lange nicht gewagt, überhaupt nur näher darüber nachzudenken und die Angst selber kritisch zu hinterfragen. Der intellektuelle Überbau, den die Angst konstruiert und die der Patient mit seiner Vernunft sofort ablehnte, lautete: »Auf der Straße sehe ich eine spärlich bekleidete Frau. Die erregt meine Lust. Dann muss ich masturbieren. Und wenn ich dann sterbe, komme ich unweigerlich in die Hölle.« Allein, das laut (vor dem Therapeuten) auszusprechen, schwächte die Kraft der Angst beträchtlich.
Im zweiten Schritt der Therapie folgte die »Exposition«: Übungsspazieren, wo die Angst am größten ist. Auf der Wiener Kärntnerstraße, einer großen Fußgängerzone mit massenweise Touristen, erkannte Oskar L., dass die von ihm phantasierten weiblichen Gefahren in der Realität kaum existieren, im Gegensatz zu seinen Phantasien,

dass die ganze Gegend mit solchen angstmachenden Wesen überfüllt sei. Am größten ist die Angst vorher: Bei einer 10-teiligen Angstskala war die Erwartungsangst in den Praxisräumlichkeiten bei Übungsbeginn 8, dann auf der Straße in actu 4. Das Gleiche wiederholte sich bei der Übung, die angstmachenden Frauen anzusprechen. Angstreduzierend wirkte, streng im »Du« zu bleiben – sich in das Gegenüber hineinzuversetzen, an das Schicksal der Dame zu denken, ja sogar eventuell für sie zu beten. Jedes Sinnieren über sich selbst jedoch wäre ein Rückfall in die Ichhaftigkeit und würde die Angst um sich selbst wieder vergrößern.
Mit der Zeit erkannte Herr L., wie wirksam es ist, die Angst auszusprechen, sich ihre Irrationalität bewusst zu machen, sich bewusst gegen das von ihr geforderte Vermeidungsverhalten zu entscheiden und sich die Angst durch konkrete Übungen abzugewöhnen.

Die psychotherapeutische Technik des »Downward Arrowing« bezeichnet Fragen, die nach den allgemeineren Zusammenhängen einer Denkstruktur suchen: Was bedeutet das für Sie?, Was sagt es über Sie aus? So können Therapeuten die Angstphantasie als Folge eines gemachten Fehlers herausarbeiten, der beim Perfektionisten ja wilde Angstphantasien hervorruft. Ziel ist, dass der Patient die Irrationalität seines Denkens erkennt, nachdenklich wird und durch die Arbeit der Vernunft die Angstphantasie ihre Wirkkraft verliert.

Kapitel 12

Der Perfektionist auf der Couch

Perfektionisten brauchen in der Regel lange, bis sie den Weg zur Psychotherapie finden. Sie tun sich schwer, ihren Perfektionismus wahrzunehmen, noch schwerer, ihn als die Ursache ihres Problems zu erkennen, und am schwersten, dann auch Hilfe anzunehmen. Dass sie auch noch an der Fehlerverdrängung leiden und meist ein bisschen rechthaberisch sind, macht die Sache auch nicht unbedingt leichter. Da muss schon einiges passieren, bis sie sich dann wirklich auf die Couch legen. Die begabte und ehrgeizige 23-jährige Lehrerin Eva Z. kommt mit einer schweren Burn-out-Symptomatik in eine psychiatrische Praxis in der Wiener Himmelpfortgasse. Sie schildert im Nachhinein mit eigenen Worten den Therapieverlauf:

FALL 12-1: Die noch nicht ganz Vorzeigelehrerin, Teil 1

»Ich durfte im ersten Dienstjahr überraschenderweise eine Klasse von einer schwangeren Kollegin, Frau Vogel, im Halbjahr übernehmen. Ich kannte ihren Unterrichtsstil sehr gut, da ich bis dahin bei ihr als Teamlehrerin war. Sie ist eine Vorzeigelehrerin an unserer Schule, mit vielen innovativen Ideen und großem Engagement. Immer wenn ich ihr zuhörte, verglich ich mich mit ihr und überlegte, wie ich das wohl machen würde. Ich hatte dann plötzlich große Angst davor, die Klasse wirklich zu übernehmen, obwohl ich es insgeheim immer wollte. Ich dach-

te: Die Eltern werden merken, dass mein Unterricht nicht die Qualität hat, die er bei der Kollegin hatte. Was werden die Eltern über mich denken? Ich kann doch nicht mithalten, habe viel zu wenig Erfahrung.
Andauernd machte ich mir Gedanken darüber, wie ich den Unterricht und die Organisation verbessern könnte. Ich versuchte, genauer zu planen und den Unterricht dadurch abwechslungsreicher zu gestalten. Ich wollte alles im Vorhinein bis ins kleinste Detail fertig haben. So kam ich auf Arbeitszeiten von 5:45 bis 16 Uhr in der Schule und zu Hause nochmals zwei bis drei Stunden, von Montag bis Freitag, und am Wochenende durchgehend Vorbereitung der nächsten Woche. Anfangs dachte ich, das gehe so nur, bis ich mich eingearbeitet habe. Doch die Arbeitszeit wurde nicht kürzer, sondern sogar länger. Daraus resultierend kamen erste körperliche Anzeichen, wie Druck im Kopf, fiebrig, brennende Augen, aber vor allem sehr unruhiger Schlaf. Ich fühlte mich ständig unter Druck und angespannt. Ich konnte nicht mehr abschalten, auch wenn ich am Wochenende teilweise Freizeit hatte. Ständig war ich mit den Gedanken bei der Schule. Dazu kommt, dass ich immer über meinen Unterricht dachte: Er ist schlecht organisiert, zu langweilig, meine Kollegen machen alle so tolle Sachen; aber mir ist das Normale schon zu viel, bei mir ist alles so einfach, trotzdem brauche ich für alles so viel Zeit. Die Frustration wurde immer größer.«

Zu Therapiebeginn muss erst einmal die Diagnose gestellt werden. Die liegt im Fall der Eva Z. nach ihrer plastischen Schilderung im Teil 1 auf der Hand: Burnout durch Perfektionismus. Allerdings ist das nur für den Außenstehenden so klar, selten für den Betroffenen selbst. Manche Patienten sagen zwar, dass sie »Perfektionisten« seien, verstehen aber nicht die innere Logik des Perfektionismus, wie sie in diesem Buch beschrieben wird. Vor allem haben sie meist keine Ahnung, dass ihr »Hang zur Genauigkeit« etwas mit ihrer akuten Problematik zu tun hat. Meist versteckt sich der Perfektionismus im therapeutischen Alltag hinter ganz anderen Gipfeln des Eisbergs, etwa Angstsymptomen oder Burn-out-Zeichen, wie bei Frau Z.

Andere Patienten wiederum verneinen glatt die Frage, ob sie perfektionistische Tendenzen haben könnten, weil sie sich selbst nur recht oberflächlich kennen, ihren Perfektionismus nicht als Problem wahrnehmen und sich ein künstlich-konstruiertes Selbstbild zugelegt haben. Dass ein Patient mit dem Satz »Ich leide an meinem Perfektionismus und hätte das gerne verändert« in die Therapie kommt, ist eine absolute Ausnahme. Weil diese Erkenntnis üblicherweise schon ein Teil der Therapie ist. Eva Z. beschreibt ihren Zustand auch im Nachhinein, nach erfolgter Therapie und Selbsterkenntnis. Deswegen ist die Schilderung klarer als im klinischen Alltag.

FALL 12-1: Die noch nicht ganz Vorzeigelehrerin, Teil 2

»Ich wurde vom Arzt drei Wochen krankgeschrieben, außerdem verschrieb er mir Medikamente, die sehr müde machen. In mir ist eine Welt zusammengebrochen! Ich hatte ein sehr schlechtes Gewissen, habe mir große Sorgen gemacht, da ich meiner Pflicht nicht mehr nachgehen konnte. Mein Krankenstand war für mich sehr schwer zu akzeptieren. Schon wieder würde ich fehlen. Ich hatte

Schuldgefühle und den Eindruck, nun hätte ich in der Schule schon alles versaut. Daher musste ich zu Beginn meines Krankenstandes erst einmal lernen, die Krankheit und den Krankenstand zu akzeptieren und anzunehmen. Das war eine meiner schwierigsten Aufgaben.
Die ersten Wochen waren für mich sehr schwer zu ertragen. Ich durfte und konnte nichts für die Schule machen, sollte viel schlafen und mich erholen. Genau das war das Schwierigste für mich. Endlich den Kopf frei zu bekommen von den Gedanken, die andauernd um mich und meine Arbeit in der Schule kreisten. Ich kam mir sinnlos und nutzlos vor, weil ich ja nichts mehr leistete. Mir schien, als würde ich den Boden unter den Füßen verlieren. Alles, wofür ich bis jetzt gelebt habe und wodurch ich mich sicher fühlte, war auf einmal weg.
Immer wieder hat mich mein Arzt aufzumuntern versucht: ›Eva, Sie haben nur eine Aufgabe zu erfüllen – und das ist, gesund zu werden. Die Gesellschaft, die Schule, die Direktorin will jetzt nur eines von Ihnen: dass Sie gesund werden. Sie dürfen jetzt krank sein!‹ Es hat sehr lange gedauert, bis ich das annehmen konnte. Einige Therapiestunden brauchte ich, um es wirklich akzeptieren zu können. Der schwierige Lernprozess, die Krankheit anzunehmen und zu ertragen, sich einzugestehen, dass man krank ist und krank sein darf, war das Ausschlaggebende für die Heilung, aber gleichzeitig auch das Schwierigste für mich.
Erst als ich es geschafft habe, die Krankheit zu akzeptieren, bemerkte ich, dass bis jetzt in meinem Leben die Arbeit die oberste Priorität hatte. Alles – alle meine Sicherheiten, die mir der Beruf gegeben hat – wurde mir im Krankenstand genommen. Das war damals mein Eindruck. Ich habe bis zu diesem Zeitpunkt unbewusst ei-

gentlich nur für die Arbeit gelebt. Obwohl ich das nie so gewollt habe! Dadurch ist meine Unsicherheit nur noch größer geworden und somit auch der von mir selbst auferlegte Druck. Seltsame Erkenntnis: Ich fühle mich ohne anständige berufliche Erwerbsarbeit als ein Nichts. Ich habe mir dann überlegt, wofür es sich sonst noch zu leben lohnt. Dann ist mir klargeworden, dass ich die Beziehung zu meinem Freund und meine zukünftige Familie, die wir zusammen gründen möchten, an die erste Stelle setzen will. Ich habe dann im Krankenstand auch noch andere Dinge entdeckt, die mir Freude bereiten. Und ich habe mir auch die Zeit dafür genommen.«

Aufgrund des schweren klinischen Befundes war es bei Frau Z. notwendig, sie einmal aus dem Meer ihrer Arbeitsrealität herauszuholen und aufs Trockendock zu hieven. Die Zahnräder des Perfektionismus sind oft bei Therapiebeginn schon so verkeilt, dass eine Reparatur im Berufsalltag nicht mehr möglich ist. Zudem ist der Krankenstand eine gute Möglichkeit der Selbsterfahrung: Wer bin ich ohne Leistung, ohne ständiges berufliches Feedback? Eva Z. erkennt durch die Distanz zum beruflichen Alltag im Krankenstand plötzlich, wie sehr dieser den Rest des Lebens ins Abseits gedrängt hat.

Zudem machen hier sedierende Antidepressiva Sinn – aber keine süchtig machenden Beruhigungsmittel –, um die innerlich ständig weiterarbeitende (Denk-)Maschine herunterfahren zu können und die neue Situation für die Patientin erträglicher zu machen. Solche Medikamente können in der ersten Phase auch zu einer besseren Selbstdistanz führen und damit den Beginn des Analyseprozesses erleichtern.

Dass beides – der Krankenstand und die Medikamente – für einen Patient zunächst subjektiv gleichbedeutend scheinen mit einem kompletten Scheitern, das muss der Psychotherapeut oder Psychiater wissen und aktiv ansprechen, wenn der Perfektionist es nicht selbst zur Sprache bringt. Manche Kollegen favorisieren das Modell, dass medikamentöse und psychotherapeutische Behandlung personell getrennt werden sollten. Dafür gibt es aber keinen Grund, denn eine Medikation ist ja auch eine psychotherapeutische Intervention, die in sich schon psychotherapeutisches Potenzial aufweist. Wer also beides kann, sollte auch sein diesbezügliches Potenzial ausspielen, wenn es nötig ist.

Der bereits genannte Albert Ellis plaudert aus dem Nähkästchen: Die Schwierigkeiten mit dem perfektionistischen Patienten beginnen bereits bei einer medikamentösen Therapie. Oft werden die verordneten Tabletten heimlich einfach nicht eingenommen. Hier kann die perfektionistische Beratungsresistenz mit der perfektionistischen Angst vor Kontrollverlust zusammenfallen. Auch konfrontiert die Notwendigkeit einer Therapie den Patienten bereits derart stark mit den eigenen Defekten und der eigenen Hilflosigkeit, dass es zu impulsiven ablehnenden Reaktionen kommt. Dafür hat Sigmund Freud das Wort »Widerstand« verwendet.

FALL 12-1: Die noch nicht ganz Vorzeigelehrerin, Teil 3

»Ständig habe ich früher an mir selbst gezweifelt, glaubte, der Verantwortung nicht gerecht zu werden, und fand, dass ich meine Pflicht nicht erfülle. Ich habe immer gedacht, nicht gut genug zu sein für diese Schule, habe mich schuldig gefühlt, wenn Eltern unzufrieden waren,

und habe geglaubt, so sein zu müssen wie meine Vorgängerin. Dass der Druck selbstauferlegt war, habe ich erst durch die Therapie erkannt. Obwohl mir das mein Freund eh oft gesagt hatte, aber irgendwie konnte ich es von ihm nicht annehmen.
Ich habe mein Denkmuster erst verstanden, als mir der Psychiater den Unterschied zwischen MUSS- und SOLL-Zielen erklärt hat. Die hohen Ziele, die sich ein Perfektionist steckt, sind gut, jedoch muss er lernen, diese Ziele als SOLL zu sehen. Dadurch, dass er erwartet, diese erreichen zu müssen, übt er auf sich selbst Druck aus und wird immer wieder enttäuscht und frustriert, da er nicht alle erreichen kann. Das heißt, die Ziele trotzdem als Motivation hoch ansetzen, *aber* nur als Soll zu sehen. Dadurch nimmt man viel Druck weg. Geholfen haben mir auch die Tipps bzw. die Lieblingssätze meines Freundes: Es geht doch um nichts! Vergiss die ›bescheuerte‹ Schule! Tu es für mich!
Sehr gut für mich sind auch ›Darf-Sätze‹: Ich darf krank sein. Ich darf genießen (Gott sah, dass es gut war). Ich darf viel Ruhe brauchen. Ich darf etwas Lustvolles tun. Ich darf Abstand zur Schule gewinnen. Ich darf mir wünschen, Kinder zu bekommen und zu Hause zu bleiben.
Im Alltag habe ich im Laufe der Therapie immer schärfer beobachtet, wann ich in diese Denkmuster falle, und habe mir immer mehr vor Augen gehalten, dass Ziele erreicht werden sollen, aber nicht erfüllt werden müssen. Aus ›Muss-Sätzen‹ sind ›Soll‹- und ›Darf-Sätze‹ geworden. Dies hat mir diesen großen Druck genommen, und jetzt fühlte ich mich innerlich frei. Endlich habe ich verstanden, dass ich eine gewöhnliche Lehrerin sein darf und nichts Außergewöhnliches leisten muss. Ich kann trotzdem eine gute Lehrerin sein.«

Frau Z. beschreibt anschaulich, dass sie erst durch die Therapie zu der Erkenntnis kam, dass sie allein sich den Druck gemacht hatte. Noch interessanter ist, dass sie – wie übrigens viele andere Patienten auch – im Nachhinein feststellte, dass sie das von ihrer Umgebung oftmals zurückgespiegelt bekommen hatte, es aber lange nicht annehmen konnte. Deswegen ist es so essenziell, dass der Perfektionist im Laufe der Therapie aus eigenem Antrieb kommt und genug Zeit und Raum bekommt, um in die Erkenntnis seiner inneren Problematik hineinzuwachsen. Man darf ruhig den Problembären ermutigen, sich Hilfe zu holen, oder ihm ein gutes Buch empfehlen, wenn man ihn auf freier Wildbahn antrifft – aber letztlich ist eine Therapie nur dann wirkungsvoll, wenn beim Patienten selbst Einsicht in ihre Notwendigkeit besteht. Bei der Unterscheidung zwischen SOLL und MUSS fiel bei Eva Z. der Groschen: Sie erkannte sich selbst und hatte plötzlich ein Erklärungsmodell, das auf sie passte und mit dem sie ihren Fall selbst auflösen konnte.

Es ist in der Tat therapeutisch hilfreich, die Forderung nach extremen Leistungen mit Hilfe der Vernunft zu analysieren und zu zerpflücken. Je mehr bisher unbewusste Vorgänge einsichtig und verstehbar werden, desto eher wird der Patient in die Lage versetzt, auch anders zu handeln. Auf sich selbst bezogene perfektionistische Ansprüche erscheinen dem Patienten am Therapieanfang häufig noch hochlegitim und werden nur sehr widerwillig überprüft, geschweige denn aufgegeben. Daher schlägt Albert Ellis folgende Taktik vor: Hat jemand einen perfektionistischen Anspruch nicht nur gegenüber sich selbst (introvertiert), sondern auch gegenüber anderen (extravertiert), dann sollte man zuerst den zweiten angehen. Denn es ist immer leichter, aufzuzeigen, dass jemand über andere Menschen keine ausreichende Kontrolle hat, um seine hohen Ansprüche bei ihnen durchzusetzen. Es stellt sich die Frage: Ist Perfektion, wie sie der Perfektionist für sich oder andere als MUSS formuliert, überhaupt menschenmöglich? Entspricht sie den tatsächlichen gesellschaftlichen Erwartungen der Umgebung – was sind in diesem Bereich die üblichen sozialen Standards für gute Leistungen?

Nach erfolgter Selbsterkenntnis und Einsicht in den Zusammenhang zwischen den Symptomen und dieser Denkstruktur ist es vorteilhaft, sich die Zahnräder des perfektionistischen Uhrwerks einzeln vorzunehmen. Viele greifen ineinander, und das eine bringt das andere zum Vorschein. Der Therapeut ist da Geburtshelfer – der Patient sollte im Idealfall über das geöffnete kleinteilige Uhrwerk staunen, das sich da plötzlich so klar offenbart. Wenn der Patient hingegen mit Scham reagiert (Scham ist eines der Zahnräder), dreht sich die Perfektionismus-Maschine in der Psychotherapie munter weiter.

FALL 12-1: Die noch nicht ganz Vorzeigelehrerin, Teil 4

»Danach widmeten wir uns in der Therapie den Bauchgefühlen, sozusagen ›inneren Dogmen‹, die mittels Vernunft überdacht werden sollten. Solche irrationalen und unlogischen Bauchgefühle waren bei mir: Ich schäme mich vor den Kollegen und der Direktorin, weil ich es nicht schaffe. Ich habe alles verloren. Die Schule hatte nichts von mir. Ich fühle mich schlecht, weil ich meine Pflicht nicht erfüllen kann. Ich halte es nicht aus, andere zu belasten. Ich belaste im Moment sehr viele. Ich schäme mich, wenn Besuch kommt. Die Mama meines Freun-

des wird mich nicht mehr mögen, da er so mitleidet mit mir. Meine Nachfolgerin erzählt den anderen viel Schlechtes über mich. Meine Direktorin ist zwar lieb, verständnisvoll, rücksichtsvoll – aber von mir hatte sie nichts, ich mache ihr nur Probleme. Ich bin nicht gut genug für die Schule. Ich bin nicht gut genug für meinen Freund – er hätte eine Bessere verdient (die gesund ist). Ich bin nur etwas wert, wenn ich viel leiste und selbständig Geld verdiene. Deswegen darf ich das nicht machen, was ich eigentlich will: heiraten und bei meinen Kindern bleiben.«

Innere Dogmen sind irrationale Bauchgefühle, die in einer mächtigen Angst bestehen und in der Regel unbewusst, unreflektiert und unzugänglich im Dunkeln regieren. Sie werden am Kopf ungeprüft vorbeigeschwindelt und dadurch handlungswirksam. Wenn in der Therapie die inneren Dogmen aussprechbar werden, verlieren sie an Kraft: Ausgesprochene Emotionen sind der Vernunft – dem Kopf – zugänglich und können dadurch von diesem auf Richtigkeit oder Falschheit überprüft werden. Durch dieses bewusste Benennen des inneren Dogmas wird die vormals »absolute« Angstphantasie einer Kontrollinstanz unterzogen, damit relativiert und abgeschwächt.

Im Film »Harry Potter und der Gefangene von Askaban« stehen die kleinen Zauberlehrlinge zitternd vor einer Truhe, aus der genau das entsteigt, wovor sie am meisten Angst haben. Aber das fürchterliche Wesen implodiert in dem Moment, in dem das Kind den Namen des Monsters ausspricht. Ganz so leicht ist das zwar in der Psychotherapie nicht, aber die rationale Beschreibung bannt dennoch die magische Kraft der Angst.

Patient und Therapeut prüfen die Denkmuster (das innere Dogma) kritisch auf ihre Erfüllbarkeit und darauf, ob durch sie nicht mehr Nach- als Vorteile entstehen. Die moderne Verhaltenstherapie schlägt bei der absoluten Forderung nach Perfektion vor, dass sich jeder Mensch zwar das Unerreichbare als ehrgeiziges Leitziel vornehmen darf, jedoch nur, wenn er gleichzeitig akzeptiert, dass er es wohl nicht ganz erreichen wird.

Ein hilfreicher Schritt in den Couchgesprächen ist auch die Unterscheidung zwischen den verschiedenen Formen des Perfektionismus: An wen richten sich eigentlich die perfektionistischen MUSS-Ansprüche – und von wem gehen sie aus? Wer sagt denn beispielsweise, dass eine Hausfrau und Mutter nichts wert ist, sondern dass man erwerbstätig sein muss? Woher kommen die inneren Dogmen, die bei Sigmund Freund Über-Ich genannt werden?

Das Entlarven und Hinterfragen solcher »Autoritäten« schwächt die inneren Dogmen weiter ab und gibt dem Patienten die Entscheidungsmacht in die Hand, für oder gegen das Dogma Stellung zu beziehen.

FALL 12-1: Die noch-nicht-ganz-Vorzeigelehrerin, Teil 5

»Was brachte mir die Therapie?

- **Die körperlichen Symptome sind weg.**
- **Ich kenne meine eigenen Grenzen.**
- **Ich kann Gefühle wie Angst und Unsicherheit zulassen.**
- **Darf-Sätze: Ich darf ängstlich sein. Ich darf Fehler machen. Ich darf! Gott liebt mich unabhängig von meiner Leistung. Ich darf fröhlich sein, unabhängig von meiner Leistung. Ich darf auch besorgt sein. Meine Beziehung zur Direktorin darf distanziert sein. Sie muss**

nicht alles über mich wissen. Ich muss mir und anderen in bzw. durch die Arbeit nichts beweisen!

- **Die Schule ist nicht mein Leben! Zuerst kommen Gott und mein Freund.**
- **Ich traue mir die neue Aufgabe zu und bin selbstsicherer. Ich bin eine gute Lehrerin, und ich werde es schaffen. (Trotz allem: Die Schule ist nicht das Wichtigste!)**
- **Ich darf eine gewöhnliche Lehrerin sein. Ich muss nichts Außergewöhnliches leisten.**
- **Ich definiere mich nicht mehr durch die Arbeit, durch den Beruf, durch meine sichtbare Leistung.**
- **Ich darf mich von der Schule distanzieren. Ich darf dann auch später eine Familie gründen und mich um meine Kinder kümmern: Ich bin nicht weniger wert, wenn ich nichts mehr verdiene.**
- **Ich fühle mich frei! ☺ … ohne Druck, Zwang und Anspannung.«**

Eva Z. hat es nach drei Monaten Psychotherapie geschafft: Sie fühlt sich frei, ohne Druck, Zwang und Anspannung. Sie hat überdies ein eigenes Ziel formuliert, wie es ihr die Psychotherapie nicht besserwisserisch eingeben darf: eine eigene Familie. Innere Freiheit bedeutet nach Pestalozzi nicht nur das Freisein von etwas, sondern vor allem die Freiheit zu etwas. Freiheit verlangt Richtung und Hingabe, denn wenn sie sich nur selbst genügt, bleibt sie wirkungslos.

Hier sind die Grenzen der Psychotherapie erreicht. Denn sosehr sie dem Klienten auch beim Erkunden und Wiederentdecken seines Handlungsspielraums helfen kann, beantwortet sie doch nicht die Frage, wofür er seine Freiheit einsetzen soll. Das zielt in die transzendente

Dimension und ist die Domäne seiner Lebensphilosophie und seiner ganz persönlichen religiösen Überzeugung. Die Psychotherapie kann keine Lebensinhalte bestimmen, keinen Sinn anbieten, sie kann nur – wie Viktor Frankl betonte – bei der Sinnsuche begleiten. Hier müssen wir unseren Patienten ziehen lassen, ab jetzt geht er allein.

Fazit: Perfektionisten sind innerlich unfrei. Sie werden getrieben von einem Zahnradsystem aus panischer Angst vor der eigenen Fehlerhaftigkeit, vor Liebesverlust bei Fehlleistung, vor sozialer Ächtung. Perfektionisten werden zu Marionetten an den Fäden ihrer Angst – um sich selbst. Innere Freiheit bedeutet im Gegensatz dazu das Freisein von Ichhaftigkeit, Fehlerverdrängung, Besserwisserei und Machtstreben, von Stolz und Hochmut, von Kontrollzwang und Anspruch auf Fehlerlosigkeit sowie von Verbitterung und Fremdbeschuldigung. Innere Freiheit bedeutet, seine Neigung zu Neid, Zorn, Trägheit, Wollust, Habsucht, Völlerei und Hochmut wahrzunehmen, anzunehmen und ihr gelassen gegenzusteuern. Innere Freiheit bedeutet auch Imperfektionstoleranz.

Perfektionisten sind innerlich leer. Sie gieren ängstlich nach Perfektion, weil sie sich unbewusst nach einer bombensicheren Unantastbarkeit sehnen. Die Perfektion ist für sie nur Mittel zum Zweck, eine Maske, die sie tragen und die keinesfalls – durch ihre Unvollkommenheit – löchrig werden darf. Perfektionisten sind rastlos tätig, wissen aber nicht, wozu. Sie kommen nicht zur Ruhe, sind immer unterwegs, aber hoffnungs- und orientierungslos. Es geht ihnen ein wenig wie Helmut Qualtinger als »Da Wüde mit seiner Maschin'«: »Zwar hab ich ka Ahnung, wo ich hinfahr, aber dafür bin i g'schwinder durt!«

Perfektionisten wollen gut sein, ohne zu wissen, was das bedeutet. Sie sind ewig suchend und trauen sich nicht zu fragen. Sie wollen in sich ruhen, aber unruhig ist ihr Herz. Sie sind nicht im Gleichgewicht, nicht im Reinen mit sich. Sie sehnen sich nach dem Absoluten, nach der Transzendenz, nach der Vollkommenheit – die sie nicht haben und nicht kennen. Was sie dringend benötigen, ist eine Innerlichkeit, die ihre innere Leere füllt. Und hier endet die Kompetenz von Psychiatrie, Psychologie und Psychotherapie.

Literaturverzeichnis

Adler, A.: Menschenkenntnis (1927). Rüedi, J. (Hrsg.) Band 5 Studienausgabe. Witte, K. H. (Hrsg.). Vandenhoeck & Ruprecht, Göttingen 2009

Allport, G.W.; Ross, J.M.: Personal religious orientation and prejudice. Journal of Personality and Social Psychology, 5, 1967. 432–443

Beck, A.T.; Emery, G.: Kognitive Verhaltenstherapie bei Angst und Phobien. DGVT, Tübingen 1981

Bratman, S.: Obsession with dietary perfection can sometimes do more harm than good, says one who has been there. Yoga Journal, Oktober 1997

Brown, B.: Verletzlichkeit macht stark. Wie wir unsere Schutzmechanismen aufgeben und innerlich reich werden. Kailash, München 2013

Cohen, E.D.: Absolute nonsense: The irrationality of perfectionistic thinking. In: International Journal of Philosophical Practice, 2 (4) 2005. 1–12

Cohen, E.D.: The new rational therapy. Rowman & Littlefield, Lanham 2007

Conroy, J.E.; Kaye, M.P.; Fifer, A.M.: Cognitive links between fear of failure and perfectionism. In: Journal of Rational-Emotive and Cognitive-Behavior Therapy, 25 (4) 2007. 237–253

Deichgräber, R.: Niemand muss vollkommen sein. Auswege aus der Falle des Perfektionismus. Brunnen, Gießen 2007

Ellis, A.: How to live with a neurotic. Crown, Oxford 1957

Ellis, A.: Overcoming destructive beliefs, feelings, and behaviors. Prometheus Books, New York 2001

Ellis, A.: The role of irrational beliefs in perfectionism. In: Flett, G.L.; Hewitt, P.L. (Eds.): Perfectionism: theory, research and treatment. APA, Washington, DC, 2002. 217–230

Enns, M.W.; Cox, B.J.: The nature and assessment of perfectionism: a critical analysis. In: Flett, G.L.; Hewitt, P.L. (Eds.): Perfectionism 2005. 33–62

Ernst, H.: Wie uns der Teufel reitet. Herder, Freiburg/Breisgau 2011

EUROCAT-Studie. Epidemiology of multiple congenital anomalies in Europe: A population-based registry study. Birth Defects Res A Clin Mol Teratol. 100 (4) 2014 Apr. 270–276

Flett, G.L.; Hewitt, P.L.: The cognitive and treatment aspects of perfectionism: introduction to the special issue. In: Journal of Rational-Emotive and Cognitive-Behavior Therapy, 22 (4) 2004. 233–240

Flett, G.L.; Besser, A.; Davis, R.A.; Hewitt, P.L.: Dimensions of perfectionism, unconditional self- acceptance, and depression. Journal of Rational-Emotive and Cognitive-Behavior Therapy, 21 (2) 2003.119–137

Flett, G.L.; Hewitt, P.L.: Perfectionism and maladjustment: an overview of theoretical, definitional, and treatment issues. In: Flett, G.L.; Hewitt, P.L. (Eds.): Perfectionism. 5–31

Flett, G.L.; Hewitt, P.L.; Oliver, J.M.; MacDonald, S.: Perfectionism in children and their parents: a developmental analysis. In: Flett, G.L.; Hewitt, P.L. (Eds.): Perfectionism. 89–132

Focus online: So beutet unsere Gesellschaft Mütter aus. 17.06.2014

Freud, S.: Gesammelte Werke in 19 Bänden, S. Fischer, London 1951

Freudenberger, H.J.: Burn-out bei Frauen. Über das Gefühl des Ausgebranntseins. Krüger, Frankfurt/Main 1992

Frost, R.O.; Marten-DiBartolo, P. (2002): Perfectionism, anxiety and obsessive-compulsive disorder. In: Flett, G.L.; Hewitt, P.L. (Eds.): Perfectionism. 341–373

Habke, A.M.; Flynn, C.A.: Interpersonal aspects of trait perfectionism. In: Flett, G.L.; Hewitt, P.L. (Eds.): Perfectionism. 151–180

Harrison, G.; Pope, Katherine A.; Phillips, Roberto Olivardia: Der Adonis-Komplex. Schönheitswahn und Körperkult bei Männern. DTV, München 2001

Hewitt, P. L.; Flett, G. L. Perfectionism and stress processes in psychopathology. In: Flett, G.L.; Hewitt, P.L. (Eds.): Perfectionism. 255–284

Koenig, H.: Handbook of Religion and Health. Oxford University Press 2012

Künkel, F.: Die Arbeit am Charakter. Friedrich Bahn, Konstanz 1985

Künkel, F.: Einführung in die Charakterkunde. Hirzel, Stuttgart 2000

Lambley, P.: How to survive anorexia. Frederick Miller, London 1983

Linden, M.; Maercker, A.: Embitterment: Social, psychological, and clinical perspectives. Springer, Heidelberg, Wien, New York 2010

Mack, C.: Endlich frei von Perfektionismus. Hänssler, Holzgerlingen 2006

Mogel, W.: The Blessings of a Skinned Knee: Using Jewish Teachings to Raise Self-Reliant Children. Scribner, New York, London, Toronto, Sydney, Singapore 2001

Pieper, J.: Über die Tugenden. Kösel, München 2008

Renz, U.: Die Tyrannei der Arbeit: Wie wir die Herrschaft über unser Leben zurückgewinnen. Ludwig, München 2013

Rhéaume, J., Freeston, M. H., Dugas, M. J., Letarte, H.; Ladouceur, R.: Perfectionism, responsibility and obsessive-compulsive symptoms. Behaviour Research and Therapy, 33 (7) 1995. 785–794

Riemann, F.: Grundformen der Angst und die Antinomien des Lebens. Ernst Reinhardt, Basel, München 1961

Ruthe, R.: Die Perfektionismus-Falle ... und wie Sie ihr entkommen können. Brendow, Moers 2003

Schulze, G.: Die Sünde. Das schöne Leben und seine Feinde. S. Fischer, Frankfurt/Main 2008

Scott, J.: The effect of perfectionism and unconditional self-acceptance on depression. Journal of Rational-Emotive & Cognitive-Behavior Therapy, 25 (1) 2007. 35–64

Seligman, M. E. P.: Erlernte Hilflosigkeit. Urban & Schwarzenberg, München, Wien, Baltimore 1979

Seligman, M.: Der Glücksfaktor: Warum Optimisten länger leben. Ehrenwirth, Bergisch Gladbach 2003

Seligman, M.: Flourish. Wie Menschen aufblühen. Kösel, München 2011

Sloterdijk, P.: Du musst dein Leben ändern. Suhrkamp, Frankfurt/Main 2009

Spitzer, Nils: Die therapeutische Verringerung einer modernen Tugend? Perfektionismus kognitiv umstrukturieren. In: Verhaltenstherapie & psychosoziale Praxis, 41 (2) 2009. 359–373

Steffen, P.R.: Perfectionism and Life Aspirations. In: Intrinsically and Extrinsically Religious Individuals. Journal of Religion and Health.; 53 (4) 2014 Aug. 945–958

Stöber, J.; Otto, K.: Positive conceptions of perfectionism: approaches, evidence, challenges. Personality and Social Psychology Review, 10, 2006. 295–319.

Tangney, J. P.: Perfectionism and the self-conscious emotions: shame, guilt, embarrassment, and pride. In: Flett, G.L.; Hewitt, P.L. (Eds.): Perfectionism. 199–216

Torello, J. B.: Psychoanalyse und Beichte. Fassbänder, Wien 2005

Vitz, P. C.: Psychology as Religion: The Cult of Self-worship. Eerdmans, Grand Rapids, Michigan 1994

Watzlawick, P.: Anleitung zum Unglücklichsein. Piper, München 2007

Wilhelm, S.; Steketee, G.S.: Cognitive therapy for obsessive-compulsive disorder: A guide for professionals. New Harbinger, Oakland 2006

Wilson, R.S.; Schneider J.A; Arnold S.E.; Bienias J.L.; Bennett D.A.: The Religious Orders Study: Conscientiousness and the incidence of Alzheimer disease and mild cognitive impairment. Arch Gen Psychiatry. 64(10) 2007 Oct. 1204-1212

Zimbardo, P.: Der Luzifer-Effekt. Die Macht der Umstände und die Psychologie des Bösen. Spektrum, Heidelberg 2008